城市研究系列

Urban Studies

城市研究系列

主　　编　　周　宪　［加］罗伯·希尔兹

项目总监　　王瑞书

项目执行　　任　晖

WEATHERED

风侵雨蚀

气候的文化意蕴

CULTURES OF CLIMATE

［英］麦克·休姆（Mike Hulme） 著
孙民乐 译

江苏凤凰教育出版社
Phoenix Education Publishing, Ltd
SAGE

图书在版编目(CIP)数据

风侵雨蚀:气候的文化意蕴/(英)麦克·休姆(Mike Hulme)著;孙民乐译. —南京:江苏凤凰教育出版社,2021.9
ISBN 978-7-5499-9532-5

Ⅰ.①风… Ⅱ.①麦… ②孙… Ⅲ.①气候影响—文化史—研究—世界 Ⅳ.①K103 ②P467

中国版本图书馆 CIP 数据核字(2021)第 170819 号

书　　名 风侵雨蚀:气候的文化意蕴
著　　者 [英] 麦克·休姆(Mike Hulme)
译　　者 孙民乐
责任编辑 殷　宁
出版发行 凤凰出版传媒股份有限公司
江苏凤凰教育出版社(南京市湖南路 1 号 A 楼　邮编 210009)
苏教网址 http://www.1088.com.cn
照　　排 南京紫藤制版印务中心
印　　刷 江苏凤凰通达印刷有限公司(电话 025-57572508)
厂　　址 南京市六合区冶山镇(邮编 211523)
开　　本 787 毫米×1092 毫米　1/16
印　　张 20
版　　次 2021 年 9 月第 1 版
印　　次 2021 年 9 月第 1 次印刷
书　　号 ISBN 978-7-5499-9532-5
定　　价 45.00 元
网店地址 http://jsfhjycbs.tmall.com
公 众 号 苏教服务(微信号:jsfhjyfw)
邮购电话 025-85406265,025-85400774,短信 02585420909
盗版举报 025-83658579

出版说明

城市研究领域很深广，涉及多学科内容。经济、政治、文化、环境、资源、规划、可持续发展等主题，都与城市有关。这些主题大致涵盖了实体的物质空间和抽象的文化空间，也许在一定程度上与当代生活有关的问题大多是城市问题。

"城市研究系列"即是对中国城市化进程中可能遭遇的各种问题在理论上的一种回应。"系列"以经典性与前沿性为导向，理论研究与实证研究并重。在内容方面重点关注与城市主题有关的经典性著作、各学术流派的代表作、当代前沿问题研究、城市研究新理论、城市文化现象与发展方向的探讨等。这些内容不仅追溯了城市发展的历史进程中诸多富有影响力的节点，也契合了当前社会的热点和趋势。

"城市研究系列"既重视国外先进的城市研究著作的引入，也重视国内城市研究领域中优秀的原创著作的出版。我国的城市研究起步较晚，引入国外先进的学术理论，其目的是丰富我们认识城市的路径，建立更加科学的观照体系，从而形成并完善我们本土的城市理论系统建构。

作为中国城市化进程的目击者、参与者、解释者、引领者，我们有责任告诉世界这个历史悠久的农业大国在这一巨大的城市化转型中所发生的一切。而城市本身所具有的多样性与复杂性，也值得我们去探究，去呈现，去引领。

我们期待“城市研究系列”这一高水准的中外城市理论研究出版平台所带来的新角度和新方法，所开启的新视野，所探讨的新问题，能为我国新型的城市化进程提供充分的学术支持。

江苏凤凰教育出版社

谨以此书纪念母亲希拉·玛丽·休姆。她在本书动笔之际辞世。她对地理学和文学的热爱氤氲于本书的字里行间。

目　录

第一部分　气候知识

第二部分　气候的影响力

第三部分　未来的气候

专　栏

插　图

① 网址：https：//watt'supwiththat.com/，据称是全球浏览量最大的有关全球变暖和气候变化问题的网站。——译者注

前　言

本书讨论的是气候观念，这是人类思想中一种持久的观念，也是一种有巨大影响力的观念。气候观念在当下通常与气候-变化(climate-change)的现象和话语[①]相关联，并涉及科学、经济、宗教、伦理、社会和政治等各个方面。我曾在先前的一本书——《我们为何对气候变化各执己见》(Humle，2009)——中写到过这些公共论辩的核心问题，可是，在真正理解气候-变化的文化政治之前，我以为还需要进一步理解气候观念本身的丰富含义。因为气候-变化已经成为一种如此普遍的现象和话语，它正在重构当代世界，所以，有必要退后一步，对气候观念本身进行历史的、地理的和文化的考察。

① 纵贯本书，我用“气候-变化”(climate-change)这一结构意指人为因素造成全球气候变化这一当代观念。我以这种方式把人为因素造成全球气候变化的物理现实和话语现实与表达这种变化的其他形式区别开来，如(不带连字符的)“气候变化”(climate change)、“气候的变化”(changes in climate)或“气候上的变化”(climatic change)等。

如同一切令人感兴趣的字眼一样,“气候”一词因在本书第一章中所说明的原因,也是无法简单定义的。在本书中,我的观点是,气候——当其被想象、被研究和被采取应对行动时——需要得到充分的理解,尤为重要的是来自文化角度的理解。作为一种复杂而抽象的观念,它不能脱离它形成于其中的文化而被孤立地理解。这一观点对自然科学的气候定义的权威性构成了挑战,因此,也对占主导地位的(人为造成的)气候-变化的科学见解提出了质疑。例如,联合国政府间气候变化专门委员会的历次气候评估报告就倡导这样的观点:气候应该被理解为一个在物理上具有相互联系的过程的行星系统,这是一个可以被充分描述的系统,因此也可以使用数学模型进行预测。这个气候框架在大多数的学术研究中、在政治和公共论辩中都占有主导地位。它认为,气候变化,以及其人类的和非人类的驱动因素,都将通过科学的理论和观察而被研究、解释和预测。因此,运用复杂的气候模型与晦涩的统计学组合进行的探测取证(forensic detection)和归因研究对于气候-变化现实的科学与公共地位来说已经变得至关重要。

然而,关于气候-变化,还有另外一个故事可讲,这是一个从气候观念的文化渊源讲起的故事。这个故事与把气候仅仅看作是一个相互关联的全球自然系统,或是把它作为重复的天气测量的统计学人工制品不同,我在本书中提出了这样的论点:气候必须被理解为这样一种观念,它只有通过文化才能被赋予意义。也就是说,气候在很大程度上可能——实际上已经——被文化改变。倘若事实果真如此,那么,气候就拥有与其自然地理和自然历史相互交织的文化地理和文化历史的维度。这种气候的地理学与历史学构成了当今出现的有关气候-变化的信念、断言和争议的基础。因此,本书把当前有关气候-变化的现象与话语置入了一个具有丰富的文化理解和文化意蕴的背景之内。

我用以理解气候的方法远远超出了研究气候与文化的传统学科的域限——它们分别是气候学和人类学——尽管在这些学科之内存在着一些范围明确的关注两者交互影响的学术共同体。例如，索恩斯（Thornes）和麦克格雷戈（MacGregor，2003）曾指认在地理学研究中存在文化气象学的传统，而人类学家托德·桑德斯（Todd Sanders）也提到过一个“批判气候变化的人类学家”的圈子（Sanders，2014）。但是，要充分把握气候观念——不言而喻，我认为也包括气候-变化的现象和话语——尚需聆听地理学家、人类学家、历史学家、心理学家、社会学家、神学家、生态批评家和哲学家的见解。如果科学被正确地理解为一种文化追求的话，那么，科学社会学家和从事科技研究的学者的见解也不可或缺。

因此，本书打开了多条路径，由此可以显示，气候观念如何在不同的人类文化中被赋予意义，并以何种方式被使用；气候以何种方式被历史化、被认知、被改变、被接受、被责怪、被惧怕、被再现、被预测、被治理，并且，至少在假定的意义上，被再造。这些施于气候观念之上或与气候观念一同实施的行动，来自对人类在遭遇大气层躁动不安的天气现象时的感官经验的多种多样的文化解释。本书提供了一个理解气候的案例，它把气候作为人类用以稳定自己与天气现象的文化关联的一种持久却又易变的观念。因此，气候-变化这一话语现象应该被理解为一个十分常见的比喻，通过这个比喻，气候在物质、心理和文化上的作用得以在当今的世界上展现出来。在这个意义上，气候-变化现象并非是与过去时代的一次决定性断裂，也不是现代性特有的结果。气候-变化最好应被视为气候观念文化演进过程中的一个新阶段，这一观念通过拓宽和改变文化与物质制品、实践、仪式和象征的范围，使人类能够接受天气的变化。

* * *

在日常生活中，天气与文化间的相互作用随处可见，比如，在对往昔极端气候的社会记忆中，在情感反应中，在对新技术的适应中，在小说、诗歌、歌词中，在抱怨的叙述中，在着装规范中，等等。这些关系有许多已经被人书写过，但只是在分散的文本和刊物中，支离破碎地出现于许多不同的学术领域。系统性地处理气候与文化间丰富的互动关系的连贯文献尚不多见。能够提供一种有关气候与文化关系的总体视角的专著和参考文本的数量与范围也极为有限，而且，其中的一些文本晦涩难懂。博亚（Boia，2005）、贝林格（Behringer，2010）、勒迪克（Leduc，2010；2016）、布里斯托（Bristow）和福特（Ford）以及日本的和辻哲郎［Watsuji，1988（1935）］[①]的专著，是值得关注的例外，斯特劳斯（Strauss）与奥洛夫（Orlove，2003）、柯莱特（Crate）与纳托尔（Nuttall，2009）、多弗（Dove，2014）、巴恩斯与多弗（Barnes and Dove，2015）以及德国的韦尔泽（Welzer）等人（2010）编纂的论文集也同样值得关注。但这种缺憾正在慢慢地得到弥补。随着环境人文学这个新的分支领域的扩大以及引发争端的人类世观念在思想和文化界的持续扰动，未来数年将会看到越来越多开辟气候与文化关系新思路的文本。

在新近问世的 SAGE 版六卷本大型参考文献《气候与文化》（Hulme，2015a）中，我已为这个发展中的学术领域提供了目标和轮廓。这部包含来自多个学科的 88 篇已版论文和论著章节的论

① 和辻哲郎（1889—1960），日本哲学家、伦理学家。他是本书作者提到的唯一一位东方学者，他的《气候与文化：一种哲学探究》（*Climate and Culture: A Philosophical Study*，translated by Geoffrey Bownas，Greenwood Press，1961.）一书是本书的一部比较重要的参考文献，该书的中文译本为《风土》（陈力卫译，商务印书馆，2006 年）。——译者注

文集，搜罗并组织了20世纪90年代初期以来有关气候与文化的一些最重要的学术写作。它提供了一系列的路标，引导读者在日渐增多的关于气候与文化的著作中穿行，这些著作来自人文地理学、环境史、哲学、科学研究、人类学、生态批评、社会学和宗教研究等学科。我将这部文集分为六个主题：

第一卷 气候知识的文化渊源
第二卷 气候的历史阅读
第三卷 气候与专门机构
第四卷 地方与实践中的气候与文化
第五卷 未来气候的文化阅读
第六卷 文学、视觉与表演文化中的气候变化

应将本书视为先前这部参考文献的一个配套文本，它为那部关于气候与文化的已出版文献提供了一次扩展性的综合。在一个开篇定义性的章节之后，本书接下来的十一章各自探讨了有关不同文化如何利用或曾经如何利用气候观念去理解它们与天气现象关系的一个不同侧面。我所选择的十一个主题当然并不彻底和全面，其中某些主题之间的界限可能模糊难辨。但将它们合在一起则显示了气候知识（第一部分）、气候的影响力（第二部分）以及未来的气候（第三部分）的关系的文化基础。

本书的标题需要一个词：风侵雨蚀（Weathered）[①]。如同气候

① Weathered既被用作本书的书名，同时也是书中的一个重要喻象，寓示气候的自然与文化功能。但正如下文所说，在英语中，weather一词的词性和语义都富于变化，加之词形的诸种语法变化（过去分词、形容词化了的过去分词、动名词），因此，中文翻译难求统一，只能根据具体语境采用较为较灵活的译法，并随文注出相应的英文词形式。——译者注

这个词一样，在英语中，“天气”（weather）也是一个含义丰富的词。它可以被用作名词、动词和形容词。用作名词，“天气”指的是大气瞬时的自然状态，因此而有多种描述天气的类型：有暴风雨（或暴风雪）的、无风的、美好的、阴沉的、变化无常的、宜人的，等等。作为动词，“经历天气变化”（weathering）的过程指的是物体或有情生命遭受不同类型的天气状况；例如，“这些建筑物受到严重侵蚀（weathered）”。对天气状况的这种承受，通常经过一个相当长的时期，改变了物体的面貌，或者使之陷入一种特有的并且常常是永久的状态，因此，它可以被描述为受到侵蚀：它以某种方式携带着它所遭受的天气的印记。于是，在这第三种情况下，“天气”一词变成了一个形容词，比如，“她饱经风霜的（weathered）脸透露出多年山地气候的风吹日晒”。

本书中，我在后一种意义上使用“weathered”这个词。正如我在第一章中解释的那样，气候是一种有助于稳定人类气象经验的观念，它使得人类通过文化来接受天气。可以认为，文化与个体都因长期反复暴露于特定类型和节序的天气环境而受到“风侵雨蚀”。在我看来，反思人类这个栉风沐雨（weathering）的过程，有助于理解气候观念的价值。各种文化都留下了它们置身其中并对之做出回应的天气变化的印痕。与树木和人类的身体一样，文化也经受着风霜雨雪的沐浴；确切地说，它们在天气的流转中遭遇风吹日炙几乎是不可避免的。我在本书中试图予以探讨的，正是文化与天气之间的这些相互作用，我认为，较之于科学单方面所能给出的解释，它将提供一种对气候观念更为丰富也更为详尽的理解。正如环境史专家亚历山大·威尔逊（Alexander Wilson）对于景观的解释一样，“从广义上讲，景观是一种看待世界和想象我们与自然界关系的方式。它是作为社会集合体的我们所想、所行和所创造的产物(Wilson,1992:17)。在以上表述中,用“气候”和“天气”替代“风景”和“自然”,你会得到一个对本书观点的恰当总结。

麦克·休姆

伦敦国王学院

2016年4月

致 谢

本书写于2015年冬至2016年冬，尽管最初的动念可以追溯至2014年夏天我在慕尼黑大学(LMU)雷切尔·卡逊中心逗留的那个时候。我要感谢中心和它的两位主任——克里斯托夫·莫奇(Christof Mauch)和赫尔穆斯·特里施勒(Helmuth Trischler)——颁发的卡森创作奖，它促成了这次访问，还要感谢中心的许多同事，我与他们交流合作并能分享我的观点。此外，我还要感谢乔治·亚当森(George Adamson)、乔治娜·恩菲尔德(Georgina Enfield)、格雷格·杰拉德(Greg Garrard)、吉姆·弗莱明(Jim Fleming)、克里斯汀·黑斯鲁普(Cristen Hastrup)、克耶斯蒂·弗莱特姆(Kjersti Fløttum)、马蒂亚斯·海曼(Mathias Heymann)、艾德瓦德·赫维丁(Edvard Hviding)、弗拉德·扬科维奇(Vlad Janković)、威利斯·詹金斯(Willis Jenkins)、阿德琳·约翰斯-普特拉(Adeline Johns-Putra)、米亚娜·拉森(Myanna Lashen)、伊娃·洛夫布兰德(Eva lövbrand)、阿曼达·莫奇恩(Amanda

Machin)、马丁·马霍尼(Martin Mahony)、露丝·摩根(Ruth Morgan)、凯特·波特(Kate Porter)、山姆·兰德尔兹(Sam Randalls)、史蒂夫·雷纳(Steve Rayner)、彼得·鲁迪亚克-库德(Peter Rudiak-Could)、比吉特·施耐德(Birgit Schneider)、乔·史密斯(Joe Smith)和查雅·瓦德哈纳普提(Chaya Vaddhanaphuti),他们促进了近些年来的对话,本书中的一些想法通过这些对话得以展开和推进。我还受惠于吉尔·休姆(Jill Hulme)和艾玛·休姆(Emma Hulme),是她们分别让我着迷于托尔金的《中土世界》以及《权力的游戏》。乔治·亚当森、伊莱扎·德·维特(Eliza de Vet)、马丁·马霍尼、露西·罗斯(Lucy Rose)和迪伦·罗宾逊(Dylan Robinson)各自通读了书稿的一个或多个章节,他们细心的审读使我在文本上有很大改进,尽管如此,我对最终出版的文字负有全部责任。

本书中的某些想法最初在早期出版的著作中已有所表达,所以,我必须予以提示,第一章部分基于我发表在《地理与环境》(*GEO: Geography and Environment*)杂志上的论文(Hulme,2015b),第七章吸收了《地理杂志》(*The Geographical Journal*)刊发的一篇文章(休姆,2008)的观点,第十章中的若干部分取自我的著作《科学能解决气候变化问题吗?》(Hulme,2014a)和发表于《当代人类学》(*Current Anthropology*)杂志的一篇论文(Hulme,2015c)。

在SAGE出版公司方面,我要感谢罗伯特·罗杰克(Robert Rojek)委托我写作本书,还要感谢马特·奥德菲尔德(Matt Oldfield)和卡贾·帕福特(Catja Pafort)的文字编辑工作,感谢制作团队的凯瑟琳·豪(Katherine Haw)。SAGE出版公司委托了四位匿名审读者对原书提出建议,他们每一位都提出了改进各章框架结构的宝贵建议。我还要感谢比尔·约翰科克斯（Bill Johncocks），他再一次制作了一份具有最高专业水准的索引。

最后，我亏欠妻子吉尔最多，在诺里奇无数的周末时间以及整个德比郡的徒步假期里，她宽厚地接受了本书的侵扰。感谢你的爱、鼓励和耐心。

第一章　气候是什么？

引言

有必要从头说起：气候难于定位，甚至连它的存在也不乏疑问。它似乎无所不在（你能逃离气候吗？地球上何处没有气候？），却又无影无踪（你能指出气候的位置或是带我去一睹尊容吗？）。人们凭直觉就知道气候是什么，却又为确切厘定它的义界而煞费苦心。可是，即便气候现象不曾存在，它们也必须被创制出来，事实上，它们也许就是被创制出来的。“气候”这类概念的价值体现在日常用语中广泛的隐喻用法，涉及不同的难以言明的现象境况。于是，政治的、思想的、道德的和经济的气候便不失时机地出现了。创制概念无疑是人们有史以来未曾懈怠的工作，而且是他们在各种各样的文化中仍在继续进行着的工作。气候观念几乎与有记录的人类历史一样古老，并且也与天气一样，无所不在。如果人们要让他们所居住的世界变得有意义，气候似乎是一项必要的发明。

那么，气候究竟是什么？它仅仅是一个概念吗？倘若如此，它是一个什么样的概念？我们可能会说，气候学家可以通过获取在同一地点日复一日反复进行的气象测量结果的平均值，把气候变成统计学意义上的存在。因此，气候作为抽象的数据而存在。我们也可以承认，地球系统科学家能够在计算机内把气候模拟成虚拟的存在，在芯片上（in silicon）①复制出在物理上相连接的全部地球系统的运行状况，生成 TB 级的海量“气候数据”。气候因此也作为数值模型而虚拟地存在。之后，地理学家也能把你带到地球上不同的物理空间，向你展示不同气候对于景观（撒哈拉沙漠或是苔原地带）、生态系统（高寒地区或是热带地区）或者是人类居住的建筑设计（瑞士的木造农舍或是巴厘岛的房屋）的影响。

但是，尽管我们生活在气候之中，我却无法向你展示气候的存在。我可以把你置于一场飓风的中心，我们可以在一场大风雪中一同瑟瑟发抖，或者是因观看一场龙卷风而被惊得目瞪口呆。我们也许会欣赏宁静落日的美丽，或者是感受到雷声隆隆并带着敬畏而颤抖。然而，飓风、暴雪和雷电交加的大风雨都只不过是转瞬即逝的气象事件，是一个躁动不安、持续变化着的大气层的外部表现。气候是一种别样的存在，它在一个比天气状况更稳定和持久的物理现实之上发出暗示。与天气现象不同，气候乃是人类头脑中的一种观念。

---

① in silico，字面意思是“在硅片上”，是近十数年来提出的一项新的研究技术，主要利用计算机数据综合分析方法进行生物学研究。它利用生物信息学技术将获得的实验数据与生物信息数据库进行比对、分析、评定，与“in vivo”“in vitro”“in situ”“ex vivo”等技术平行。本书中还有两处用到这个概念，翻译视具体语境而定，有的译为“在芯片上”，有时则译为“通过计算机模拟”（技术）。——译者注

* * *

在这开篇的第一章中，我要就气候的观念展开探讨，并且介绍以下各章的讨论范围。我的建议是，气候最好是被当作这样的一种观念来理解：它在对于瞬息万变的天气的感官经验与人类业已发展出来的适应这种经验的文化生存方式之间起着调节的作用。气候观念把物质世界与想象世界连接起来，它为人类的生存创造了秩序并提供了稳定感。离开气候，人们无法生存。

气候的定义

气候的操作性科学定义常常以类似世界气象组织（WMO）所使用的官方措辞开始：气候是"……一种以数月到数千年或数百万年的时间范围内特定变量（如气温、降雨量或者是气流）的相关数值的平均值和变化率为依据的统计性描述"（WMO，时间不详）。这个描述按照惯例依据的是30年的气象数据。从更具普遍性的科学意义上来说，气候也可以被理解为一种物理的行星系统的状态和动力的描述，它包括"五个主要构成部分：大气圈、水圈、冰冻圈、岩石圈和生物圈，以及（逐渐演变的）彼此间的交互作用"（IPCC①，2013：1451）。气候分析员试图在电脑上理解和模拟气候的时候采用的就是这种方式。

对于发生在各个地方的气象与文化之间的深层的物质性与象征性互动，对于我在本书中视之为气候观念核心的那些互动关系而言，这样的定义并不恰当。这类定义很容易在物理世界（借助科

① IPCC（Intergovernmental Panel on Climate Change），联合国政府间气候变化专门委员会，是为了应对全球性气候变化由世界气象组织（WMO）及联合国环境规划署（UNEP）在1988年联合建立的政府间机构。——译者注

学探索来理解)与想象世界(通过含义丰富的叙事或人类仪式活动来理解)之间保持一种人为的分离。这样的一种区分在自然-文化二元论观念中赫然可见,这种二元论观点根深蒂固地盘踞在大量的西方思想和实践之中,但在最近的数十年时间里,它在学术上也遭到了广泛的解构(如 Latour,1993;Plumwood,1993;Castree,2013)(参见专栏 1.1)。

专栏 1.1:气候与 *Mejatoto*

西方的自然与文化相分离的观点在当今世界已不再流行。在试图理解不同文化中气候观念的运作机制时,这种趋势意义重大。人类学家彼得·鲁迪亚克-古尔德(Peter Rudiak-Gould)在西太平洋马绍尔群岛的工作对于理解这个问题颇有助益。在马绍尔语中,与英语气候一词的语义最为接近的是 *mejatoto*。但是,*mejatoto* 的意思不只是"天气""大气"或"气候"。它意指一个范围宽泛得多的居住环境的属性,包括人们的外部环境以及文化氛围。当彼得·鲁迪亚克-古尔德问到 *mejatoto* 是否已经改变时,受访者们回答道:"'是的。人们已与过去大不相同,文化已经变化了''不错。人们现在变得懒散了''是的。*mejatoto* 现在差了——人们与家庭的关系已不像过去那样默契了''是的。生活已经改变。他们已不像以前那样相互关心了'。"(Rudiak-Gould,2012:49)在马绍尔群岛的居民谈起他们的"气候"时,他们是在不加区别地谈论他们生活于其中的物理与社会相融无间的环境,借助这个环境,他们的生活获得了意义。*Mejatoto* 指的是物质与文化关系的社会环境,它为他们的生活带来秩序和意义。因此,*mejatoto* 的改变——*oktak in mejatoto*——也就使所有这些关系陷入混乱不安的状态。正如彼得·鲁迪亚克-古尔德所观察到的那样，“*mejatoto* 并非本来就是一词多义（具有多重语义）——只是对于一个把自然与文化相分离的文化背景来说，它似乎才是如此。”(2012:50)

天气经验

与这种二元论的态度相反，本书提出一种不同的处理气候观念的方式，它要求更为直接地思考天气以及它对人的意义。天气一词的标准的词典定义可能是“……对于气流、温度、云量、水分、压力等大气状态的一种描述”。正是这种瞬时的气象状况，经过科学测量并在之后得出一段时间内的平均值，才产生了上文提到的约定的统计学意义上的气候定义。这是一个可追溯到不超过两个世纪的定义，并且只有在 17 世纪气象仪器介入的情况之下才成为可能。

然而，气候不是天气。天气具有一种气候所不具有的即时性和转瞬即逝的特点。天气变化无常；它始终都处于既在消逝又在更新的状态中。天气体现了有情生命生活、感受、想象和创造于其间的瞬时的大气状况。天气可以被看到、听到和感受到，如同日本哲学家和辻哲郎以下这段文字所表达的那样：

> 寒风可以被感受为落山风或是在冬末掠过东京的干冷之风。春风可能是吹落樱花或是舔舐海浪之风……正如我们在吹散樱花的风中感到自己心花怒放或是痛苦万分，在酷暑炎炎的盛夏，在天干地燥的时节，万木萎顿，我们也会如此这般

地领受我们自身的凋零。[Watsuri,1988(1935):5][①]

正是这种来自感官的天气经验,以及其在物质与情感方面的影响,决定了栖居于大气之中的人类的一系列不同的文化反应,如,欢庆仪式、物质技术、文化记忆与社会实践等等。衣物是用来御寒的,房屋是用来挡风的;樱花的开放和季风的肇端都有仪典迎接;天气预言家被委以预测未来气象状况的重任。这些文化工艺品、心态和实践,都受到多种多样的天气经验的策动——部分出于善意,部分缘于恐惧——为人类生活赋予了形式和意义。这些都是伊莱扎·德·沃特(Eliza de Vet,2013;2014)所说的“天气之道”:当个人与社群从文化上适应天气变化的时候,在重复性实践中所出现的种种应变之法。人们通过文化与天气共处;实际上,除了经由文化的路径,否则人们无法接受天气。

气候观念

除了世界气象组织和气候科学家所提供的概念和界定之外,我认为更好的办法是把气候理解为一种观念,它在人类对瞬息变化的天气经验和由这种经验生成的文化生活方式之间发挥调节作

---

① 此处所引的这段文字出自和辻哲郎(1889—1960)的《风土》一书,该书初版于1935年,之后在20世纪40年代又有数次修订,半个多世纪以前已有西文译本,英文版是英国著名的日本研究学者杰弗里·鲍纳斯(Geoffrey Bownas)在20世纪60年代初所译(1988年由Greenwood出版社作为“现代日本思想文化经典丛书”中的一种重印),书名改为《气候与文化:一种哲学探究》(*Climate and Culture: A Philosophical Study*)。对照中文版《风土》(商务印书馆,陈力卫译,2006年版),鲍纳斯的译笔似乎较为灵活,姑将中文版大致相应的句段转录如下,以供参考。

“说起寒风便是‘落山风’、或是朔风凛冽的‘干冷风’;提到春风则是花瓣飘舞之风、或轻抚海波之风;夏天的暑热令苍翠茂盛的草木萎缩,又使孩子们云集海滩喧闹玩耍。正如我们在风吹花落之中领会悲欢一般,在酷烈的阳光直晒草木之时,会感到内心的衰惫。”(中文版,第7页)——译者注

用。这种气候观念造成了一种稳定感或正常状态，否则，无法控制而又难以预测的天气经验将会极度混乱且令人不安。人类所经历的天气常常超出了他们的预期。但从实际情况来说，人们确实抱有预期，这就要归因于气候这个概念，正如地理学家和气象学家肯尼斯·黑尔(Kenneth Hare)多年前所指出的那样："气候是普通人(ordinary man)(原文如此)对于天气的预期……天气要愚弄他是很难的，他可以预见一年中的每个月份需要穿什么衣服"(Hare, 1966:99—100)。坚持把气候作为一种常态化的观念，这为人类带来了一种安全感；可以说这种观念使他们得以"让天气归其位"(参见专栏 1.2)。或者如科学史家洛琳·达斯顿(Lorraine Daston)在其研究自然边界的论文中解释的那样，"没有基础牢固的预期，追求和期许的世界就会坍塌"(Daston, 2010:32)。

专栏 1.2：英国人的天气话题

人类学家凯特·福克丝(Kate Fox)在她 2004 年度的畅销书《观察英国人：英国人行为的潜规则》中，用了一整章的篇幅讨论天气话题这个概念。"两个英国人相遇，第一个话题就是谈论天气"，福克丝借用 18 世纪约翰逊博士的这句名言，恰到好处地解释了这类天气话题的特性。这些会话的开端通常被表达为一个修辞性的问题："嗬，今天很冷哟？"或者是，"今天天气是不是很棒？"因此，英国人的天气话题是一个社会互动的礼仪形式，它有助于打破沉默或消除生疏感。但是，共享的气候观念是一个不言而喻的语境，它使这种天气话题得以作为社交训练的交流形式而发挥作用。此类礼仪的大部分都指向今天天气应该如何的共同预期："二月份暖和，是吧？"或者是，"昨天的暴风雨太反常了。”气候是令人心安的概念，有其规律性和常态，天气最终会与之相符，尽管当今已不复如此。在我们共同享有可靠的气候概念的背景下，这种天气话题是一种团结的表现。所以，尽管英国人在他们的天气话题中可能并没有明确地提到气候，人们也能明白一种预期的英国天气观念何以成为共享的心照不宣的框架，这个框架为他们的社会交往带来可理解性、秩序和意义。

正如现象学家朱利安·奈布什(Julien Knebusch)解释的那样，如果“……气候意指一种逐步建立起来的人类与天气之间的文化关系”(Knebusch，2008：246)，那么，应该认识到，气候观念在心理和文化功能方面发挥了重要作用。气候提供了一条路径，它把人类对持续变化的大气的经验以及相伴而来的不安全感，和对拥有稳定性和规律性期望的生存需求连接起来。这就是尼柯·斯戴尔(Nico Stehr)所说的“对气候的信任”(Stehr，1997)。气候提供了一个有秩序的容器，一个语言、数字和感官的仓库，借助它，天气躁动多变且令人不安的任意性得以被解释和驯服。这个容器创造了达斯顿(Daston)[①]所说的必要的秩序。气候观念有助于阻止世界的分崩离析。这也正是气候观念的变化如此令人不安的缘由：它削弱了人们对于气候的“信任”，气候作为一个大范围秩序的文化象征，它是一项旨在平息人们天气焦虑的发明。小说家玛格丽特·阿特伍德(Margaret Atwood)在谈到气候变化的概念时表现出了这种不安：“我以为把它叫做气候变化是有局限性的。我宁愿

① 即德国科学史家洛林·达斯顿(Lorraine Daston)。这里并非严格地借用了洛林·达斯顿与凯瑟琳·帕克(Katharine Park)合著的《奇迹与自然秩序》(*Wonders and the Order of Nature*，1 150—1 750)一书中的说法。——译者注

称之为万物皆变(everything change)。一切都在改变,我们对这种变化尚不能完全理解或预知”(转引自 Romm,2015)。

如上文提到的那样,气候在某些场合可以根据累计的天气统计来界定(世界气象组织),或者被作为一个互动的物理系统的科学描述(联合国政府间气候变化专门委员会)。这些定义在科学家研究天气与气候的物理特性时具有价值。可是,假如气候仅限于诸如此类的理解,那么,某些至关重要的东西就要被忽略;也就是说,气候观念如何从天气与文化相互塑造和相互改变的不可胜数的方式中出现,诸如此类的信息都将被忽略。正是我所提到的这些互动关系体现了气候观念的特点,因此,这一观念的作用就在于稳定人与天气之间的文化关系。除了科学的分析之外,气候观念的丰富内涵只有通过想象的途径才能够获得,作为一种观念,它让人明白某一地方一年中的某个特定时间里的天气“应该是”什么样子,它被镌刻在社会和个人的记忆之中,并被赋予了丰富多样的文化表现形式。

然而,无论是从科学角度还是从文化角度定义,终究是人类对气候的感知确立了对于大气运行的预期以及我们应对气候的方式。气候观念培育了一种稳定的心理生活以及人类在世界上有意义的行动的可能性。简而言之,气候这个概念使人类得以在文化的意义上接受天气。因此,正是在这个意义上,我提出了“风侵雨蚀”这个文化概念。此外,我还认为,对这个栉风沐雨过程的地理与历史的考察,与自然科学家可能做出的研究相比,会带来对气候观念更深刻和更丰富的理解。这正是本书中所提供的气候解释有可能被读作一种气候的文化地理学的原因(参见专栏 1.3)。

专栏 1.3：文化与文化地理学

如同气候一样，文化也是一个具有多义项和复杂语义的内涵丰富的语词。在一个层面上，人们可能认为文化只是“人类所做的一切”，比如，人们所创造、享受和使用的人工制品、观念、实践、符号与情感的综合；这也就是文化地理学家乔恩·安德森(Jon Anderson)指为“踪迹”(traces)的东西(Anderson，2015)。更正式一点说，人类学家克里福德·吉尔兹(Clifford Geertz)把文化界定为“……一种历史上流传下来的以象征符号为载体的意义模式，它是一个继承下来的表现为象征形式的观念系统，人们(man，原文如此)借此传播、保存和发展他们有关生活的知识和思想”(Geertz，1973：89)。因此，文化正如气候一样，难以眼见，更难以度量。正如蒂姆·英戈尔德(Tim Ingold)所言，“我们永远不能指望‘在现场’遇见文化”(Ingold，1994：330)，正如没有人曾见过气候一样。反之，我们发现的是，“……那些被自己的人生带上时空旅途的人们，在一个似乎充满意义的环境里，他们既使用语词，也使用物质制造品去记下各种事物，并与他人交流，在言谈中，他们不断地生发出各种隐喻，以便织造出文字迷宫和不断扩展的象征性对等物的网络”(Ingold，1994：330)。因此，更准确地说，人们是“以文化的方式生活”，而不是“生活在文化之中”。因而，文化地理学是地理学的分支，它探讨的是文化活动如何因地方的不同而产生差异；实际上，它承认“地方”的概念是通过文化实践来构建的。在本书中，我的主张是，气候观念存在于文化、天气与地方的交叉地带。

本书的结构

本书分为三个部分。在“第一部分:气候知识”中,我探讨了人类在历史和地理方面创建的一系列有关气候的知识。这些文化知识包括各种不同的理论,解释气候的自然特性因时变化的原因。在“第二部分:气候的影响力”中,我解析了气候在特定的地方以何种方式与文化交互作用并形成当地的生活模式,以及气候观念如何介入不同的社会实践和想象世界。比如,气候以多种形式进入咎责和恐惧的文化记录,并在许多文化形式中找到了再现方式。在“第三部分:未来的气候”中,我思考的是,气候与人类的未来不可避免地联结在一起的情形。一方面,不同的文化构建了多种多样的有关气候在未来可能如何变化的值得信赖的知识。另一方面,这种有关未来的知识已经改变了人类当下的生活方式,我认为,气候观念仍在继续变化。

各章节的内容简要概括如下。

第一部分:气候知识

在不同的历史时期,文化都以令人吃惊的众多形式与气候观念产生关联(第二章:将气候历史化)。从广泛的想象和物质的迹象来看,气候是被建构出来的。这些被建构的气候随后被带入公共生活,以截然不同的形式和多种多样的目的规训个人、社会和政治行为。气候观念与其他事物关系密切:帝国的权力、沙文主义、身份认同、国家地位、日常饮食、殖民主义、贸易、卫生和道德。气候观念的前身以及与当代类似的对于气候的思考可以在早期文化对气候的诠释中见到,其间,新奇与怪异的情况并不少见,它们既具挑战性也令人困扰。这些气候的文化史表明，气候在概念和修辞意义上的变化可以而且确实对公共生活产生了影响。

对于人们栖居其中的气候，已经获得的知识总是来之不易的，不论它是个人直接获得的天气知识，文化记忆中保留的间接的地方气候知识，还是从可信来源获得的三手气候变化的科学知识（第三章：认识气候）。人们对气候的了解也同样受到他们生存于其中的文化语境的影响，他们通过知识生产的文化实践成为训练有素的市民、专门人才、技工和学者。所有气候知识都是与文化有关的；它不可能独立于文化而存在，它在这些文化中生成，并借助它们而得以表达。但是，哪一种知识要求人们视之为可信，哪一种知识被确认具有公共权威，这不只是一个文化问题，也是一个深刻的政治问题。

人们对于无序气候的焦虑由来已久。气候是一种在稳定天气经验与文化生活的关系方面发挥重要作用的观念。因此，当自然气候似乎出现变化的时候，寻求解释就迫在眉睫了（第四章：改变气候）。对于这类变化大致可以分辨出三个解释范畴：超自然的、自然的和人类的。这些解释以复杂的样式共存于不同文化的内部和不同文化之间，伴随着各自文化影响力的变化而此消彼长。可是，人类很少认为气候变化只缘于自然的或超自然的某一单方面原因。更为常见而且也许确实更为必要的是，相信气候表现都与负有道德责任的人类行动者的行为有关。在过去的大部分时间里，在大多数地方，气候和人类一直被认为是相互联动的，他们的作为与命运通过自然进程和超自然存在的作用而连接在一起。

第二部分：气候的影响力

把气候观念理解为特定地方的人们在物质上和想象上与天气

相处的方式，可能是颇为有益的（第五章：接受气候）。气候因而成为一个内容丰富的配套组合，其中包括气象过程、物质技术、记忆、景观、着装标准、社会实践、象征仪式、情感和身份认同。总体来看，这些与气候有关的行为可以被视为“天气之道（weather-ways）”。世界各地的天气模式自然是多种多样的，这些模式中有许多至今仍在产生显著的变化。然而，人类理解天气及其变化的方式不能与特定地方表现历史、身体和想象的方式分割开来。围绕地方、身份、知觉与社会实践等概念，出现在地理学、心理学和社会学等学科领域的极为广泛的反思，有助于理解这些创造意义的文化过程。

气候往往与过错叙事紧密相连（第六章：怪罪气候）。正如气候被认为是自然景观、生物进化与经济实力的决定性因素一样，把气候提升为人类生理与心理的（首要的）决定性影响因素也由来已久。战争、经济表现、街头暴力、政治暴戾、饥荒、房地产价格、自杀、月经初潮的年龄——以及更多的现象——都由气候来“解释”。具有文化信誉和说服力的过错与罪责记述满足了人类的一种重要的社会与心理需求。对于一个复杂和混乱的世界来说，这种集体性的意义建构使社会体制得以发挥作用，使社会得到治理。

不可预知的未来生态失序和恐惧正在成为人类焦虑的根源。在“第七章：畏惧气候”中，我探讨的是，当气候失序的过往经验，或者是未来气候将要陷入混乱的断言，以强有力的形式激活了人们想象力的时候，人类情感会出现什么情况。尽管在整个人类历史上对有关气候的行为的令人忧惧的解释司空见惯，但这些恐惧总会从文化的角度得到调和。与气候有关的恐惧涉及大灾变、风险社会、突发事件与心理（不）安全等广泛叙述。因此，气候失序存在于想象之中，如同它可以通过科学仪器和计算被发现一样。无论如何，当代的气候恐慌已经出现，它们最终将作为一种文化变迁的功能而被驱散、重构或改变。

气候是一种富有想象空间的观念，因此，它必然会被以不同的方式来加以呈现（第八章：再现气候）。但对于科学实践和艺术实践来说，再现气候观念都是一种挑战。无论是通过计算机模拟，还是借助摄影技术，气候及其变化都绝不仅仅是模仿性的再现。没有单一的关于气候的永恒真理，它对人们的意义有待科学或艺术来加以揭示。尽管经常有人提出相反的劝告，气候科学不能“要求”人们采取任何特定的行动。艺术也不能。它不是教化，它不可能把可持续的、合理的或是可选择的生活格调传授给人们。既然不可能不经由任何中介而进入气候话题，那么，所有的气候再现最终都是政治行动；也就是说，它们都参与了对各不相同的、选择性的气候现实的建构：物质的、意识形态的、想象的、规范的。但良好的天气艺术将使人类有能力对于造成所预言的天气变化的深层问题展开思考：令人羡慕的美好生活，鼓舞人心的未来，以及他们对包括人类和非人类在内的他者的责任。

第三部分：未来的气候

给未来下断言有一段漫长的文化历史，科学预见只是这个预言性知识传统中的最新式样（第九章：预测气候）。如同所有的预言性知识一样，气候预测也会受到文化的制约，这些预言的使用方式在不同文化中差异悬殊。有时常常以某种方式与科学知识的主张相关，未来气候的预测总是要经过更广泛多样的文化规范、人为计算以及交往实践的中介。气候的数字计算模型只是预测其未来进程的一种方式，但却成为占据当代世界舞台中心的一种形式。

然而，模型预测，以及那些模型预测的传播者——此起彼伏的先知的声音——却面临多种挑战：如何取得信任，如何获得权威，如何具有使用价值……要满足这种种需求并非易事。预测几乎总是被证明是错误的；未来有其自身的行为展开逻辑，非人类能力所及。可是，有关未来的警示故事却被人关注、被人思考，并且让人从中获得教益。

人们长期以来都在探寻让气候更加怡人的方法，要么是通过迁徙以寻求更令人喜爱的气候，要么是学会顺应气候的变迁。审慎地再造气候的观念是更为晚近的现象，它可以被追溯到欧洲现代主义的改良和殖民计划（第十章：再造气候）。19 世纪和 20 世纪科技产业的企业家渴望"控制天气"。最近以来，全球气候工程概念已经出现。随着把全球气温作为一个显示气候变化的决定性的度量标准，它已经成为控制参数，基于这个变量，人类的设计才可能生成。当今的气候工程人员正在计划和研究可以"管理"全球气温的技术，这颇有些像女主人为了改善家里或是车上的舒适度而转动她的恒温调节器。但是，气候工程也提出了深刻的哲学问题和政治问题。对于在得到了改善和恢复的气候中生活的人们来说，明知道它是由人类之手造成、又被人类之手维持，这将会是一种什么滋味呢？而且，从政治角度上考虑，谁将决定和治理如此设计的气候：那些获得最多的人，那些损失最多的人，还是那些只不过拥有权力和财富来颁布这项技术的人？

长期以来，气候一直是政治目标，围绕着它，不同的治理模式、调控模式和社会组织模式为争取承认与支持而展开激烈的较量（第十一章：治理气候）。可是，当气候得到治理的时候，被控制的究竟是什么？构成了气候的物理与想象外形的旋风、热浪、冰雹和倾盆大雨，并非人类法律、政策或技术的直接对象。因此，气候治理总会变成一个除了天气之外还要治理和控制多种事项的计划：自然环境、社会实践、物质技术、投资流向。地方或殖民地气候的治理常常是管理地方社群或殖民地社会的一个训练。在最近的几十年时间里，全球气候治理进一步扩展了可以归到气候管理麾下的实践、技术和机构的范围。全球气候治理变成了一个治理全球社会的训练，但是，人世间却不存在这样的训练场地。

在本书的最后一章（第十二章：读懂未来气候）中，我把未来的气候作为一种观念来展开悬想。我提出了三种可能性。第一，气候观念被重新稳定在合意的和“安全”的限度之内。这种抱负力图通过在一定程度上重建世界秩序来支撑气候的历史功能。第二种可能性是拥抱一个即时变化的气候的未来，而不是被重新稳定或固定的未来。即兴创造承认自然气候始终不在人类掌控之中。第三种可能性更为极端，它质疑作为本书前提的气候的想象功能。我认为，在人类世时代，人们可能必须学会在没有气候观念的条件下生活，至少是没有一种在天气与文化的关系中带来秩序和稳定性的气候观念。气候的“新常态”只能是无常态。这是令人不安的。

本章小结

气候观念像人类的想象力一样古老，作为一种为人类生活带来秩序和稳定性的想象方式，这种观念在今日各式各样的文化中仍然无处不在。气候在某些地方可以根据汇总的统计数字来定义，也可以作为相互影响的物理系统的一种科学描述。可是，气候也可以被更为直觉地理解成，作为一种保存在内心或文化记忆中的默会的观念（tacit idea）：在一年中的某个特定时间一个地方“应该是”什么天气。无论它被怎样定义，不管是正式的还是默会的，它都是人们对于气候的感获，它确立了人们对于大气运行的某种期盼。实际经历的天气常常不能满足人们的期盼，但是，人们拥有期盼这个事实则归因于气候观念。因此，作为一种正常化的观念，气候为人们提供了某种安全感；它使得人们“将天气归于其位”。气候带来了一种安全感和正常感，否则的话，难以控制和预测的天气经验将会过于混乱和令人不安。气候为人世间稳定的心理生活和有目的的行为奠定了可能性。

简而言之，气候观念使得人们从文化的意义上接受天气。气候是被人类想象通过故事讲述并利用物质技术培育过、阐释过和影响过的天气。正如我将在本书其余部分进一步解释的那样，人类及其文化都处在一个持续不断地被风侵雨蚀的过程之中。

延伸阅读

Behringer, w. (2010) A Cultural History of Climate. Cambridge: Polity Press.

Bistow, T. and Ford, T. H. (eds.) (2016) A Cultural History of Climate Change. Abingdon: Routledge.

Leduc, T. B. (2010) Climate, Culture, Change: Inuit and Western Dialogues with a Warming North. Ottawa: University of Ottawa Press.

第一部分　气候知识

第二章　将气候历史化

引言

气候观念总是与特定的时间和地点相关联。古希腊人对气候——*klima*——的理解不同于之前犹太人的天气观念。早期启蒙哲学家或当今科学家对气候的理解与这些早期文化均有不同，许多非西方世界观时至今日也还在以不同的方式来想象气候（参见专栏 1.1）。对于处在不同时代和不同地方的人来说，气候具有不同的含义。鉴于当今世界对气候-变化的现象与话语[①]的重视程度，对气候的历史语义予以详细解说便是必不可少的。换句话说，有必要将气候历史化。

把一种观念历史化，就是要把它作为历史发展的产物来解释，辨明它的语义在历史上曾以何种方式以及出于什么原因发生了变

① 参见前言脚注中我对本书使用这一措辞的说明。

化。当代的气候-变化话语把气候的物理特性的变化以及这种变化对未来的社会和生态可能具有的意义作为关注的中心。然而，同样重要的是，要认识到气候观念想象的维度——气候对于人的意义是什么；换句话说，就是它的文化意义是什么——也在发生变化，并且常常是实质性的变化。正如人类学家迈克尔·达夫(Michael Dove)所说，"到目前为止，气候科学共同体所了解的历史一向是(自然)气候的历史，而不是气候观念的历史"(Dove，2015：28)。本章的关注重心则是后者。

可是，我对于将气候历史化的兴趣不是要寻求和获得这个词本身某种深刻和本质的含义。政治地理学家约翰·阿格纽(John Agnew)已经提出警示，为其自身目的而关注语词的观念史可能会迷失方向。他说，与之相反，"……从历史角度……追踪语词意义的演变则很有用处，它能够让我们注意到某些常常是具有高度选择性的意义变化是如何发生的。语词(本身)不足以告诉我们如今的这个词与我们热衷的定义有何等关联"(Agnew，2014：312)。关键的是，相对于一个特定的时间和地点，气候观念是如何被人理解和使用的。不存在有待发现并捍卫的唯一真实且永恒不变的气候定义。"气候"的语义在历史上实际上是多变的，而且仍会反复变化。气候的意义还因文化差异而各不相同。充分关注气候的这些千差万别的文化语义的残留在当今世界持续产生的影响，这正是本书试图培养的心态。

气候的多种功用

作为一种古老的观念，气候还具有多种用途。当人们能够想象一种春秋代序、先于人类很久、无时无刻不展现于地球大气之中的天气时，气候就成为人类心灵中发明出来的一种观念。尽管古希腊哲学家可能最早留下一份明确的书面气候记录，但他们可能并不是最早试图弄清持续流动的天气现象之意义的人。天空的律动总是与人类思想相伴，并且诱发出人类的宗教仪式。从寒冷的北方到酷热的热带地区，这种有规律的变化减少了惊疑和恐惧，也同时提供了安慰和保障。与这种变化剧烈而又可预测的昼夜和季节性循环的天气经验同时并存的是，不可预测的天气现象也一年又一年（没有两个年头的天气是相同的）、一代又一代（老年人的天气似乎与年轻人不同）地出现。一场旱灾是可怕的，而一个干旱的季节却并不可怕。一个冬季并不是冰河期，也并非所有的风暴都是飓风。无怪乎人类会有焦虑、期待和对解释的追寻，许多精神憧憬和神学体系也都因此与天空紧密相连。

宗教已经找到许多途径来理解这些来自上苍的残酷命运，承认对于超出人类控制的力量的依赖，感谢上苍赐予的慈悲和祝福。因此，气候与宗教已有很长的相互依存的历史（Botero et al.，2014；Hulme，2016a）。例如，犹太经文显示，公元前第一个千年以色列人就对天气的规律性和适宜度抱有期盼——“夏天落雪，收割时下雨，都不相宜。愚人的尊荣，也是如此”（《箴言》26：1）——尽管他们还没有用确切的气候概念把它们在语言中明确地表达出来。他们的天气理论是他们的道德责任感和神圣天道的组成部分。所以，《约伯记》称，“这云是借他的指引游行旋转，得以在全地面上，行他一切所吩咐的。或为责罚，或为润地，或为施行慈爱”（《约伯记》37：12—13）。

历史上更为普遍的情况是，气候观念既作为一个指标又作为一种动因而发挥作用。气候既被用来描述（比如，天气的模式），又被用来解释（比如，生态、社会和人类后果），作为指标，气候描述的是地方累计的天气律动模式。因此，希腊最初的气候(*klima*)概念，是对随纬度变化的太阳斜度的描述，它们(大体上)与空气温度相关。在17世纪早期的写作中，莎士比亚在《冬天的故事》中可以把西西里的气候描写为“微妙”和“甜美”。在现代，也有大量的气候指数——较之莎士比亚的形容词更具定量的特性，它们已作为对平均气象状态的便捷描述而得到普及。比如，恩索(ENSO)①和全球平均气温都是大尺度自然系统的描述性指数。另一方面，作为动因，气候被用于解释令人眼花缭乱的各种自然、社会和人类后果：景观、物种灭绝、战争、自杀以及更多的现象(更详细的探讨见本书第六章)。气候的这种用法在古希腊和罗马思想中也很常见，气候观念在其中为人类文化多样性提供了解释框架，并且为地理学探索充当了道德向导。

因此，虽然气候的这种双重功能在人类文化史上反复出现，但“气候常常被界定为它的所为，而不是它的所是”(Fleming and Jankovic，2011：2；着重号为原文所有)。根据这些历史学家的说法，气候更多的时候被理解为动因，而不是作为对天气总和的描述。他们接下来表明，气候的能动作用历史性地扩展为“一种力量……表明社会习惯、经济福利、卫生、饮食，甚至是‘国家能源’(energy of nations)总量”(2011：2)。气候的这种“强有力的”作用在当今也可以看到，比如通过联合国政府间气候变化专门委员会倾力建造一个专门工作组来评估气候变化(影响)的能动功效，以及人类如何能够驱散这种力量(适应)。作为指标的气候和作为动因的气候之间的区别对于理解当今世界气候观念所发挥的文化作用至为关键。这种区别对于领会气候的物质与想象的表现也具有

① 恩索(El Niño/Southern Oscillation)，是厄尔尼诺和南方涛动的合称。——译者注

重要意义。

* * *

本章的其余部分是围绕历史上气候话语的四个不同范畴安排的：气候作为文明，作为国家，作为商业和作为问题。总而言之，这些概念在一定程度上表明，在不同文化中，对于气候的理解总基于其历史背景。

文明的气候

在研究西方思想中自然与文化关系史的经典著作中，克拉伦斯·格拉肯(Clarence Glacken)表明，气候、人类行为与文化之间的复杂关系始终是一个挥之不去的诱人思考的问题(Glacken，1967)。在这些思考中，长期盘踞在人类思想中的问题之一就是确定哪一种气候最有助于有德行的人类行为，有助于经济的繁荣，并最终有助于抵达文明生活的最高形式。答案常常是气候与发问者居于其中的气候吻合！对于希腊人来说，北方的气候太冷，南方的气候太热，一直都不能出现重要的人类文化发展。但正如儿童故事《金发姑娘和三只熊》一样，正是地中海中间地带的气候“最适合”文化创造力的繁荣发展。所以，希腊哲学家希波克拉底在公元前5世纪的著作中可以宣称，

> 我坚持认为，小亚细亚地区在居住状态和植物方面完全不同于欧洲。因为这里的一切都长得更美、更大；一个比其他区域有更少野性的地方，居民的性格更温和、更文雅。其原因就在于温和的气候，因为它位于东方太阳升起的中途，比欧

洲更远离寒冷地区。(Hippocrates,1923:xii;着重号为引者所加)

在古代世界,爱琴海的“怡人”气候同时成为解释和证明希腊霸权的一种方法。相似的推理可以在公元14世纪的阿拉伯文献中见到,比如,突尼斯地理学家伊本·卡尔顿(Ibn Khaldun)以及文艺复兴运动后期和现代初期思想家的著作中。因此,伊曼努尔·康德(Immanuel Kant)在18世纪后半叶普鲁士的讲座中发出了希波克拉底的回响,他声称,

温带,尤其是温带中间部分的居民比世界上任何其他种族的人身材都更漂亮、更勤劳、更诙谐,在情欲方面更节制、更有理智。因此,这些民族在所有时代都在教化其他民族,并用武器控制他们。(康德,自然地理,转引自 Livingston,2004:77)

对康德而言,唯一的差别当然是希腊人舒适的温带气候已经从爱琴海移向波罗的海海岸,向西北方向挪动了2 000千米。

也许,这条推理路线最成熟的表达方式来自20世纪早期的美国地理学家埃尔斯沃斯·亨廷顿(Ellsworth Huntington)。亨廷顿采用以经验为基础的研究,考察不同气候条件下工厂工人的生产能力,他重申了希波克拉底、卡尔顿和康德或许已经申明过的主张,也就是“热带居民各方面的发展,我们几乎公认这与潮湿和持续的炎热关系密切”(Huntington,1915:2)。文明化气候的中心如今已经转移到亨廷顿居住过的北美洲东海岸,并且移向具有凉爽宜人气候的欧洲西北部。从这种种族等级制的气候理论出发,到

获知近东地区、地中海和美洲中部的古代文明命运兴替的气候根据，仅有一步之遥。在1915年的《文明与气候》(*Civilisation and Climate*)一书中，亨廷顿用了两章来探讨这样的观念，即文明的命运与气候的自然变化密切相关。他得出结论，“除了所在地区的气候具有巨大促进作用的国家之外，没有哪个国家能上升到文明的最高阶……一种有利的气候是高级文明的基本条件”(Huntington, 1915:270;着重号为引者所加)。如果说这类气候观念今天让我们觉得天真、甚至是危险的话，它们也指明了把气候观念历史化的重要性。亨廷顿的思想遗产在20世纪的几十年时间里持续发挥着作用，尽管并非总是得到强硬的表达，它在当今仍然没有丧失活力(Powell,2015)(请参阅本书第六章)。

国家的气候

气候观念也以多种方式制造和捍卫民族性格与身份观念，乃至为国家地位的紧迫要求做出贡献。在人类身份构成的所有形式中，为“他者”如何不同以及因何不同提供一种可信的叙述，是最重要的部分。因此，人们可以听一听公元前5世纪的希罗多德对埃及人为何不是希腊人——至少就他本人而言——的理解，“与当地盛行的怪异气候相一致，他们的河流运行状况也不同于任何其他河流，埃及人几乎所有的风俗习惯都与其他任何地方迥然不同”(Herodotus,1998:35;着重号为引者所加)。或者，不妨再听一听莎士比亚的意见，人们就可以明白，对气候的描述是如何与(至少是想象的)民族性格和身份观念紧紧地联系在一起的(参见专栏2.1)。若不是囿于民族优越感，对各国气候有辨识力的读者自然会明白不同民族间的差别。

专栏 2.1：莎士比亚的气候

在 16 世纪晚期的英国，气候是不祥事件的一个信号，事关人类的道德过失和对神圣意志的误判。在莎士比亚同时代人的生活中，气候主要承担的是情感、精神和话语的功能，显示自然系统运行的功能尚在其次。除了显示日常生活中有先兆的和怪异的事件之外，气候观念的组合与区分作用在地理勘探与开发时代也找到了共鸣。气候观念有助于组合，因此也有助于理解不同地区和国家之间的差别。16 世纪欧洲冒险家们初次涉足欧洲大陆以外的经度地区，开始了对古希腊观念的挑战，古希腊人认为，不同纬度的气候都是固定不变并且完全相同的。需要新的气候体系来解释加勒比海、美洲西海岸和印度的季风性气候这些新奇的有异国情调的气候。这些旅行者带回了欧洲西北部岛国居民前所未知的气候故事，这需要一种新的地理学以及一套辨别气候的语汇出现。

莎士比亚充分了解这些远方新奇气候的遭遇以及它们所带来的商业繁荣。伊丽莎白时代的人对异域的新奇气候既感到恐惧又加以赞美。埃塞克斯伯爵在他 1599 年军事探险时担心爱尔兰的气候会“消耗我们的兵力，即使他们能够活下来，缺衣少食也会使他们丧失信心和力量”(Shapiro，2009：90)。莎士比亚可以想象到地中海气候的诱惑，他一定是听到过许多这方面的传闻，《冬天的故事》说到西西里亚(西西里岛)“气候宜人，空气最清新”。是的，如果说西西里岛的气候宜人，莎士比亚就可以为英国的气候设计出一个非常不同的形象，它“阴冷而沉闷”。

在《亨利五世》中，莎士比亚采用了以气候揭示民族性格的古代比喻，当法国人准备迎击英国军队时，他让法国元帅带着迷惑说起了英国气候——“多雾、阴冷而沉闷”——与性格之间的关系：“战神哪(dieu de batailles)！他们哪儿来的这一副气概？他们那边的气候不是笼罩着一片迷雾，又阴冷、又昏沉吗？阳光又是那样暗淡，仿佛紧皱着眉头，在鄙夷他们，不叫他们的果实成长。”①

(资料来自 Hulme，2016b)

在 18 世纪的欧洲，国家建构计划为使用气候观念的可能性赋予了新的动力，因为天气现象第一次得到了系统性的测量。借助于气象仪器，大气的自然特性越来越多地被加以分类。这些特性原先是通过个人的天气观察并在私人日记中记录下来的，之后则要通过系统的和官方机构的观测站网络而列表登记。气象观察的这些标准化模式打开了气候描述的新途径。秩序被强加于看似混乱的天气现象之上，先是在个别地方把当地的气候量化，接下来则编制出从分布的地理位置上统计出来的汇集气候(aggregated climate)。气候第一次“被驯化”了(Rayner，2003)，之后，又通过 19 世纪的国际科学协作，绘制了国家边界。在 19 世纪初期亚历山大·冯·洪堡的等温线制图发明之后，各种各样的地区气候地图，以至最终的全球气候地图得以被制作出来，这些地图把拥有相似温度和降雨量的分散地区连在了一起。

这些创新发明助长了新的量化运动，它参照另一类气候，并通过对国家和地方的气候数据的比较来划定一个气候类型。这类计

① 莎士比亚《亨利五世》第三幕，第五场。此处采用梁实秋先生的译文。——译者注

划适于政治身份的塑造以及欧洲殖民地的建立。这些数据化气候的对比服务于不同的目的。比如，它们有助于在特定地方的居民中建立起一种休戚与共的感觉，也有助于借助相似气候的共有经验来确立政治管辖权。历史学家简·格林斯基(Jan Golinski)已经表明，在英国"启蒙世纪"(18 世纪)期间，某些思考和谈论天气与气候的方式已嵌入英国民族文化之中(Golinski，2007；参见专栏 2.1)。借助仪器对天气进行的标准化测量的做法，与情感和文化的表达方式结合在一起，有助于发展出一种共享的英国国家气候的感觉，它温和却又不时被令人振奋的日夜交替打断，"英国人越来越以赞许的心态来看待他们国家的气候，他们独自欣赏着古人专许给地中海气候的理想的温和"(Golinsky，2007：56)。

气候数据的比较也能够使国家间的气候有更清晰的区别。鉴于莎士比亚已经借法国人之口把英国气候的观念说成是"多雾、阴冷而沉闷"，到 18 世纪晚期，已经可以确切地说出英国的气候与法国的气候相比有多么多雾、生冷和沉闷。帝国时代的国家建构也从这种可测量的、精确的新气候概念中受益。到 1800 年，将英国气候与向西部移民的北美洲定居者所遭遇到的更具异国情调、更极端的气候进行对照已成为可能。历史学家格林斯基再次说道："不论感觉是太冷还是太热，这就是美国气候与英国气候的差别，这引起了生病的焦虑。"(Golinski，2007：195)

18 世纪和 19 世纪定居在美国的欧洲移民自然难以接受新的气候。在越过内陆向西行进的时候，他们并不知道在新遭遇的大陆性气候中会出现什么情况。在创建基于自己长期系统的观察而得来的气候知识的过程中，他们可能受到了欧洲和俄罗斯等地输入的更为熟悉的相似气候的指引，这类知识最初当然是匮乏的。他们既没有个人记忆和文化记忆，也没有仪器测量来培养他们对

图 2.1 “天气怡人。”在詹姆斯·吉尔瑞(James Gillray)1808 年的系列漫画中,这一张显示了多姿多彩的天气环境中典型的英国人性格。在这幅漫画中,国民性格找到了其理想的天气条件:农田肥沃、身体健康,野生生物茁壮生长(图片来源:Golinski,2007)。
版权:Victoria and Albert Museum,London

美国气候的感知。有一点已经是明确的,那就是由纬度决定的古典气候(*klimata*)概念作为一个气候行为模型存在严重缺陷:美国西部气候与美国东部气候已经毫无相似之处,更不用说欧洲的气候了。发现美国气候的努力因西进运动的领土扩张、奴隶制的蔓延与棉花种植的扩大以及人类开荒对当地气候的影响等而被卷入争议之中(Culver,2014)。因此,气候、天气,无论是在实际的层面上还是在被感知的层面上,不仅塑造了民族认同,而且它们本身也会受到文化想象的影响。

商业的气候

气候不仅可以对文化身份施加想象性的影响,而且还可以作为一种推进和规范经济发展的方式。因此,第三种话语有助于说明受气候观念影响的许多概念及语义的变化,它们涉及气候与经济活动之间的关联:资源开采、商业、贸易以及财富生产。这些关联对 16 世纪至 20 世纪的欧洲殖民势力而言愈益显示其重要性,它们引入了一些评估气候的新方法。除了与地方、性格和文明的关系之外,气候观念被进一步设计和应用于经济贸易,并且为在种植业和资源开采方面的新投资提供论证。气候开始“产生”具有经济价值的生物和地球物理特性。连同权力、资本和劳动力一起,气候变成了一个生产要素。

弗拉基米尔·扬科维奇(Vladimir Janković)在一个 18 世纪上半叶的具体案例中展示了这一思路自我显现的过程。瑞士商人和企业家让·皮埃尔·珀里(Jean Pierre Purry)曾挑选南卡罗来纳的气候作为定居、资源开采和商业贸易的“最佳”气候。为了推进自己个人的政治和经济计划,珀里自作主张为这个地区构建了“模式气候”(model climate)。在伦敦和巴黎筹集了贷款之后,他在“理想的”气候中建立起珀里斯自治镇区,他的诸多新商业种植计划从这里启动。这种卡罗来纳气候理想在珀里的想象中还只是初现轮廓的时候,当它通过一个巧舌如簧的商人的修辞被展现于欧洲放贷人面前时,竟然也携带着强制性的力量。

尽管有些怪异，并且最终没有成功，但珀里的思路在接下来的世纪里将被多次复制。在富饶、多产型气候之类的观念导引下，欧洲殖民者想尽办法在世界各地制订了众多的农业计划和商业种植计划。上文提到的 19 世纪跨国气候的定量描述也在这些帝国的资源开采和贸易计划中显现了经济价值。不同区域的气候比较分析能够进行，但如今靠的是数据，而不是感官印象或道听途说。开普敦的气候与阿姆斯特丹的气候有多少程度的不同？在热带和亚热带哪里最适合小麦、可可树或橡胶生长？跨时间的纵向气候研究也第一次成为可能。这些研究为相对有限的人类记忆范围提供了一个正式的备用方案，并且也让新近将要被创建的殖民化气候在时间上获得了可靠性。

人工林是受益于这种新的气候规划的一个例子。在新的欧洲殖民地，森林具有巨大的经济价值，并且，被新"创造"和量化了的气候对于经济和生态潜能的刺激作用也有望实现。例如，气候数据对 19 世纪晚期和 20 世纪早期的南非森林管理部门是至关重要的。在 1881 年英国森林管理员大卫·哈钦斯(David Hutchins)到达之前，为南非平原和山岭几乎寸草不生的新的大型种植园从澳大利亚引进桉树和金合欢树种的早期努力大多没有成功。哈钦斯的那些来自英帝国的新气候数据获得了充分的认可，尤其是在澳大利亚和南非。他建立了一套简单的原则，它们将使国家的林业实践发生根本的变革："让树适应气候。"只要对相关的气候条件加以细心关注，从世界任何地方来的树都能在南非种植。如哈钦斯在 1897 年写给农业部长的信中所说，"在南非，因其具有各种各样的树木、气候和气象状况，对森林管理者而言，每一树种对于气候条件的要求都是最重要的研究课题。"(引自 B.M. Bennett, 2011：273)

气候、商业与经济机会之间的这种关联在今天仍然是明显的。这不仅仅是说，气候信息无论是在指导农业、基础建设投资方面，还是在大量其他经济规划中，都具有商业价值。而且，追溯到更早的时期，这种观念还坚持，有些气候本身较于其他类型的气候更“自然地”适于经济繁荣。这些是繁荣经济的那类气候；而另外一些则是先天有问题的气候。

问题气候

1961 年，美国气候学家格伦·特雷瓦塔（Glenn Trewartha）出版了一本名为《地球上的问题气候》（*The Earth's Problem Climates*）的书。在特雷瓦塔看来，“问题气候”就是那些在位置或程度上不符合根据大陆假说的自然法则所预期的那种理想的世界气候模式的气候。因此，干燥的南美洲西海岸，非洲的几内亚海岸及其腹地的降雨量，以及赤道太平洋干旱地区，都是特雷瓦塔眼中的“问题气候”。

对于问题气候的这种相当怪异的确认，使用的全是纯粹抽象的科学术语。气候思想史上更为常见的情况是根据各种气候可能给人类带来的后果而把它们问题化。有关气候在人类事务中的作用，一种常见的区分是把气候作为一种资源，作为一种制约，或是作为一种危险。问题气候就是那些对人类健康或人类事业注定有害的气候，或是另外一些把假定的限制强加于受人欢迎的经济和社会活动的气候。似乎正是这后一种问题气候概念，被运用到了那些声称经济生产力天然地受到热带气候限制的争论中。自 18 世纪后期的亚当·斯密（Adam Smith）以来，而且还可以向前追溯，已有许多人声称，“国民财富”中明显的地理变量大致类似于平均气温的分布。举一个近期的例子,一位美国顶级发展经济学家认为:"世界上最贫困地区是那些受到两种不利条件羁绊的地区:远离海上贸易的地区和处于热带或沙漠生态环境的地区"(Sachs et al., 2001:71),对于萨克斯来说,"热带或沙漠生态"就是对问题气候的简洁表达方式。或如伯克等人(Burke et al., 2015: 235)更直言不讳地宣称的那样,"……(经济)生产力在年平均气温 13 ℃时达到顶峰,在更高温度条件下急剧下降"。这也许是亨廷顿热带生物"迟缓、怯懦"论调的回响。

然而,正是对人类身心健康问题的关注导致了问题气候话语的出现。这样的一些判断当然都受到文化的深刻影响。对于 19 世纪或更早时期的欧洲人来说,热带气候通常注定是危险的。白人定居者与南亚、非洲和南美洲陌生气候的遭遇,引起了恐惧和焦虑,要么是因于退化、堕落的可能性,要么是因于热带疾病可能导致的虚弱。如同历史上经常出现的情况一样,这些新遭遇的气候扮演了流行的主导文化赋予它们的角色。把热带气候在道德上归类为危险而且可怕的气候,这与围绕气候适应的话语密切相关:在这种"充满敌意的"气候里,欧洲白人能够定居、幸存和维持其统治吗?把(热带)气候与恐惧、危险和焦虑联系在一起,这同样是那个时期帝国意识形态的一个功能,正如它是一个客观物理功能或医学诊断功能一样。在维多利亚时代后期,对于人们一无所知且令人生畏的赤道气候是否可怕并因此需要"征服"的问题,出现了两极分化的意见。例如,1898 年,英法医学博士(Anglo-French medic doctor)路易吉·韦斯滕拉·萨本(Luigi Westenra Sambon)在伦敦皇家地理学会发表演讲,试图劝说他的维多利亚时代后期的听众,热带气候的病理学后果被夸大了。萨本是殖民地的辩护者,他还认为,只要细心关注医药科学的新发现,欧洲定居者完全有能力

适应各种热带气候。(Livingstone, 1999)

在欧洲人的头脑中,在比喻或字面的意思上,热带气候最终被"征服"了。比如,人们普遍认为,欧洲人对印度的可持续的殖民化过程需要定居者定期去印度山脉更凉爽的气候中躲避,这促进了作为白人飞地的山区避暑小镇的建设(参见第五章专栏 5.2)。后来热带医学和空调技术的发展消除了热带气候给非本地人口带来的某些直接的生理恐惧,当帝国计划在 20 世纪解体的时候,热带气候对欧洲人病理恐惧学的心理控制已经减弱了(参见专栏 2.2)。然而,在气候文化史的不同阶段,无论是出于商业、道德的原因,还是出于健康的考虑,对"问题"气候的关注已经提升了改进和改善气候的愿望。这一观念我将在第十章中做出更详尽的考察。

专栏 2.2:改造加勒比地区气候

对于现代早期的欧洲人来说,热带气候被理解为道德低下、疾病流行并且是致命的气候。19 世纪许多有关加勒比群岛气候的概念确实存在这样的看法。那一时期的许多著作,如詹姆斯·约翰逊(James Johnson)1818 年的《热带气候对欧洲宪法的影响》,都强调了地方在决定热带气候的(不)健康状况方面的重要作用。子午线的阳光、沼泽地腐烂的土壤与大雨合在一起,让欧洲人不可能不把加勒比地区气候视为不健康的气候。但是,到 20 世纪,商业、医疗知识的改变,尤其是跨国旅游的勃兴,已经将欧洲人眼中的加勒比气候变成了一种值得拥有的商品。加勒比海群岛的气候,阳光充足、温暖并且有按时到来的干燥季节,开始面向国外的消费市场。比如,一本 1905 年巴巴多斯的旅店宣传册声称它位于"对旅游者、病人和那些寻找友好气候的人来说是最理想的冬季热带度假胜地"(Carey,2011:139)。正如凯里在他分析加勒比地区的观念变化时所评论的那样，“温暖的热带气候根本不是致命的威胁，如今已是加勒比地区最优良的经济资产”(2011:136)。近两个世纪以来，从致命的、疾病流行的地区到成为世界上缺乏阳光的游客的最具田园风光的旅游天堂之一，加勒比地区气候发生了戏剧性的“变化”。

(资料来自 Carey,2011)

本章小结

在本章中，我已显示不同历史时期的文化如何以令人吃惊的众多方式介入了气候观念。气候被想象性和物质性的证据——两者都是间接的和感性的——所建构，这些被建构的气候进而为了形形色色的目的被以不同的方式带入公共生活，规范着个人、社会和政治行为。在历史上，气候既充当了(地方天气)的指标，也作为(自然变化和社会后果的)动因而发挥了作用。气候观念，尤其是与帝国权力、沙文主义、身份认同、国家地位、饮食、殖民主义、贸易、健康和道德密切相连。这些例子显示，在不同的历史背景下，气候观念如何给天气与人类文化之间动荡不安的关系带来秩序和稳定。人们可以在更早时期气候的文化解释中找到当代气候思考的先驱和同行者，在此同时，人们也可以从中发现许多新奇和独特的见解，它们既具挑战也构成了干扰。这些气候的文化史表明，气候在概念和修辞意义上的变化对于公共生活具有重大影响。由气候观念变化激发出来的想象力量对文化的这种塑造对于人类生活的影响，或许与气候的自然特性变化可能单独产生的影响一样巨大。在当今世界，气候观念依然具有巨大的力量和效用，我在下一章将考察公共交流系统中气候知识的几种不同形式。

延伸阅读

Barne, J. and Dove, M. R. (eds.) (2015) *Climate Culture: Anthropological Perspectives on Climate Change*. New Haven, CT: Yale University Press.

Golinski, J. (2007) *British Weather and Climate of Enlightenment*. Chicago, IL: Chicago University Press.

Janković, V. (2000) Reading the Skies: *A Cultural History of English Weather, 1650 - 1820*. Manchester University Press.

第三章　认识气候

引言

获得关于世界的知识并非易事。更为困难的是确保被创造出来的知识能历经时间变化而维持其效力。同样，人们永远不能假定，在某个地方看似确定和保险的关于某种现象的知识，在一个不同的背景下被表达出来时，还会具有同样的文化权威。在大多数欧洲社会，科学知识被人高度重视，在其他的地方情况也大致如此。可是，在某些民族文化或民族亚文化中，宗教知识或本地知识可能具有同等的或者更大的权威性。可以被称为个人知识或默会知识的部分在所有地方都具有重要意义。要探究自然知识——认识论学科——就要在某人声称他知道什么的时候去追问其确切的含义。一个人的个人知识在何种程度上以及因何种原因而异于他人？对这些问题的回答并非无足轻重(Burke，2008)。知识探究同样需要追问人们如何利用理性、想象和感知获得知识，或者去追问人们为何要依靠别人的证明。怀疑假定的知识就是断言,人们知道的东西可能并没有他们认为的那么多。

总体上说,知识的这些特点和问题也同样适用于有关气候及其变化的知识。对于人们生息于其中的气候,已经掌握的知识始终是来之不易的,无论是亲身体验的个人天气知识、保留在文化记忆中的间接的地方气候知识,还是从可信渠道获得的有关气候变化的更间接的科学知识。人们对气候的认知还会受到他们生于其中的观念文化的影响[一个因努伊特(Inuit)部族的海豹猎人所理解的气候与一个中国城市居民的气候知识大不相同],受到纳入学科规范的知识实践的文化影响(气候学家对气候的理解不同于人类学家)。因此,一切气候知识都应该被理解为文化知识:脱离其赖以产生和表达的文化,气候知识不可能孤立存在。

一切气候知识也都具有政治性。或者更具体地说,在特定社会,具有权威性和可信度的气候知识的形态都是政治过程的结果。受到不同宇宙观、意识形态和价值观影响的不同政治参与者,对于什么才算是气候知识主张基于其上的有效证据的问题,将会持有不同的观点。他们对各种各样机构——政府机构、非政府组织(NGOs)、大学、媒体平台或是宗教机构——的可信度的看法也会不同,这些机构提出了对气候及其变化的诉求。不应该假定科学的气候知识具有普遍的文化权威。正如许多学者业已指出的那样(如 Plumwood,1993;Wilson,2012),各种宗教全球化观念、底层社会的宇宙论以及其他形态的主观论调日益对基于世俗理性的知识构成挑战。如同对于其他知识一样,这一挑战对于气候知识同样是无可回避的。确实,有些人认为,科学知识主导气候变化论争的独断局面需要改变。珍妮弗·赖斯(Jennifer Rice)以及地理学界的同仁已经指出:

为了接纳以对价值、规范和经验广泛讨论为基础的更为民主化的论辩和争议，气候政治迫切需要再政治化。除了其他问题之外，还需要一场为我们当前的政治环境提供基础的知识政治的讨论。(Rice et al., 2015，着重号为引者所加)

* * *

在本章中，我将说明不同地方的人在积累有关他们生存于其中的气候的有用和可信知识方面所采用的不同的方式。存在着不同的认识气候的路径——通过个人接触、文化神话、科学实践、艺术表现——他们信赖不同的证据标准：个人日记、口述历史、统计分析、可控实验、计算机模型等等。本章还将说明为什么在不同文化背景下不同的气候知识具有不同的威信。不存在对所有人都有效的认识气候的单一和普遍的方法，不管是他们的地方气候还是全球气候。比如，可能存在着被当做"全球气候"来研究并成为政治争议对象的这么一种事物，这类观念就是现代性和科学心智的发明。为了探讨理解气候知识的这些问题，本章的其余部分将围绕四个各不相同却又相互交叠的气候知识概念组织起来：个人的、本地的、科学的和一致赞同的。

个人的气候知识

人们怎样认知他们居住地的气候？首先是通过他们日复一日遭遇的直接天气经验。人们在地方生活与工作，每一个地方都有居住者可以体验到的独特的天气模式。许多人的气候知识并非如统计报告那样抽象和正规，而是个性的和印象式的。许多人拥有的气候知识与地方、身体和诸如种地、捕鱼、园艺栽培以及娱乐等社会实践紧密相连。对人们来说,"感受"气候就是生长于一地,在情感和物质上与它建立联系,全身心地栖居在这里(参见第五章)。有些人觉得有必要用私人的天气日记来记下这类知识,从定义上说,这就把个人的认知带到了对气候的理解之中(Adamson,2015)。私人情感、被激活的记忆以及对于天气的感官经验便融入了或长或短的叙事或类似数字的表达形式之中,它们提供了个人化的气候知识形式。

随着世界日益富于流动性并且被各种媒介覆盖,人们可能越来越多地遭遇多种多样的气候——只要通过电视、电影和互联网就能间接感受得到。然而,对于人类精神来说,地方归属仍然非常重要,地方的天气经验对于大部分人的个人气候知识来说,仍然处于核心地位。在传统文化或非城市文化中,这种基于地方的气候知识可能依然围绕生计,从土地或海洋,或是从季节轮回的普通经验中提炼出来。文学学者尼克·格隆(Nick Groom)在他关于英国乡村文化传统的著作中探讨过这个问题。他认为,对于某些人来说,对季节变化的体验提供了安慰,"它的仪式和节律依然能够帮助我们以更为'自然的'方式来理解自然世界"(Groom,2013:29)。可是,城市居民也可以获得他们具体地区的个人气候知识。比如,通过私家花园或公共公园,人们看到了反映在植物生长、开花和枯萎过程中气候的年度周期变化。在这样一个小型的城市空间里,气候的节律在植物以及它所维持的各种生命形式的色彩、形态和分布上被赋予了表现的形式。克里斯汀·科顿(Chrisine Corton)所写的《伦敦雾》的文化传记(Corton,2015)中,对一个城市气候的标志性特征的知识如何深深嵌入地方的物质性与想象性表征提出了洞见。

个人气候知识不仅只是与地方、身体和实践联系在一起,它还与记忆相联。随着时间推移，被记取的天气经验构建了预期：一个特定地方在一年的某一时间里，什么现象是正常的或者反常的。通过对往昔天气的记忆，人们对他们的气候建立了一种稳定感或波动感，这种感觉是：对这个地方来说，今日体验到的天气有多么“合适”。记忆对于气候观念的心理建构，对于每一个人判断天气的正常或反常都是不可或缺的(参见专栏 3.1)。但是，天气记忆并不是个体的和私人的，它们受到集体和文化过程强有力的塑造。正如一个气象历史学家所解释的：

> 引发海啸、洪水的极端(天气)事件以及这类事件的铭文记录，也可以成为社群纪念和哀悼的焦点。这些各不相同的记录、记忆和纪念过去的形式相当于气候在文化记忆中跨代建构的媒介。(Endfield，2014：306—307)

专栏 3.1：气候与记忆

对于大部分人来说，气候观念通过对记忆中天气现象的无条理组装而变得具体化了。例如，我个人的英国气候知识，也就是我本人对气候应该如何表现的预期，是通过我的生活历程积累下来的。早年经历的天气进入了我当下的经验和对天象的解读。比如，我清晰地记得 6 岁时在德文郡的悬崖上被四月的一场猛烈的冰雹击打和受伤的画面；借助访问西印度群岛板球队的壮行，我还记得 1976 年夏天的强烈阳光。通过重述我父亲和爷爷的生平，对往昔英国天气的想象性记忆也间接地向我靠近：20 世纪 30 年代的北威尔士阳光明媚、无忧无虑的农场生活，还有 1947 年战后紧缩时期利兹市区厚厚的积雪。这不是被抽象统计数字所抓取到的气候，而是被编入个人记忆索引的气候，它们强烈地激活了恐惧和愿望。因此，我的英国气候知识不可避免地与我本人——以及他人——的多种昔日的感官记录纠缠在一起，在这些记录中，想象、情感、地方、文化以及历史与肉体感受的热、冷、风、阳光和雨水融为一体。

因此，个人的气候知识牢牢地嵌入对往昔天气的记忆：我本人的记忆，我长辈的记忆，我的文化的记忆。诸如“在我少年时代，雪更大，阳光更充足”，或是“在我成长过程中，季节变化越来越有规律”之类的断言，几乎在所有社会里，都是老年人在和年轻一代交流时的典型说法。这类断言随处可见，显示了有关气候与人类思想之间关系的某些非常重要的信息。这些往昔的气候记忆对人们如何预期气候变化产生了重要影响；被牢记的过去就是对未来的规范性指南。冬天应该比现在更多雪；夏天应该更阳光充足；天气的节律应该更季节分明。回忆往昔的天气会对当今天气的解读和对未来气候变化的理解产生强大的影响。借助汇集起来的凌乱的天气记忆来了解气候，也许可以解释为什么有许多人不乐意接受新气候、新的天气汇集的前景。人们的气候观念明显受到过去的形塑，通过它可以令人放心地把当下的天气与记忆中的天气经验连接在一起。

（资料来自 Hulme，2016c）

通过对英国坎布里亚郡农村居民的实证性研究，乔治娜·恩菲尔德（Georgina Endfield）和她的同事亚历克斯·霍尔（Alex Hall）揭示了存在于当地天气、社区认同和文化记忆之间的复杂关系（Hall and Endfield，2016）。他们研究了人们对冬季严寒的大雪天气的记忆，并且显示了气候知识如何受到地方记忆、故事和民间传说影响的情形(参见图 3.1)。这些文化资源被用来使严酷天气正常化,并在社区未来遭遇极端气候状况时提供支持。人类天气经历的这些属性似乎超越了特定的历史和文化背景。例如,在对非洲西部萨赫勒地区的马里(Mali)的曼德文化(Mande culture)的一项研究中,人类学家罗德·麦金托什(Rod McIntosh)已经展示了气候-社会互动的历史轨迹是如何在后代的文化记忆中持续保存的;这就是曼德人所说的 *Kuma Koro*,“鞭策生者及其道德行为的先贤古训”(McIntosh,2015:275)。对曼德人来说,过去长时段的气候变化是通过口述历史——“深层时间记忆”(deep-time memory)——来记忆的,口述史揭示了人们过去在情感和想象上与气候的互动。不仅景观会遭受到昔日气候的风侵雨蚀,文化记忆和实践也同样如此。

图 3.1 (左)20 世纪 30 年代后期明信片使用的《全国积雪勘测》原作的正反面。(右)作为最近的“雪景”项目一部分而分销的明信片的正反面(来源:Hall and Endfield, 2016)。复制经达勒姆大学图书馆许可

本地的气候知识

如前面章节所示，个人的气候知识总要受到个人生活于其间的大量的文化因素或是他们的经历的塑造和影响。这种文化决定了人类的天气记忆如何被塑造和如何被召回，同时也会对那些把昔日极端气候经验正常化的社群共享故事产生影响。它对什么样的证据可以作为一个具体知识诉求的正当依据也起着决定性的作用：一种标准化的气象解读、一次飓风经历、一份面对气候险境时刚毅果敢或奋力营救的文化叙述。诸如此类的证据被如何解读并用以构建地方气候的权威性叙事在不同的文化中各不相同。尽管关于“本地的”（indegenous）知识是否真正有别于地方的（local）、业余的（lay）或是科学的知识有过一场激烈的辩论（Agarwal，1995；Brace and Geoghegan，2011），但我在这里把它作为一个简单范畴来使用。我只想强调不同背景下的不同类别的知识实践都可以被用于建构关于气候的权威性知识。

对于当今和过去的许多文化而言，通过语言和文化实践创造出来的意义的关系世界是天气经验演化为气候知识的起点。例如，胡贝尔（Huber）和佩德森（Pedersen，1997）对于源自西藏的这类知识提供了深刻的理解。与唯物还原论的科学实践截然不同，在他们的书中，天气——以及气候——被理解为人类与各种精神力量之间关系的一种表现。在西藏传统文化中，与湍流和大气环境的身体接触，是要通过对人与神灵之间的社会关系以及各自的道德责任的领悟才能被理解——被“认知”的。这与在太平洋诸文化中观察到的例子相似，在这些文化中，气候波动的知识被认为是属于“神的领域”（Donner，2007）。因此，认知气候和对气候现象的解释，与了解一个人在有七情六欲的人类、有生命的神灵和神圣化身的世界里应该如何表现是同义的。

朱莉·克鲁克沙克(Julie Cruikshank)描述过一个确立可靠气候知识的类似的系统(Cruikshank,2001)。对北美洲西北部的特林吉特人(Tlingit)来说，冰川的变化不仅取决于自然气候，而且也取决于人类的社会关系，克鲁克沙克对这种观念产生的缘由做出了解析。在缺乏文字记载的情况下，有关冰川运动的口述传统提供了人类作用与气候作用交汇于其中的叙事记录。克鲁克沙克还对这种地方气候知识如何与来自地球物理科学的知识相衔接的问题进行了探究。尽管看起来并不匹配，但她认为，文化实践和科学隐喻与特林吉特人使用和理解的那种观念可能并没有那么大的差别。有这样一项科学实践，这是一份艰巨而专注的野外工作——科学家们(比较:特林吉特人)带着他们的眼睛和仪器走出实验室(比较:家)，来到一个可能与自然界直接接触的地方(比较:冰川)。从这个角度说，人们最终可以认为，特林吉特人也参与了关于气候的科学知识的建构过程。

这种明确的知识范畴变得模糊的现象也可以在挪威山区的本地气候知识生成的事例中见到。在冬季，当雪崩即将发生时，挪威的公路管理部门经常依靠本地清雪工来发布公路风险警示。这些观察员——通常为年长者，有时也被称为“雪人”——都具有长期的天气观察经验，而且能把他们的本地气候知识与雪崩风险评估联系起来(Solli and Ryghaug,2014)。如同克鲁克沙克描述的特林吉特人一样，在挪威的雪人那里，细致的观察在气候知识的“组装”过程中要得到本地历史经验的解析。从事这项研究的作者这样写道:

> 这一知识实践包括一个对以经验为基础并且常常是继承下来的知识的理解过程，其中涉及对过去、当今和预测到的天气数据和天气事件的解释。

尽管如此，如何让不同形态的气候知识彼此关联互动，以便为世界性的行动提供基础，在这一方面仍然存在疑问。关于本地气候知识与科学气候知识之间可通约性的问题，提姆·勒杜克（Tim Leduc）提出了与克鲁克沙克不同的观点。他指出，虽然因努伊特语中的 *Sila* 一词常常被解释为“天气”或“气候”的意思，其地方意义却要比这些英文词宽泛和丰富得多。因此，较之于克鲁克沙克，勒杜克对于找到能把因努伊特人和西方科学的气候知识带入成果丰硕的对话的“跨文化研究桥梁”并不乐观。勒杜克的另一个重要断言是，这些彼此相关的不同的气候知识，不可能从改变了当今北极区文化的殖民地权力关系传统中分离出来。本地气候知识不只是文化的知识，它还携带着历史和政治的冲突与斗争的印记。

科学的气候知识

我在本书的第二章已经表明，在 18 世纪，科学知识的出现如何开始改变西方世界理解气候的方式。观察、测量以及表缩减（tabular reduction）等标准化科学实践，使气候第一次通过数字被认知。这种气候计数法进一步导向晚近确立的气候统计学，跨越时空的气候在此可以进行细致比较。不同地点气候间的差别被加以数字化分析，与此同时，每一时间间隔测量出的气候可以与另一时段的气候进行对比。气候变化的可能性如今不可能只是去猜想，它还可以被量化。最早系统性地进行这种跨大区域研究的学者之一是德国地理学家爱德华·布鲁克纳(Edward Brückner)。他在19世纪末对跨欧洲、亚洲和美洲的气候波动数据的研究使他首次提出了气候平均态(climatic normal)概念——以固定长度的天气测量记录为基础对气候进行数字化界定,在他的研究中,这个固定长度是35年(Brückner,1890)。这个多地天气计数法的扩展使气候观念与人类的感官天气经验分开了,也与气候在物质上和想象上与具体地方的关联分离了。在布鲁克纳之后,科学的操作性气候定义变成了一种统计学描述,它依据的是被计算出来的一个时间段内的相关气象数量的平均值和变动值,时间范围从数十年到千年。

直到20世纪的后数十年,科学的气候知识仍然植根于这个统计学的、基本是描述性的传统。其他科学领域的实践——如冰川学、动态计量学、海洋学——都各自在详密观察和标准化仪器方面发展出一些新方法:冰芯钻取、气球探测、气象浮标。每一个学科都以不同的方法产生了新的气候知识形态。这些新领域的科学家中,有一位对气候的科学研究怀有兴趣,这就是瑞典冰川学家汉斯·阿尔曼恩(Hans Ahlmann)。阿尔曼恩在20世纪40年代利用田野调查建立了北极地区气候的历史变化知识,而且还在当地居民的协助下,利用对冰川融化的田野调查构建了他的"极地变暖"的理论。科学史家斯维克尔·索林(Sverker Sörlin)把阿尔曼恩的田野考察形容为"身体性知识"(bodily knowledge)(Sörlin,2011):科学家把自己投入严酷的物质环境之后得来的知识。人们可以说,这类似于特林吉特人获得的本土气候知识。索林的叙述说明了阿尔曼恩的知识是如何通过对具有挑战性的环境的近距离观察而辛勤获得的。但是,他还同时解释了这种知识是如何在20世纪60年代让位于其他科学文化形态中出现的气候知识的,这就是大气的卫星观察和仿真模型的发展。

在20世纪60年代和70年代，把气候作为一个用数学模型绘制的全球的自然系统来理解的动向说明，有关气候的知识始终受到文化的影响。鼓舞了这种全球化气候知识的新的地球观察卫星和计算机模型是战后美国技术和经济加速发展的结果，与苏联的超级大国竞争也在某种程度上起到了促进作用。之后，在20世纪80年代出现的是全球海洋-大气耦合模型，它变成了新型的地球系统科学的核心(Edwards, 2010)。对于大多数科学家来说，这些模型逐渐被视为气候认知和预测的主要基础(参见第九章)，然而，它们的飞速发展和走向强势只有在冷战政治和超级计算机的技术文化革命的背景下才能得到理解。

到20世纪后数十年，对于科学事业而言，如在本书第一章引述的联合国政府间气候变化专门委员会官方定义那样，气候观念已经与对更加错综复杂并且相互联系的行星系统的自然过程的理解紧密地联系在一起了。这是一个与诸如布鲁克纳这类19世纪地理学家所提出的统计学概念有重大区别的气候概念。它进一步去除了我在前文章节中描述的以地方为基础或是由社区塑造的“记忆中的地方天气模式”的叙述。与由某人从某地理解的气候不同，这种系统的数学模拟的全球化气候概念提供了一种属于所有人却不知所来何处的气候观。气候知识变成了全球知识。全球模型、全球气温以及全球电信变成了科学地理解气候的语汇。这些“全球种类的知识”(Hulme,2010)清除了地理的和文化的差异；从此以后，有意义的气候分析规模都将是全球的。

这种关于气候和气候变化的科学知识获取，一如其他形态的气候知识，也是来之不易且具有文化特性的。它涉及基本上分享了类似文化规范的极为众多的个人、机构和仪器(参见专栏3.2)。

因气候模型而产生的认识论文化与阿尔曼恩极地变暖的“身体性知识”、与曼德人对非洲西部当地气候的深层时间记忆，或是与地方居民对于他们农田和花园的个人气候知识，都构成了巨大反差。尽管科学在许多国家和文化中具有崇高社会地位，这开始解释了全球气候观念独霸一时的原因，但它并未走向必然是单一的和同质的公共气候知识。我在上文中所描述的不同气候知识，以及除此之外的许多变体，在任何给定的社会都在同时流通，有时交汇，有时单行。然而，这一观察导致一个明显的问题：是只有一种气候，还是有很多种气候？

专栏 3.2：气候模型如何获得权威

气候模型所需的知识的形式化为科学家组织地球自然系统的知识提供了一种有效方法——也许是唯一的最有效的方法。计算机模型有助于理解形成气候的不同自然要素之间相互的物质关联，而且还有助于确认系统内部的关键敏感问题。要建立、维系和使用气候模型，起码需要在最低水平上理解复杂的地球系统的自然成因，并且具有用数字模拟再建事实的能力。它还需要巨大的资金和物质资源以及稳定的机构和国际网络。

气候模拟模型必须在一定程度上与可观察的自然世界相互关联。如果并非如此，那么，就要像解读地球自然系统表现一样，必须投入大量精力来对气候模型的表现进行解读。总之，在类似的情况下，在某些方面存在缺陷的是模型，而不是事实。因此，气候建模在很大程度上被视为一种行为科学，一种研究模型表现的科学。然而，气候模型也需要作为一个具有重大社会影响的对象来加以研究。公众以及他们选出或指定的当政者是否应该信任气候模型，在它们被用来预测遥远的未来时，尚需对另外的一系列问题做出回答。

对于气候模型而言，要获得可信的气候知识来源的地位，就必须根据可信度、有效性和可复制性来进行评估。但是，仅仅忠实地模拟被观测到的气候，对于气候模型来说是不够的，或者说，对于所有的模型而言，彼此（广泛）相符一致也是不够的。要在民主社会形态之内获得权威身份，重要的是创建气候模型的网络和实践需要接受严格的审查。气候模型及其设计和执行的社会网络必须对广泛的社会规范和标准负责。这些规范都是社会建构的，并且因文化和国别而异。仅以其认识论的身份为基础去断言气候模型具有普遍和统一的权威，理由是不充分的。最终，只有在它能够对基于气候模型的知识如何以及为何在一个给定的社会中获得和行使权威提供最深刻的见解时，这一认识论权威的断言才会得到社会的认可。

一致赞同的气候知识

在联合国1988年为建立联合国政府间气候变化专门委员会而投票表决的时候，这个机构被授权评估现行的科学知识，以便就已有的气候及其变化的知识达成一致意见。联合国政府间气候变化专门委员会此后已进行了五轮评估，如今正在进行第六次评估。然而，联合国政府间气候变化专门委员会已越来越无法回避这样的事实：不是只有科学档案才拥有重要的气候知识的，还有个人性、社会性和地方性的知识形态——我在本章中已经做出证明。重要的气候知识由本地社群掌握，却从未进入科学文献。越出科学研究掌控范围的个人性和地方性的气候知识，对于理解人们如何形成有关气候及其变化的看法，明显具有重要意义。

因此，联合国政府间气候变化专门委员会面临两难处境。它力图建立一套关于气候及其变化的共识，然而，它的知识来源却仅限于科学本身。通过强调科学知识的首要地位，它构建了一套普遍赞同却没有出处的气候观。但是，科学产生于其自身的非常独特的文化之内，这种文化明显地把其他的气候知识形态边缘化了。因此，它最终还是提供了一种来自某处的观点，那个某处来自地方、机构和科学实践之内。由这一困境提出的更多的问题都是具有挑战性的。在制造这种公认气候知识的过程中，得失何在？不同形态的气候知识应该合成单一的一种吗？这些不同形态的气候知识可以在同一尺度上来比较吗？

正如许多学者所做的那样，这些问题可以运用认识论和科学研究的工具来进行理论处理。这类研究强调的是被嵌入不同知识体系的不同的世界观和权力关系。但是，最终答案还要通过在特定背景下产生并利用气候知识的实际社区来进行实证性的探寻。这后一种方法的一个出色的例子是对乌干达南部旱作区农民的气候知识形态的研究（Orlove et al.，2010）。该项目的研究者在这些农民所持有的以地方为基础的气候知识中辨认出四个组成部分：熟悉季节性天气模式、当地气候标志、对天气事件的密切观察以及从这个地区其他地方获得的天气季节性演进的信息。地方知识的这些要素被认为是与从外部生成的科学的天气预测和气候标志相互作用的。奥洛夫和他的同事们认为，混合形态或新兴形态的气候知识有待于通过这个过程来建构。但是，在就平等看待不同知识范畴的价值展开论争的时候，他们并未出示一种统一的气候本体论。

本章小结

在本章中，我描述了四个不同的气候知识范畴：个人的、本地的、科学的和一致赞同的。尽管它们之间的区别具有一定的价值，当然，从启发性的视角来看，有必要承认这些范畴或多或少是有些主观武断的。许多人的气候知识是由这四个范畴的要素共同织成的。出自本章的一个更重要的观点是，已经被掌握的有关气候及其变化的知识始终是来自某地。

人们在一个知识论断中投入多少信任是因人而异的，也是因文化而异的。许多人都宣称自己是气候知识非同寻常的持有者或守门人，如科学家、其他被认可的专家、社区长者、个体见证者、非专业的公民。关于气候知识的不同论断始终来自特定背景之下的文化信仰、规范和实践。但是，在这些论断中，哪一种值得信任并具有公共权威，这不仅是一个文化问题，还是一个深刻的政治问题。在某些文化背景下，基于地方的气候感觉、经验和记忆完全可能比匿名科学家或遥远的政府机构发出的断言具有更大的权威和影响。彼得·鲁迪亚克-古尔德（Peter Rudiak-Gould）在他考察据说可以“看见”气候变化的不同方法时，巧妙地抓住了这一矛盾：

> 最终，我认为，……（科学与业余知识的）争辩重点是民主社会理论和实践的一种古老的矛盾，在两个看似不可接受的位置之间——科学家应该有权威对公民讲话，而公民也可以被信任去对他们并不知晓的复杂的技术问题做出明智的决定。（Rudiak-Gould，2013：129）

我将在下一章扩展我对不同气候知识的考察，以便思考所有这类知识的一个特别重要的特征：它们对于气候为何发生历时变化以及气候为何变得无序的不同解释。

延伸阅读

Callison, C. (2014) *How Climate Change Comes to Matter: The Communal Life of Fact*. Padstow: Duke University Press.

Edward, P.N. (2010) *A Vast Machine: Computer Models, Climate Data and the Politics of Global Warming*. Cambridge: MIT Press.

Leduc, T. B. (2016) *A Canadian Climate of Mind: Passages From Fur to Energy and Beyond*. Montreal: McGill University Press.

Rudiak-Gould, P. (2013) *Climate Change and Tradition in A Small Island State: The Rising Tide*. Abingdon: Routledge.

第四章　改变气候

引言

诺亚洪水是一个可被称为全球气候灾难的重要叙述：洪水泛滥世界，人类濒于灭绝。这场洪水出现在犹太教、基督教和伊斯兰教的神圣文本中，它不但回响在新生的人类社会对其所遭遇的类似生存挑战的神话叙述之中，也可以见于其他众多文明的早期历史。18 世纪伊始，在欧洲启蒙主义初期，许多学者都对《圣经》洪水的原因和后果做出了详细阐述。其中之一是一位名叫安托尼奥·瓦里西奈里（Antonio Vallisneri，1661—1730）的意大利哲学家，他在洪水对全球气候影响方面格外感兴趣。在发表于 1721 年的论文《论山区所见海洋生物遗体》（*Dei corpi marini che sui monti si trovano*）中，对于洪水如何造成一场世界气候环境的持续恶化以及这一气候变化对人类产生的后果，他提出了一种新的解释。

在瓦里西奈里的论文中，有两个要点令我特别感兴趣。在他看来，洪水的印记，及其随后对全球气候的改变，并不是仅仅留在了大地表层。瓦里西奈里还认为，它通过降低人类的生殖能力，改变了人类身体的生理构造。因此，一次世界范围的气候变化不仅产生了环境后果，而且也带来了肉体的持久变化。但是，第二个，也是对本章更有价值的要点是，瓦里西奈里明白，这一气候变化不应仅仅归因于上帝在现世的任性和漫无目的的行为。正如《圣经》对诺亚洪水的叙述所明确表达的那样，是人类的罪恶激起了上帝的行动[①]。瓦里西奈里反复提到这样一种观点：这场气候混乱的根本原因是人类的行为，根据他的改革派神学主张，上帝有权对人类做出判决。任性的人类违反神圣戒律带来了恶果，在这种情况下，世界气候的失序导致了人类健康和生育率的下降。莉迪亚·巴内特(Lydia Barnett)对瓦里西奈里的研究强调了这一观点。她写道，在现代早期的新教神学中，“神圣正义的功能(被理解)为把个人肉身内外的物质状态转化为心灵状态”(Barnett，2015：228)。

当然，无论是瓦里西奈里本人，还是他的同时代人，都没有为上帝改变地球的热流、气流和水汽流动所带来的这一戏剧性气候恶化的确切情况提供一种科学的解释。对于所发生的一切，他们既不感兴趣也没有能力提出一种有说服力的自然论解释。然而，瓦里西奈里的论文却对全球气候变化提供了一种具有连贯性的解释，与一种特别流行的世界观产生了共鸣。同样明显的是，瓦里西奈里叙述的某些相同的关键要素在当今对人类世气候变化的主流

---

① 《创世纪》的叙述如下：神就对诺亚说，凡有血气的人，他们的尽头已经来到我面前。因为地上充满了他们的强暴，我要把他们和地一并毁灭。[《创世纪》6：13；《新国际版圣经》(New International Version)]

解释中仍然是很容易辨认的。当代解释大致是如此展开的：因为任性和无节制的消费行为，人类对现在和将来的世界气候变化负有责任，从普遍的和集体的意义上来说，其后果与人类罪过的大小是相称的。瓦里西奈里叙述的上帝作用，在当代解释中被自然的作用替代了，但是，在带来全球气候变化的因果关系中，人类扮演的核心角色依然没有变化。

* * *

在本章中，我将考察因果关系的不同叙述，它们是不同的文化在不同的时代为理解自然气候变化而创造出来的。提供文化背景的不仅限于宗教思想和实践，更不限于基督教新教，这些文化背景培育了一种观念，即人类与气候处于复杂而又互利共生的关系之中。如同我将在本章接下来的部分中所展现的那样，宇宙观、政治意识形态、社会实践和科学知识的范式，都对丰富气候变化及因果关系理论产生、壮大并衰落于其中的文化母体有所贡献。在当今对气候的因果关系的解释中，你认为令人信服的那种解释，也明显地暴露了你自己的宇宙观、你自己的意识形态和信仰体系。

本章分为三个部分。在第一部分，我将探讨气候变化的超自然解释，在第二部分，我重点展示自然主义对变化的解释，在第三部分，我会详细描述对于人类作用和气候变化的各种不同理解。但是，正如在上文引言部分已经明示并且将在下文更加明确地表达的那样，对于气候变化的这类解释既不是互不相关的，也不是相互排斥的。如同在过去一样，对当今的许多人来说，这些各不相同的"思维方式"彼此相互作用、相互塑造。在任何情况下，它们都反映出更宽广的文化信仰和文化实践。

超自然原因

本书的核心论点之一，是把人类文化中气候观念的流行和影响归因于其在稳定天气变化与文化生活的关系方面所发挥的作用。因此，稳定的气候这一观念便轻而易举地与稳定的宇宙秩序连在一起，人类、非人类以及神灵或上帝之间的关系在这种宇宙秩序中各就其位。对于许多种宇宙观来说，扰乱这三重关系的任何一个部分都可能产生天气变化的不利后果，进而使人类对稳定气候的体验遭遇挑战。例如，亚伯拉罕的信仰，即犹太教、基督教与伊斯兰教中把超验和万能的上帝理解为一切美好事物的提供者，包括有条不紊、始终如一的天气。一般来说，神灵是强大无比、令人敬畏和公正无私的，那么，对人类而言，保有有益气候的先决条件就是要维持与它们的良好和适当的关系。如果神灵一味地反复无常，那么，就需要用各种祈祷、祭品和牺牲来安抚它们，由此可以维持正常的天气，人类生活即便不能健康安乐，至少也能得以延续。

在这种世界观看来，在气候开始变化的时候去寻找善良正义的上帝之手和动机，或者是在天气变得极端反常或具有破坏性的时候通过上帝来确认神灵的愤怒，这些行为既是正常的，也是合理的。通过把气候运行的责任交托给神的意志，对于极端天气状况和危险的气候变化的恐惧和焦虑即便不被完全分散，也是可以得到理解的（这可能是适用的，无论其是否能够提供对于自然气候变化的自然论解释；参见下文）。对于难以捉摸的气候运行，这样的意识形态创造了强大而又具有约束力的解释。这些解释对心理和精神的生存做出了贡献，即便是在险象环生之时。

诸如此类的对于气候变化的解释时常见于历史文化记录并且在当代仍然流行。比如，16 世纪和 17 世纪的欧洲社会就难以理解这样的一个气候阶段，它们既有非常严酷的冬季，又有寒冷潮湿的夏季。写于这个时期的宗教歌曲和祈祷词显示了神学解释框架的价值。例如，德国赞美诗作者、诗人保罗·格哈德（Paul Gerhadt，1607—1676）在 17 世纪 40 年代创作了《忏悔之歌及偶遭不合时令大雨之祷告》[1]等作品。在这首被扩展了的诗作中，格哈德希望上帝帮助他和他在欧洲中部的同代人理解正在遭受的气候困扰，并且赐予解决方案：

哦，上帝！是谁在挥舞天国的权杖
是何物在破坏我们的田庄
万物伤悲
忍受容颜的废毁

啊，神父，神父，请垂听我们的哀哭
拯救我们吧，在罪的重轭下匍匐
愿把我们从外面的世界拉起
是你本人，让我们求助于你

剥下盛怒的黑袍，用你的手
抚平我们和我们的田畴

---

① *Buß-und Betgesang bei unzeitiger Nässe und betrübtem Gewitter*，约翰·凯利（John Kelly）译，1867 年。

让和煦的阳光普照四方
大地上果实丰美、芳香

（节选，摘自 Rockoff and Meisch，2015）

对于气候失常的其他宗教解释可能更有凶兆，把人们的注意力引向摩尼教式的善恶争斗。有时，在某些文化中可以发现，魔鬼扰乱正常气候的工作是通过制造天气的女巫来完成的。在 16 世纪的欧洲大陆，气候恶化也常被归因于巫术和天气魔法所释放的恶魔力量（参见图 4.1）。欧洲社会的厌女症群体认为，女巫对各种社会性疾病和“非自然”现象，尤其是在冬季频繁出现的有害天气事件负有直接责任。尽管这种气候成因的推断曾引起那个时代神学家的激烈争辩，在大多数极端情况下，这种厌女症倾向可能发展到把女巫作为变化无常的气候灾害的替罪羊而焚烧（Behring，1999）。欧洲这种最不通情理的追杀女巫、焚烧女巫的控制天气行为，在 1550 年到 1660 年这一百多年中频繁出现。这一实践有时也会遭到路德教改革派的成功挑战，他们坚持认为，无论魔鬼还是其罪恶的化身都不应因天气问题受到责罚，该负责的只有上帝。在这一时期，对于异常气候的这类自然论解释也在为争取优势地位而奋斗（参见下文）。

其他宇宙论体系也显示了类似的把气候动因归责于超自然存在的信仰。例如，塔皮诺斯人（Tapeños）——秘鲁安第斯高原地区的一个本地族群——祈求山神和祖先解释气候变化。对这些神灵化身举行的仪式和祈愿是希望有及时、充沛的降雨，尤其是要平息这些神灵对于公共文化衰败的震怒，这种文化衰败也通过雨水的蹇涩而显示出来。然而，对安第斯地区文化的研究表明，这种本地信仰并未停滞不前(Paerregaard,2013)。与17世纪欧洲将气候变化归因于魔鬼的解释一样,塔皮诺斯人近来也已开始在他们对自己气候命运的超自然动因的解释中吸收了自然论的观点。

图4.1 女巫们“唤来”了一场冰雹。插图来自乌尔里希·莫利托(Ulrich Molitor)《论女巫与女占卜师》(1489年)的扉页(来源:Behringer,1999)。

在此,需要的是更普遍的观点。自然气候因时变化,气候成因的理论也是如此。气候变化的解释性叙述也非一成不变。正如文化演进常常要因应环境变化的经验、跨文化的接触、新的科学知识和技术发明一样,对于气候变化和可变因素的解释也是如此。

自然原因

气候变化的超自然理论和自然理论，不仅是人类找到的有益于解释（通常）不受欢迎的气候无常变化现象的一套备用的说辞。它们很少显现为供人挑选的两个相互排斥的选项。要开创一种气候成因理论的时序性叙述，用以展现自然论的气候变化解释逐渐挤占超自然论的位置并最终取而代之的过程，这并无可能。在大部分有记录的历史中，两种解释范畴一直并存，尽管它们各自的重要性和文化权威因时而异。因此，在古希腊，亚里士多德是对包括天气在内的自然现象做唯物主义解释的早期拥护者，亚里士多德的学生提奥夫拉斯图斯（Theophrastus）在公元前 3 世纪留下了关于气候变化的早期自然论解释：腓立比（Philippi）周边地方气候变暖归因于森林清理对大气层的自然影响。

然而，不仅地球历史上有自然气候飞速变化的年代，人类历史上也有关于气候及其成因的观念快速变化的年代。换句话说，总有特定的时代和地方会出现看待世界的新观念，并因而变得更具创造力、影响力和文化权威。就气候变化理论而言，这样的时刻和地点就出现在 19 世纪的欧洲。在漫长的历史时期里，正是在这里，正是在这个时刻，气候可以在没有上帝直接作用的情况下发生变化，这一新颖的观念迅速被西方世界接受（参见专栏 4.1）。经历了经验主义的兴起、科学仪器的出现和全球勘察的过程，这种新奇思想的产生条件早已存在于前几个世纪欧洲的研究和探索中。同样必要的是，新的气候变化理论的出现，借助诸如詹姆斯·赫顿（James Hutton）等 18 世纪地理学家的著作而对欧洲的时间观念所展开的重新构想。6 000 年的气候并不是由神力维持的，人们可以想象的是，地球或许已经清楚显示，在由数百万年构成的“深层历史”(deep past)时期，有过许多巨大的气候波动。

专栏 4.1：气候与冰河期(*Die Eiszeit*)

18 世纪末流行在欧洲的传统气候观念是一种地球年轻、气候稳定的观点。这种由神力“设计”的自然状态被认为是不会被自然灾难事件——地震、洪水、火山爆发——打断的，这些事件分明能够解释动态地球上出现的所有地质、化石的证据。唯一能从根本上使世界气候不稳定的原动力仍是上帝，例如《圣经》中的洪水观念(参见本章开头)。

最早对那个强大的自然力量展开沉思的人之一是德国哲学家、诗人约翰·沃尔夫冈·冯·歌德(1749—1832)，他在气候变化上获得了堪与上帝比肩的成就。通过对德国北部平原漂砾的研究，歌德推断，在作为这些漂砾传送器的冰川向阿尔卑斯山脉北端延展的时候，一定有过一个“极度寒冷的时代”。歌德的推断后来通过一小群瑞士科学家和工程师小组的详细研究在 19 世纪 20 年代和 30 年代被证实，这些科学家受此项研究的驱动，甘愿冒着阿尔卑斯山冰川崩塌的危险。他们也坚信冰川的延展曾远远超出了他们彼时所知的范围，这些情况促使德国地质学家和诗人卡尔·施佩尔(Karl Schimper)在 1837 年创造了“冰河期”这个新词(Cameron，1964)。

但冰河期的最大推广者是瑞士博物学家让·路易斯·罗道夫·阿加西(Jean Louis Rodolphe Agassiz)。他从歌德富有想象力的跨越以及他年长的瑞士同人所搜集的证据中汲取灵感，在与施佩尔的交流中，劲头十足的阿加西深信这一假设的合理性。1837 年 7 月，面对瑞士自然科学学会，他发布了第一个完整的气候变化冰川理论，三年之后，他出版了广泛流传的著作《冰川研究》(*Études sur les glaciers*)。在如此漫长的历史时期里，地球气候在无上帝帮助的情况下出现这么大的变化是可能的，这一观念对于 19 世纪中叶的欧洲人来说是难以接受的。它只能心神不安地陪坐在传统的《圣经》解释旁边，这种解释认为，存在一个(固定的)被创造的世界并且假定有上帝的仁慈之手来保证气候条件广泛地适于人类的栖居。然而，到了 19 世纪 70 年代，阿加西关于气候变化的冰川理论在大西洋两岸的科学界以及大众文化中得到了广泛的认可。世界自然气候在 1780 年到 1880 年间并没有出现重大变化，但是，人们思考气候及其变化的方式却发生了根本性的转变。

随着对全球气候循环往复的冰川周期性波动所需的自然力的认识，探索便指向了对除上帝之外造成这种混乱的确切起因的确认。19 世纪晚期和 20 世纪初期见证了相互对抗的观念抢占优势地位的斗争：地球轨道的不规则性(James Croll，1870s)、大气层的气体构成改变(Svante Arrhenius，1890s)、太阳周期(Ellsworth Huntington，1920s)，以及后来 20 世纪的火山爆发(Hebert Lamb，1960s)。但是，需要自然主义变化理论的不仅仅是千年——和全球——范围的气候变化。在 20 世纪的后半段，人们越来越关注更短时段气候变化的原因。尽管诸如爱德华・布鲁克纳(Eduard Brückner)、埃尔斯沃思・亨廷顿等早期地理学家已对这些问题产生了兴趣，但在对区域性气候每十年间变化的自然规律的理解方面依然进展有限。因此，英国气象学家赫伯特·兰姆(Hubert Lamb)在1959年写道：

> 不久前——两次世界大战之间，实际上是20世纪20年代至30年代——气候被广泛地理解为某种稳定的东西，除论及地质尺度研究之外，关于各地区气候的权威著作都没有提及变化的可能性……(Lamb，1959：299)

第二次世界大战之后，尤其是1957—1958年的国际地球物理年之后，新的全球观察系统和计算机器促进了气候变化的自然论解释的完善。对在多个尺度上造成气候不稳定的不同自然元素——海洋、冰盖、云与森林——间相互作用的科学理解的检验已成为可能。其中较为突出的是厄尔尼诺现象，太平洋和大气层与赤道和温带气候的大耦合，造成区域气候每三年至七年的变化。厄尔尼诺因此而成为区域性气候自然变化规模和强度的标志，成为一种可以用来进行科学考察和预测的现象。然而，它也越来越多地承担了为各种气候疾病和风险提供独立的、近乎类文化解释的功能。不错，厄尔尼诺现象可以由纯粹的物理过程来“加以解释”，无须借助超自然和人类的因素。然而，这一奇特的气候人格化现象①为世界气候的失常提供了替罪羊，在这里，动因可以被顺理成章地归于明显可以理解的“事物”。正如一位美国媒体评论员在1997年11月指出的那样，有了特别强大的厄尔尼诺现象，“我们过去归咎于苏联的(极端天气状况)，如今可以归咎于厄尔尼诺

① 厄尔尼诺现象，又称圣婴现象，秘鲁渔民最初用以指称每年圣诞节前期出现的离岸暖流。格罗夫和亚当森(Grove and Adamson，2017)对这一命名如何在20世纪逐渐变成了气候现象的类人格化称呼做出了解释。

了(《芝加哥论坛报》,引自 Grove and Adamson,2017:213)。我将在本书第六章进一步探讨气候与过错的问题。

人类原因

前面的章节提供了不同文化在理解造成自然气候变化的原因方面的一些见解。人们可能认为超自然实体造成了气候变化,它们对气候的影响既可能通过自然的方式,也可能通过超自然的方式,比如,《圣经》中的洪水有还是没有伴随自然论的解释。气候也可能完全因如冰川周期之类的自然灾难而变化。因此,图 4.2 中显示的三条可能的因果链都得到了解释:路径 1、2 和 3。然而,这充其量不过是对人们思考气候变化的方式的不完全描述。我已清楚地表明,在大多数气候成因理论的超自然解释中,人类作用以多样和复杂的方式介入其中,我现在将说明,在思考人类作用和自然原因时,类似的复杂性大量存在。

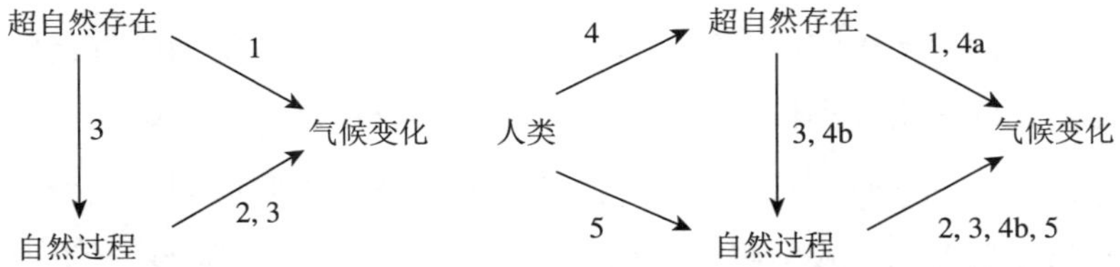

图 4.2　气候变化因果解释图示:(左)无人为因素;(右)有人为因素。五种因果"路径"的解释参见正文。

在大多数文化中,更多的兴趣和关注一直被放在对于人类作用在这些超自然和自然的解释链中所占位置的理解方面。上帝的行为与人类的行为无关吗?自然对人类行为没有响应吗?至少在大多数时代和大多数文化的大多数人中,对这两个问题的回答是"不"。因此,捕捉可能性范围的一个更完美的方案就是图 4.2 右侧显示的构架。问题因此变为："不同文化以及特定文化中不同的人如何在自然、上帝和他们自己之间分配气候变化的责任?"这些不同解释形式的界限远不是清晰的，绝不是固定不变的，而且时时都在争议之中。

人类能够并且确实造成了气候变化，这个观念似乎与气候观念本身一样古老(von Storch and Stehr，2006)。亚里士多德和他的门徒们认为，人类清理过的森林使腓立比的气候变暖。瓦利斯内里(Vallisneri)和他的新教徒同道们认为，是人类的邪恶激怒了上帝，使上帝出面干预并造成了洪水。在19世纪初革命后的法国，社会主义者夏尔·傅立叶(Charles Fourier)确信，地球气候有过一次由人类的贪婪而造成的衰变。在傅立叶看来，经济动机与个人主义的泛滥导致了广泛的开荒运动，因此，他断言，"气候失序是文明文化所固有的一种罪恶，它因个人与集体间的利益争斗而祸及万物"(Fourier，1822；引自 Locher and Fressoz，2012：587)。

人们应该提防假设的例外论，它认为，只有现代晚期西方化的文化才确认了人类作用在气候变化原因中的地位。当然，借助于科技产业，也确实做到了这一点，因而有了联合国政府间气候变化专门委员会的一致主张："气候系统的变暖是确定无疑的，人类对气候系统的影响是明确无误的。"(IPCC，2013)如今，大多数人的看法是，人类活动改变了大气的自然构成，这一结果通过自然过程造成了世界气候的变化(如图4.2右侧的路径5)。而有些人会走得更远。人类活动不仅正在造成气候变化，而且，从总体上说，这些活动通过诸如"引爆点"这类观念，足以改变地球运行的各个方面(参见专栏4.2)。这个更大的断言经常与一个新的地质年代概念相联系，它被称为"人类世"：人类的时代(参见专栏12.1)。

专栏 4.2：意外的气候变化与“引爆点”

对气候的自然论理解还在持续演化。在这一过程中，它们为思考气候变化与人类作用之间的关系提供了不同的文化资源。科学想象在文化生活中的这种作用的一个例证是引爆点概念。在科学术语中，一个气候引爆点可以被认为出现于一个气候系统越过某种物理阈限的时候，在此之后，那个系统中的某种变化开始变得出人意料并且不可逆转。但是，一个引爆点也是一个隐喻，一种具有交流价值的修辞手段。它通过利用一种更熟悉的观念，比如，一个物体(像一个天平一样)突然从一种状态变为另一种状态，帮助听众领会一个陌生的概念，也就是气候的意外变化。

气候快速变化的观念最初是由美国海洋学家华莱士·布勒克尔[Wallace (‘Wally’) Broecker]在 20 世纪 80 年代提出的，这一观念建立在从格陵兰岛冰盖核心提取的新证据之上。布勒克尔把过去相对快速的气候变化证据与人类未来对气候的干扰有可能引发的地球气候各方面意外变化的可能性联系起来。他 1987 年在《自然》杂志上发表了题为“温室中令人不快的意外?”的文章。他在文中指出，不应该把人类原因造成的气候-变化视为渐进的过程，而应该承认地球气候可能以大幅度的起伏来回应人类的强控：“我担心的是，(全球变暖)影响在很大程度上将会突然降临。”(Broecker，1987：126)有关气候变化的新思路将引领科学家去发现新的构想、展现和模拟气候变化的方式。诸如阈限、意外和非线性变化等概念，以及自 2005 年以来的引爆点概念，都已成为地球系统科学新范式的部分了。

与所有隐喻一样，气候引爆点为人类想象力的展开提供了新的可能性。当布勒克尔如此这般地描述人类作用的时候，他本人也有可能利用这条新的思想线索的创造力："气候系统是一只愤怒的野兽，而我们则正手持棍棒将它抽打。"（引自 Stevens，1998）近年来，引爆点已经被多种多样的文化和政治形式予以表达。因此，新艺术作品和宣传运动已经以创造性的方式挪用引爆点隐喻，如艺术组织引爆点还拥有自己标语口号："为创造性应对气候变化贮满活力。"[①]唤起气候引爆点的公共话语携带着巨大的修辞力量，如英国首相布莱尔在 2006 年的声明中的如下表达："我们只有 10—15 年的短暂机会去迈出这一步，我们需要避免穿越（气候）引爆点的灾难。"（引自 Watt，2006）气候被科学的构想和交流的方式改变了世界文化与政治行动的想象范围。

把人类作用提升到一种地质力量的地位并非是一致的或普遍的看法。它以多样的方式与宗教信仰和超自然信仰相互作用，构成了关于人类在气候变化方面的作用的更为复杂的理解。西太平洋马绍尔群岛上的居民相信，全球变暖不仅是全球北方的工业排放造成的，也是地方文化完整性和社会秩序的衰落造成的，这是对气候变化的一种折中解释，彼得·鲁迪亚克-古尔德（Peter Rudiak-Gould，2012）曾称之为"混乱的证明"。在巴布亚新几内亚的博格朗人（Porgeran）看来，气候变化是由于控制宇宙的强大神灵的拜祭仪式失效，而对卡莱尔市的圣公会主教来说，2007 年英国的洪水事件是对现代社会的贪婪和不道德的一次审判。以类似的方式，神学家麦克尔·诺斯科特（Micheal Northcott）把全球变

① www.tippingpoint.org.uk（2016 年 5 月 11 日访问）。

暖称为“地球对全球市场帝国和其培育的不计后果的消费的审判”(Northcott,2007:7)。这些声音提供了对图4.2右侧沿着路径4和5的气候成因的解释。

因此,人们似乎认为,人类印在世界气候上的指纹可以通过多种不同途径在许多地方找到。人类作用无处不在,尽管它的分布并不规则;并非每个人都要因气候变化而受到同等责怪。尽管对于气候成因的这些解释具有文化多样性,但是,有一种观念在当代世界似乎不太站得住脚了——的确如此,如果说以前曾经站得住脚的话——那就是气候变化与人类的思想和行动无关。然而,新一批气候科学家正展开一种新的探求,试图把由人类造成的极端天气和与人类影响无关的极端天气明确区分开来(Hulme,2014b)。这一新兴科学被称为“概率性事件归因”(probabilistic event attribution,PEA),它试图把每一个世界气候事件,至少是最极端的气候事件背后的原因(言外之意是谁)分离出来。这一探寻被赋予了政治、法律和伦理的意义。

概率性事件归因旨在科学地辨别两个极端天气范畴:“倒霉”(tough luck)和“自作自受”(human-caused)。处于“倒霉”天气的人们是受害者(或偶尔也是受益者),他们不能让其他人来解释他们的气象命运。他们要么把他们的天气归咎于“天灾”(Acts of God)——仍被保险业掏空了的对于极端天气的神学解释——要么另外归咎于在道德上失察的大自然的任性而为。另一方面,处于“自作自受”天气中的人们也是受害者(或受益者),他们如今被研究概率性事件归因的科学家赋予了在道德上承担人类责任的可能性。他们的天气被归因于全球大气中温室气体的累积。这些温室气体排放来自一意孤行的人类行动,既有那些高排放的个人(“碳罪人”),也有那些最先负责供应化石-碳能源的法人行动者

（“碳经销商”）。对于那些体验了“坏天气”的人来说，要求赔偿的诉讼路径因此被打开了。在这种情况下，应该因有害的气候变化而受到痛责的，不是上帝、女巫或魔鬼，而是那些应该受到审判的人类的碳罪人和邪恶的化石燃料公司。

本章小结

人类对于失序气候的焦虑存在已久。例如，它们表现在如“天气反常”“气候混乱”等对气候变化的流行描述之中。如果，像我所表明的那样，气候是一种在稳定天气经验与文化生活关系方面发挥重要作用的观念，那么，在自然气候出现变化的时候，对解释的追寻就会变得刻不容缓。是因神灵震怒而惩罚人类吗？是被冒犯的上帝在要求忏悔吗？是大气环境已经被人类对它的出格行为“戳弄”得过分了以至于它不能提供人类想要的气候吗？在本章中，我考察了对于气候变化的三种解释模式：超自然的、自然的和人类的。我认为，这些解释在不同文化内部和跨文化空间以一种复杂的方式共存，并随着它们各自的文化权威而潮起潮落。同样清楚的是，认为气候，至少是人类过去和未来的气候，会因自然或超自然的单方面原因而变化，这一想法对人类来说是罕见的。认为气候的表现是与负有道德责任的人类行动者的行为相联系，这一观念越来越普遍，并且也许确实更重要。

在2013年的霍尔伯格奖（Holberg prize）讲座《我们该与盖亚用哪一种语言交谈》中，人类学家布鲁诺·拉图尔（Bruno Latour）对气候动因存在于世界的什么地方展开了追问。谁或者什么将对气候的变化负责？拉图尔声言，领先的政治任务就是“以尽可能有区别的方式分配气候变化的责任”（Latour，2014：18）。人们可能说，承认人类既不是掌握气候供其享乐的单纯主体，也不是被气候掌握并受其伤害的单纯客体，或者换句话说，这项政治任务就是承认，从历史的角度来理解，气候与人类生活不是一个造成或塑造了另一个的两相分割的领域。相反，在大部分历史时期和大多数地方，人们都把气候与人类看作是彼此联动的，它们的作用和命运通过自然进程和超自然存在的中介而合为一体(图 4.2)。尽管人类对气候负有潜在责任的观念并不新鲜，当今的人类世气候变化的霸权话语也许会使以下情况成为可能——至少对那些接受过西方启蒙遗产的人来说——把这种不可避免的密切关系看得更加清楚。我在本书第十二章中将探讨未来气候这种相互依存性的某些潜在内涵。

* * *

接下来的四章构成本书的"第二部分：气候的影响力"，即气候观念在文化生活中造成的后果波及什么范围？我考察了特定地方的气候与文化相互作用并形成日常生活的风格和模式的过程(第五章)，以及气候观念如何使不同文化对于抱怨(第六章)和恐惧(第七章)的叙述富有活力。我还思考了气候在激发人类想象方面的威力以及气候及其变化表现于文化形式的多种路径(第八章)。

延伸阅读

Grove, R. H. and Adamson, G. C. D. (2017, in press) *El Niño in World History*. London: Palgrave MacMillan.

Fleming, J. R. (2005) *Historical Perspectives on Climate Change* (2nd edition). Oxford University Press.

Parker, G. (2013) *Global Crisis: War, Climate Change and Catastrophe in the Seventeenth Century*. New Haven, CT: Yale University Press.

Woodward, J. (2014) *The Ice Age: A Very Short Introduction*. Oxford University Press.

第二部分　气候的影响力

第五章　接受气候

引言

要证明没有普遍认可的“理想”气候是容易的。只要在你的邻居中随意向人打听一下，你就会发现他们对自己中意的气候的描述是多么丰富多样，并且常常相互矛盾。这种多样性表现为对年复一年的稳定性、季节的反差、阳光和云彩的多少、细雨与暴雨等等的不同偏好。但是，最值得关注的也许是其中所表达的理想的气温：某人在什么温度感觉最舒服？来自世界各地的研究已经表明，公布出来的户外理想温度的范围很宽：从 6 ℃到 30 ℃(Shove，2003)。气温偏好的差异有很多原因：人类的生理机能和年龄、着装习俗、待在户外时间长短、性别、财富状况、不同的活动模式和生活方式。然而，我的观点很简单：人们接受气候——做出调整以使那段经验可以忍受或产生积极效应——的方式是多样的。

当人们对比适应室内和户外气候方式的时候，生活中气候体验的这些差异就会变得非常显眼。而且，只要随意向一群人——即便是在一个扩大了的家庭单位之内拉出一个小的组群——打听一下，你就会从显示在房间或汽车的温度调节器所设定的温度上发现不同的偏好。对许多人来说，这种多样性出自与上文提到的相同的原因。然而，在世界人口越来越多地城市化的进程中，有更多的人在室内环境的气候控制上花去更大量的时间，比如家中、办公室、交通工具、电影院和宾馆。西方人如今要在建筑物里或屋顶下的空间中度过大约 90%的时间，其间的小气候（micro-climate）可以通过建筑设计和/或通过机械设备进行控制。人们对户外和室内气候的体验越来越分化了。户外的季节律动以及与之相伴的每日天气的无规则变化，与（常常）被严格控制的室内气候分离开来。在第十章中，我将考察全球气候控制的技术与话语，气候控制（climate control），又称气候工程（climate engineering），但是，对于大多数人来说，控制气候的经验实际上更贴近家庭生活。

要了解户外气候与恒温控制的室内空间截然两分的状况，一个途径就是去追踪不同环境中的人们的日常实践和习惯——即他们适应气候的常规做法。地理学家拉塞尔·希金斯（Russell Hitchings）做了一项这样的研究，研究对象是伦敦办公室一群专业工作人员。他发现，他们基本上是与季节变化绝缘的，因为有常年相伴的办公室温控气候，而且还因为有着装规范以及不再对户外天气做出反应的社会礼仪。希金斯把这种向室内的撤退描述为如同被"包裹在机械调节的空气中"，他通过一个调查对象的言论捕捉到了这种超然的感觉。回想到她对伦敦即将逝去的夏季的毫无察觉，这位被调查者评论道：

我觉得我本来并没注意到夏天的缺失。当你仔细去想一想的时候，还是很失望的，但是，在大多数时间里，我只是因为有人在新闻中正谈到不再有夏天了，并且告诉我那意味着什么时，才会想到这回事。(Hitchings，2010：289)

社会实践、文化规范和物质技术对人类的气候经验具有重要的影响，无论是对于伦敦金融区的专业人士，还是对于泰国北部山区的稻作农民，情况都是如此。这些实践、规范和技术是大量的和多种多样的，比如，淋浴和沐浴制度、公共场合和私下场合的着装规范、单层玻璃或三层玻璃的窗户等等。这些方面也都处在不断的变化之中。气候变化了，无论是室内的还是户外的，因为文化也在发生变化。只要想一想 19 世纪美国中央供暖系统的兴起就可以了(Meyer，2000)。但是，反过来说也符合事实：文化的变化也是因为气候发生了变化，不管是室内的还是户外的。只要想一下近年间人工造雪度假村的发展就明白了。如同人类学家玛丽·道格拉斯(Mary Douglas)观察到的那样，“人类在文化中生存”，但他们也在气候中生存，在他们从不同的地方遭遇到的天气模式和天气现象的流变中生存。人类的气候经验既是物质的，也是想象的，对文化生活方式有着重要影响。气候与文化存在于动态的关系之中。

* * *

在本章中，我将用图表来说明在特定地方的日常生活中天气与文化之间的相互作用。这种亲历的经验为气候观念赋予了形式，并使之充盈着个人的和集体的意义。因此，气候是“被人经历的”，尤其是通过大气、景观、社会想象、着装、建成环境、情感、仪式以及具体地方和文化中的天气话题。总起来说，这些在气候中生存的方式可以被认为是“天气之道”(weather-ways)(de Vet, 2014),是普通人对日常天气模式化的预期、体验和回应。身体、文化追求、物质制品以及记忆(参见专栏 3.1)要对他们身处其中的天气做出反应。气候观念与想象、社会和物质实践是不可分割的。人们与他们的文化一起随着天气的变化而“栉风沐雨”。

本章以四个部分展开。首先,我要考察气候观念、地方和身份认同如何通过天气经验而被紧密联系在一起,以及这一现象以何种途径表现在不同的社会实践和文化规范之中。然后,我将对这些与气候相处的方式如何易于变化展开反思:首先是自然气候变化,之后是文化转变,最后是气候与文化同时变化。人类与气候相处的方式是持续变化的,受到人类流动性、文化创新的推动,也受天气变化本身的驱动。

地方气候

本书的一个核心论点是,气候观念出现于人类天气经验与文化实践的交互作用之中。因此,有必要把任何对于人们“接受”气候的方式的考察放在具体的地方背景之中。要理解气候及其变化,不能把与天气相互缠绕的特定地方的景观、记忆、身体、想象和实践惯例分离出去。以这样一种方式来研究气候,需要在地理和文化方面进行一番详细的调查,以便去了解人们如何在气候中生存并且如何在气候中被风侵雨蚀。对于那些出于各种原因而不可避免地要在多个地方穿梭往来的人们来说,气候变得更富个人色彩并且具有特别的意义。许多人认为“全球气候”观念缺乏想象力,这是其中的一个原由[乌斯拉·海斯的《地方感与地球感》(2008)透辟地解析了要对全球气候建立想象性的归属感所面临的困难]。抽象而无血肉的全球气候变化的科学断言与人类既存的气候经验没有关联。用历史学家弗拉基米尔·扬科维奇(Vladimir Janković)的话说,“……(人类)根本不是故意要居住在(诸如全球气候)这样一种实体之中的”(2009:178,着重号为原书所有)。恰恰相反,人类确实有意在各种地方居住。

与气候科学家相比,人类学家对气候在本地人群眼中的意义感兴趣。在这方面,富有成果的研究思路体现于“天气圈”(weather-worlds)(Ingold,2007)和“天气”(weathering)过程(Vannini et al.,2012)等概念。英戈尔德(Ingold)的天气圈概念是一种想象性的建构,它把人类生活中“户外”——在大气及其不间断的天气流中——的感官经验与他们所居的土地的构造联系起来。正如景观理论承认地表带有文化意义层一样,大气——以及它所产生的天气——也有丰富的意义。其中大量的文化意义是与对往昔气候事件的记忆联系在一起的。作为昔日的水灾、旱灾或罕见降雪等天气现象的结果,这些记忆可能常常被以物质的或想象的方式铭刻在地方景观之上。它们也会通过绘画、带有过往天气物理标记的图片,或者是建立纪念碑等纪念活动,在视觉文化中得到具体呈现。这些与往昔天气的物质和文化遭遇构成了一个语言库,一个社群借助于它来记忆和重述地方的气候。描述地方气候特点的经典故事比抽象的气象统计学具有更为远大的影响力。例如,就我个人的经历来说,我记住 1976 年英国炎热的夏季(参见专栏 3.1),不是因为那个季节的气温表读数记录,而是因为记忆中的板球比赛、户外烧烤、露营以及阳光和高温提供的海水浴的机会。

因此,天气圈始终是以地方和人为中心的。它们强调的是气候观念如何被想象性地建构，它与我的地方感和自我意识以及我的日常生活惯例如何不可分割。它不仅仅是无生命的实体，类似树木和建筑物经过物理与化学变化过程而被天气侵蚀并衰败。人群与地方也随着时间的推移而“经风历雨”。他们的个人身份、社会实践、物质技术和文化记忆也受到大气的塑造，直至这些人群和地方逐渐不知不觉地接受了他们所面对的天气——他们经受了天气的淘洗。然而，这并非是对大气的自然力量的被动屈服；我不止是我所经历的天气的一个直接应变对象。我无法改变户外大气的自然天气状况，但我能够改变我对这一天气状况的想象，而且，在一定限度内，我可以选择与之相处的方式。这一作用表现在我个人生活和社会生活的日常安排中(参见专栏 5.1)。它也表现在我内在的情感生活中。在其研究著作《天气向你汇报》(*Weather Reports You*)中，艺术家兼人类学家罗尼·霍恩(Roni Horn)在她对居住在冰岛西部的斯蒂基斯霍尔镇(Stykkishólmur)周边地区的数百位普通冰岛人的非正式调查中，捕捉到了这种介入气候的积极心理的丰富性内涵(Horn，2007)。尽管都在这个很小的地区承受着大致相同的自然气候，参与者们展现出来的与气候相关的情感却覆盖了一个宽广的范围：恐惧、希望、美、哀伤、怀旧、焦虑、兴奋、自由。社会实践与情感反应共同建构了天气圈，它为人类的气候观念赋予了形态。

专栏 5.1：日常生活中的天气

对于许多人来说，气候观念与他们日常能或不能做的所有事情联系在一起的是因为天气：什么时候天气和暖可以去室外游泳；什么时候可以播种水稻；什么时候汽车需要冬季轮胎？

因此，不同社会以及一个社会中的不同的人，根据他们的生计、他们的社会身份、他们对特定技术的使用等等情况，有着各不相同的对于气候的理解。在人类人口日益城市化并且“城市”影响了日常天气实践的背景下，情况尤其如此。随着超过50%的人口如今都居住在城市，体验气候的方式在许多人那里正在发生着变化。

在一项对达尔文市和墨尔本市澳大利亚公民日常生活的研究中，地理学家伊莱扎·德·维特(Eliza de Vet)对人们如何体验气候以及如何通过调整日常习惯和活动以应对天气变化进行了细心的观察。在普通人中，这些“天气之道”是对日常天气的模式化的预期、体验和反应，对他们来说，这一切构成了对应于抽象气候观念的具体可感的现实。尽管一个地方的人对于天气的物理体验可能是相似的，但在对地方“气候”的理解方面则至少部分地受到了这些物质和文化实践的调节。这个地方的这种气候允许我干什么或不允许我干什么？它向我昭示了什么风险？我的情绪受到怎样的影响？

在这两个构成鲜明对比的城市——达尔文位于热带地区，而墨尔本则位于中纬度地区——德·维特对于人们怎样体会气温的舒适度尤为感兴趣。她发现，人们感受到的气候舒适度不只是与气温的高低有关，还涉及冷热的持续时间以及气温与诸如湿度、风、云和雨等其他天气因素之间的相互作用。但还不止于此，个人的环境(比如办公室人员对居家工作者)以及主动的追求(例如户外消遣对室内休闲)也极大地影响了人们对于气候的物质的和想象的介入。在人们对付不舒适气温这方面，无论是通过改变着装、开动机械设备、转移到不同的室内(或户外)

空间、改变饮食习惯，还是利用可选的交通模式等等，只要考虑到这些个人的具体背景，都是可以理解的。

更为宽松的文化规范和便利的技术设备在日常的气候经验中也有重要意义。因此，着装规范影响并约束了澳大利亚人对付不同的极限温度的方式，而且，空调（在家庭、车内和办公室）的性质和使用价值与个人对温度的容忍度是相对应的。德·维特发现，对物理和心理容忍度的不同表达实际上是两个城市适应气候的一个重要方面。容忍度是一个被接受了的策略，因为参与者们承认偶尔的不舒服是在气候中生存的题中之义。以这种方式来理解既有的气候体验，通过日常的社会实践产生了对于适应气候的实践范围的深刻领悟，对此，人们习得、应用并使之得以渐次发展。

（资料来自 de Vet，2014）

因此，人类对天气的承受既有物质的也有非物质的维度，这是菲利普·范尼尼（Phillip Vannini）和他身处英属哥伦比亚太平洋沿岸地区多雨气候之中的同事们所探讨的问题（Vannini et al.，2012）。他们显示了共享的天气经验以及产生于这些经验的实践惯例如何在他们居住地区的人与景观之间构成了联系的纽带。英属哥伦比亚太平洋沿岸地区的气候不仅仅是天空中模式化天气的某种数字对应物。这个地方的气候正如当地居民所理解的那样，是通过记忆、社会实践、共享的身份、物质制品和情感状态这一整体而显露出来的。不懂得天气经验所带来的对于一个地方的物质性与想象性的忠诚，一个人就不可能理解气候观念。这种气候感在戏剧演员卡尔·瓦伦汀（Karl Valentin）对于德国南部慕尼黑气候的评论中被令人满意地捕捉到了："我总是感觉到有焚风

(Föhn)(来自阿尔卑斯山的一种干燥、温暖的下坡风),纵然它并不存在"(引自 Lüdecke,2009:216)。对气候的这种全面理解比科学对于气候的理解更仰赖直觉,它在当今世界仍然广泛存在。

在如何确立对地方天气的正常期望值方面,这种既往的气候经验也利于更为深入的理解。对于正常和不正常气候的预期影响到以下判断:什么类型的天气在一年中的那个时期被认为是合适的。"好"或"坏"天气的构成也会受到文化认同、社会实践、经济结构和社会身份的影响。这一点可以在挪威西部城市卑尔根的案例中观察到。伊丽莎白·梅兹-豪斯肯(Elisabeth Meze-Hausken,2007)通过跟踪这个地区的日报《卑尔根报》(*Bergens Tidende*)上的气候报道,对好天气与坏天气的建构进行了研究。卑尔根是挪威最潮湿的城市,在这些媒体故事中,有许多都是围绕雨天及其相对的晴天展开的(参见图 5.1)。然而,制造了头条新闻的不是降雨量本身。相反,那些与重要事件相关的背景,无论它是天气灾难造成的伤害或事故,是在文化上有重要意义的时间和节日里出现的天气,是传递诗意的或浪漫的天气观的故事,还是对卑尔根的气候是否与这个城市自身相符的问题的反思,都从文化上影响了对气候的预期。人们对卑尔根气候的预期——他们以一个"总在下雨"的城市的市民身份——在界定一天,或一个季节是好还是坏的天气时发挥着重要的作用。

当文化变化时

如果说气候是一种来自天气与文化生活方式之间关系的观念,那么,当文化变化时,人们可能会期待(想象中的)气候变化。换句话说,既然"好"或"坏"、"可忍"或"不可忍"、"安全"或"危险"

图 5.1　来自卑尔根的画家奥登·赫特兰(Audon Hetland)的漫画,展现了当地人与气候的非同寻常的关系。(上图)“看,最后一位卑尔根①人来了。”(下图)“布吕根②的满潮。”(来源:Meze-Hausken,2007)

① 卑尔根(Bergen),挪威霍达兰郡的首府,也是挪威的第二大城市。——译者注
② 布吕根(Bryggen),卑尔根市中心以西 3 千米处的海滨堤岸。——译者注

的气候观念是以独特的方式与生活联系起来的，当社会实践和文化规范改变的时候，这些想象中的气候范畴也可能改变。被观察到的气候-社会关系的变化，从表面上看可能归因于自然气候的变化，但有时也可能更确切地归因于文化的变化。例如，老年人越来越多地受到极热天气的伤害，这种情况可能缘于护理实践的变化和人口老龄化，而不是因为酷热期来得更频繁或更剧烈。温带气候中流行的街边咖啡馆的发展来自饮食习惯的变化或对庭院加热器的支付能力，而不是普遍的气候变暖。在冬季，放纵不羁的职业足球赛数量的减少，既可能缘于体育场馆温控设施的变化，也可能因为冬季的气候温和。我在第二章中介绍过这样的一个文化诱发气候变化的历史案例：加勒比海群岛的气候变化在18世纪欧洲定居者眼中是致命的、危险的，在20世纪美国游客看来则是合意的和迷人的(参见专栏2.2)。文化的变化改变了人们与气候在物质性方面的互动方式，因此也改变了人们与气候观念的想象性关系。

对季节性气候的文化态度变化和被称为季节性情感障碍(SAD)的医学状况的出现，是一个可以观察到的不同例证。季节性情感障碍目前被视为一种对季节日照时数变化的生物学反应。对于某些人来说，可能产生疲劳、体重增加和精神抑郁等症候。秋-冬季季节性情感障碍的发病率似乎随北半球的纬度而增加，尤其是在欧洲和北美地区，这表明光周期长度是一个诱因。然而，并不是所有文化都要以这种方式来体验季节变化；季节性情感障碍也不是在历史上始终影响着欧洲文化的一种疾病，或者说，至少不是一种病理学意义上的疾病。相反，季节性情感障碍似乎出现在那些“自然时间”(把季节性气候与一天的长度联系起来)与“社会时间”(文化认可的季节性仪式和实践)变得疏远的文化之中(Harrison，2004)。尽管不否认脑化学可能确实发生了变化，但这里的观点是，在某些文化中，这些气候节律变化以前没有、现在也没有被当作一种反常现象来体验。实际上，借助季节轮回与创造意义的文化或宗教仪式间的符号联想的强大作用，气候的季节差异被减弱了，并进而被正常化了。

文化变化改变与气候的想象性关系的情况还可以在调控气温舒适度的相关新技术中见到。这是室内气候控制的最明显的例子，气候控制技术把温度的变化缩小到许多暴露在其中的人期望达到的正常范围之内。在这里，文化变迁在调节规范与室内理想气候预期方面发挥了巨大的作用，其后果影响到了人们对户外气候变化的感受（这一点印证了前文引述的伦敦办公室工作人员的事例）。但是，文化变化也通过技术性干预而对诸如花园露台和街边咖啡馆等户外的私人性和公共性过渡空间的气候施以影响。在北半球中纬度的许多发达国家，近年来出现了庭院加热器的巨大增长，这一现象作为一种私人化户外气候观念的标志已经变得正常化了（Hitchings，2007）。室内气候的热控被延伸到休闲社交的户外空间，进一步调节了文化对正常气候、反常气候以及气候控制的预期。

当气候变化时

如果与气候相处的方式可以因文化而改变，那么，必然的结论就是，它们也会因自然气候的变化而变化。人们在自己的人生阶段可能会以两种方式经历天气的变化。人们可以迁徙一段时间，到拥有不同气候的另外一个地区去生活、工作或消遣。在这种情况下，可称为外迁型（ex situ）气候变化。或者，人们仍居留此地，这个地方天气的自然特性的变化可能穿过他们的生命历程。这是原住地型（in situ）气候变化。人们会如何因这两种经验中的任何一种而发生变化，无论是在身体、情感、道德还是在社会层面，对于这个问题，有过一段漫长而充满焦虑的反思历史。

殖民时期的欧洲商人和定居者对外迁型气候变化的后果特别焦虑。欧洲人已经从古典思想中继承了气候可能影响人类身体、精神和道德健康的观念。假如欧洲的温带气候有助于温和的和有道德的理想生活方式，北欧人将如何作为赤道地带酷热气候的居民或是作为澳大利亚和加利福尼亚地中海气候的定居者而生活下去？这不仅仅涉及物质实践方面的调整，比如适用的建筑设计或新的耕种实践等等。更令人担心的是湿热的气候可能在身体健康和道德卫生方面所引起的变化。有关这个问题，英国殖民地外科医生詹姆斯·约翰逊（James Johnson）及其 1818 年的著作《热带气候对欧洲宪法的影响》（*The Influence of Tropical Climates on European Constitutions*）曾经产生了很大的影响力。约翰逊认为，欧洲人的身体对赤道气候的自然适应需要几代人的时间，如果不是几个世纪的话。但是，他还声称，与这些身体性适应相伴的气质与性格变化可能比预期的要小。这一叙述有助于把种族理论自然化，在这种理论中，欧洲人在心智和道德上优于土著人口的观念被合理化了。人们的生活方式与身体健康被外迁型的气候变化所导致的人类流动所改变，对这一问题的反思在当今世界仍在继续，尽管少于种族优越论盛行的时代。比如，移居西班牙的德国侨民、流向海湾国家的巴基斯坦工人或是在俄国留学的非洲学生等，都为探究天气变化对人类主体造成的生理、心理和文化后果提供了新的自然实验室。

当今，更为重要的是，要对原住地型气候变化给原有生活方式所带来的潜在变化保持关注。人类因素导致的气候变化的前景提供了一个预想的画面，没有任何土地上的气候将会保持静止不变：

伴随潮湿、降雨和降雪，气候总体上会变得更热（或不那么寒冷）。对原住地型气候变化的文化适应可能既要对业已体验到的气候变化做出反应（比如，改变作为生活方式休闲或娱乐的追求以适应自然环境的变化），还要对可能出现的气候变化的前景做出反应（比如，在情感上对可以预见的损失或心理困扰的觉察）。澳大利亚的高校科研人员安德鲁·戈尔曼-默里（Andrew Gorman-Murray）在读到本世纪末澳大利亚阿尔卑斯山的降雪和积雪天数将会锐减的科学预测之后，曾表达过这样的情感：

> 我对这个预测的“情感”反应是震惊和失望。尤其是对即将来临的气候变化的巨大影响……我对这个被预测到的降雪损失的主要情感是一项研究计划的诱因……我感兴趣的是与（澳大利亚）积雪相联系的更宽广的意义和情感（Gorman-Murray，2010：61）。

戈尔曼-默里接着考察了塔斯马尼亚（Tasmanian）[1]居民对这些假定的澳大利亚降雪气候变化的反应。他的研究表明，气候观念物质的、经济的和情感的维度是与塔斯马尼亚人对自己岛屿的想象不可分割的。这不仅是让人们产生焦虑的生计（冰雪旅游）方面的变化，也不仅是水文学（先前的雪被融化）上的变化，塔斯马尼亚气候的想象属性也同样将被重构。

> 当你居住在霍巴特（Hobart）[2]的时候，人们谈论山的氛

① 塔斯马尼亚是澳大利亚联邦唯一的岛州。——译者注

② 澳大利亚塔斯马尼亚州的首府和港口，是仅次于悉尼的第二个古老的城市。——译者注

围，积雪是山脉的重要氛围之一……它能让接近它的人感动不已，它将再也不是我们可以体验到的氛围了，我们不再认为它是理所当然的了。(Gorman-Murray，2010：73—74)

当气候与文化变化时

前面两节说明了人类与气候相处的方式如何以多种途径适应着文化变化和自然气候变化。然而，自然气候与人类文化都不是固定不变的，两者都处于持续流变的过程之中，并且彼此相互影响，这是本书的一个核心论点。因此，详细叙述同时由气候和文化变化的经验促成的气候观念调整的例子是富有教益的。当人和观念在全球化的世界中变得越来越具有流动性的时候，体验气候的多样性和遭遇不同气候里的生存方式已经成为常态，与之不同的是，19 世纪居住在印度的英国人则罕有这方面的经验(参见专栏 5.2)。身体的流动出自经济的、教育的或娱乐的动机(如外出务工、跨国留学、全球化体育活动等)，而异国气候以及与之相关的生活方式也可以在数字平台(如全球新闻频道和类似 YouTube 这样的社交媒体)上间接地遭遇到。不管怎样，当今存在着一种气候的世界主义形态，它可能与人类历史的任何其他时期都有所不同。

专栏 5.2：远离家乡的英国气候

18 世纪和 19 世纪在印度的英国殖民地居民都强烈地意识到他们的新气候与英国本土气候的不同。他们对印度热带气候的日常体验在他们的身体和精神气质上留下了痕迹，并且塑造了某种形式的殖民地社交实践。可是，这种对异国气候的体验也以复杂的形式与他们的生活想象、道德品行、心境以及对民族和种族身份的意识相互作用。借助殖民地居民留下的大量的日记和书信，尤其是医务人员和管理精英的同类记录，这些思绪可以被发掘出来。

19世纪20年代孟买的两个殖民地人物的日记，已经成为气候历史学家乔治·亚当森（George Adamson）的研究主题。蒙特斯图尔特·埃尔芬斯通（Mountstuart Elphinstone）（那时的总督）和柳克丽霞·韦斯特（Lucretia West）（首席法官夫人）的个人文件揭示了他们在孟买季风气候中的数年生活经验的重要性。在埃尔芬斯通看来，对这种潮湿的沿海气候造成的身体、精神和道德后果的焦虑——用他的话说，“炎热天气的倦怠”——促使他在高止山脉（Ghats）西部的肯达拉（Khdala）建造了一座供英国殖民者避暑的早期的山区小镇。在印度平原550米以上的高处，埃尔芬斯通、韦斯特和其他外来定居者想象着他们正在遭遇一种更合自己喜好的气候，在视觉和感官联想中比孟买市中心令人无精打采的气候更具有“英国”特色。

事实上，这种气候的特点无论如何都根本不同于“英国”。然而，热带疾病话语、对英格兰的思念以及气候与种族优越论之间的联想，在他们到访肯达拉的时候，共同在这些日记作者的心中构建了某种气候的英国性（climatic Englishness）观念。人们如何在文化意义上与他们的气候相处，这可能是一种由想象来决定的行为，也可能是对大气特性的生理反应。像埃尔芬斯通和韦斯特这样的英国殖民者拒绝去适应印度的“堕落”气候。但是，他们想象性地在远离家乡的地方再造英国气候的努力被认为是有益于他们身体健康和道德活力的。它还有助于支撑他们对印度当地人的种族优越感。人们对与气候相处的方式的选择可能是一个政治行为。

（资料来自 Adamson，2012）

在这个国际化的世界中，人们可能会觉得对气候和天气的适应本身正变得更加动态而多变。如果适应气候的目的就是为了保证生活环境可忍受、令人满意并且有效益的话，那么，较之于一个思想偏狭的世界，一个过度流动的世界在面对不稳定的气候时可能更有利于保护这些文化产品。约兰德·斯特兰杰斯在一项对澳大利亚墨尔本的跨国留学生的研究中，对这些观念进行了测试，这些留学生来自跨越寒带、温带和热带的 10 个不同国家。斯特兰杰斯想搞清楚与气候相处的文化方式——着装、饮食、休闲、温控技术——跨越多大的范围还在学生身上完好无损，或者是这些适应性实践本身是否也在适应新的气候和文化环境。通过研究全球流动的学生在年度气候中保暖和纳凉的方式，这些研究者得出了结论，与不同的天气环境接触的机会越多，就越能提升而不是限制适应的能力（Strengers and Maller，2013）。人们如何与气候相处当然是从地方和文化中学到的。然而，人类还会临机而动并唤起包括物质的和非物质的各类看家本领——服装、技术、活动、记忆、情感、忍耐——为的是保证他们可以适应气候。与更平庸的对舒适温度和气候安全的追求相比，所有这些可能与管理并忍受各种令人关注、令人兴奋且具有挑战性的气候状况有关。

本章小结

在本章中，我已表明，气候观念可以被恰到好处地理解为来自于人们在物质上和想象中与特定地方的天气相处的过程的观念。气候变成了一个涵盖大气过程、物质技术、记忆、景观、着装规范、社会实践、象征仪式、情感和身份等众多方面的丰富整体。整体来看，气候的这些表现可以被视为“天气之道”。这些天气之道既包涵了特定地方的室内和户外气候的生活，也欣然接受被新兴的技术拓展了气候想象的过渡空间的生活。确实如此，大多数人对于气候的体验和理解正是借助于在这些多样的空间里的穿行。地方、记忆、情感和身份被纳入了人们对气候的认知。这种亲身经历的实际气候很不自在地忝陪于由科学实践中得来的更抽象和数学化气候描述的一旁。尤其是，以全球为规模的气候及其变化的框架，这是气候-变化话语中的主导框架，未能与本章中重点叙述的更直观的和受到文化影响的理解气候的方式建立联系。而后者如同那些只有对你内心和地方付出了细心的关注才能够充分理解的东西一样，分明更忠实于人类的气候经验。

这样理解气候观念的一个必然结果是，人类的气候经验永远不是一成不变的。例如，当今的许多人把气候变化当作超级流动(hyper-mobility)或是通过数字平台间接遭遇到各种不同气候的结果。文化规范、社会实践和新物质技术的变化也改变了人们理解气候和与气候相处的方式。人们在长大变老的过程中经历气候的变化，仅仅是因为记忆变化了，生活方式改变了，而且他们的身体也变老了。然而，自然气候——天气的系统的和有节奏的模式——也在数十年或更长时段发生了变化，而这使得既有的正常气候概念极不稳定。天气变化引发的对“天气之道”的适应过程不仅仅是因为它们被身体感受到了，而且还因为它们预先就被想象捕捉到了。未来的气候预测具有使这些与气候的具体的和想象性的关系发生动摇的潜力，类似我将在第七章中进一步探讨的那样。

但在那之前，我将在第六章转向咎责的问题：一直被归咎于气候，并且依然被归咎于气候的事情有多大的范围？

延伸阅读

Janković V. and Barboza, C. (eds) (2009) *weather, Local Knowledge and Everyday Life: Issues in Integrated Climate Studies*. Rio de Janeiro: MAST.

Mabey, R. (2013) *Turned Out Nice Again: Living with the Weather*. London: Profile Books.

Meyer, W. B. (2000) *Americans and Their Weather*. Oxford: Oxford University Press.

Sherratt, T., Griffiths, T. and Robin, L. (eds) (2005) *A Change in Weather: Climate and Culture in Australia*. Canberra: National Museum of Australia Press.

第六章　怪罪气候

引言

气候观念引出的问题之一是其作为世界上一个肇事因子的影响范围和性质。什么样的自然现象和社会现象是由气候及其变化造成的？什么种类的事物可以被“归咎”于气候？还有经久不息的追问：“‘他者’为什么不同？”——对此，用气候来解释人类差别的诱人的阐释力频繁地被提及。智者、哲学家以及公共知识分子对这些问题早已深思熟虑，而且他们对之发言的文化也常常受到既有答案的影响。但是，人们所说的由气候造成的——或如更晚近的理解，由气候变化造成的——现象的范围远远超出了种族或文化的“他者化”现象。为什么泥炭地正在退化？为什么有些经济体制较之其他更有效益？为什么出现珊瑚白化现象？人们为何迁徙？要求气候及其变化去承担责任或者气候受到“牵连”的结果清单似乎无穷无尽。我用一个例子来开始本章的讨论，它可以引导对咎责气候这一问题的探寻。

1867 年，纽约大学医学院院长约翰·威廉·德雷珀（John William Draper）出版了他的《美国内战史》（*History of the American Civil War*）。德雷珀是一个决定论者，他相信社会是被"不可控制的原因"引导的。在这些原因中最主要的就是气候，这个主题占据了他的大作的第一卷，他在其中阐述了美国内战的原因：

> 人类的国度被地表上的气候编入了不同的区位，它们与生理的关联度最高。在热带，智力发展不超过童年……在温带较暖的部分地区，达到青年和接近成年的阶段……沿着温带的较冷的部分地区，获得的性格是个性成熟、举止庄重、习惯反省、拙于行动。（Draper，1867，vol. 1：101—102）

因为有了这样一种世界观，对德雷珀来说，很容易认为是气候之手在一定程度上参与制造了引发 1861 年至 1865 年血腥内战的条件，这场战争导致 600 000 美国人的阵亡。气候已经把美国分成了两个国家，两个经济体，两个道德共同体。通过对南方种植园生活的赞许，气候把奴隶制自然化了。通过对北方种植园生活可能性的否定，气候解释了统一派对奴隶制的政治挑战。"气候趋势在寒冷国家有利于奴隶制的废除，但在温暖的国家则相反。"（1867，vol. 1：342）

大卫·李文斯顿（David Livingstone）在对德雷珀的决定论意识形态的解释中强调指出，他在这一思想路径上并不孤单（Livingstone，2015）。在有关气候能够解释什么和不能解释什么的问题上，德雷珀以前的哲学家如孟德斯鸠（Montesquieu），以及在他之后的地理学家如埃伦·塞坡尔（Ellen Semple）等，都坚定地持有相似的观点。把美国内战归罪于气候的后果就是使注意力偏离人类的判断力和政治选择。如李文斯顿总结的那样,“气候的作用具有把政治历史从道德责任的负担中解放出来的效果”(2015:439)。美国内战并不单单是由气候造成的;它可以被归罪于气候,这是一种把有道德责任的参与者从引发冲突的角色中解放出来的叙述。历史被简化为地理学,政治被简化为宿命论,道德被简化为自然。

* * *

本章关注的问题是:“气候可能因什么事情而受到怪罪?”尽管问得直截了当,但这个问题古往今来引出了大量的答案,这些答案中有很多是简单而无益的。与气候被提升为自然景观和生物进化的主要决定因素一样,把气候提升为人类生理和心理的(主要)决定因素,这一观念有很长的历史。气候曾因战争、经济增长、街头暴力、政治专制、饥荒、房地产价格、自杀、月经年龄——以及更多的现象而受到责怪。尽管气候决定论容易被夸大,也容易因天真得无可救药而被摈弃,但仍然有更为复杂的变体在当今传播,我在其他地方将之称为“气候简化主义”(Hulme,2011)。气候简化主义提供了一种方法论,它便于在有关气候、社会和未来之间的关系等复杂问题上得出简单的答案。在其最简陋的形态中,它断言,假如社会变化是不可预知的,气候的变化是可预知的,那么,通过把(预测到的)气候提升为自然与社会变化的主要驱动力,未来也可以为人所知。

识别出“是谁”和“是什么”在社会-自然生活这个错综纠缠的矩阵中具有能动作用,这需要对文化规范和实践、对人类的身心以及社会体制如何介入它们的外部世界有深刻的理解。本章将对不同的文化如何理解气候的能动作用这个难题做出解释，首先是对气候成因理论进行考察，之后给出气候与气候-变化因之而受到咎责的事例。

气候肇因、过错与罪责

在第二章中，我强调了把气候作为一种描述性指标（气候之所是）与把气候看作一种因果作用（气候之所为）之间区别的重要性。在这里，我想更为详细剖析的是，说气候（或气候-变化）致使某事发生，这究竟意味着什么。气候具有什么类型的作用？并且，如果有什么道德责任的话，这责任究竟出自何方？

因果推理是科学探究的核心。比如，要理解人类疾病的生理原因，身体就被简化为越来越小的单位，以便使可控实验成为可能，并因此找到相关的因果链条。这一目标的一个精彩例证是欧盟的人脑计划，它抱有“把在芯片上展开的实验作为理解人脑的基础方法论”的雄心。有关地球气候系统的一个相类似的因果关系的科学探索也在进行中。计算机气候模型试图通过数学形式再现所有重要的物理过程来模拟世界的物质因果。不过因果推理在社会生活中也是必不可少的，如在司法推理和公共政策干预等领域。是司机的酒精摄入造成了致命的车祸吗？征收碳排放税会造成化石燃料燃烧的减少吗？然而，在大多数社会情境中，很少存在单一的原因造成特定后果。在汽车事故的案例中，不仅是司机的酒精摄入水平，还有车辆状况、天气状态、道路标志与乘客的行为，都需要被考虑在内。在大多数社会情境中，多种因素都在起作用，单一的原因不可能通过可控实验独立出来。每一个事件都是独一无二的，发生在与它相关的背景网络之内。

以上的说明有助于独立看待原因、过错与罪责的差别，这些都是反思世间行为道德准则时惯用的说辞。说 x 造成了 y，是关于结果 y 满意与否的中性的说法。空气中的二氧化碳所造成的热量被困在大气层之内，这本身是无关紧要的。它只是事实而已。但是，责怪的语言暗中传递了对于结果 y 的某种判断。说大气中日渐增加的热量被归咎于二氧化碳，这不只是一个因果表述。它事关因果，但不止于此。它是在说这种结果——更暖的大气层——在某种程度上是，并且在某些感兴趣的群体看来，就是一种有害的结果。由此更进一步就是应受责备的问题或道德过失。假如空气中过量的二氧化碳是火山爆发的结果，人们不会断言火山有道德过失。但是，如果因为一个人类行动者在充分考虑其有害后果的情况下还蓄意燃烧化石燃料，致使二氧化碳进入空气，这一情况则有所不同。在这里，燃烧化石燃料是应对过剩的二氧化碳“负责”的行为，但是，人们还可能有权声明，犯下这一过错的人类行动者要为这种后果承担道德责任。

人类有强大的欲求去为破坏性后果寻找因果解释，换句话说，去构建一套归责的叙述。甚至有一种把负有责任的行动者孤立出来的愿望，去辨认出被认为是能为这些后果做出解释的应负道德责任的行为人。这样的叙述是社会处理灾难和不幸事件的手段。没有在文化上可信和统一的责任解释，世界将会成为一个可怕的和变化莫测的地方，以至于无法在其中安居。因此，对一个社会来说，把洪涝归咎于暴雨是有益的。然而，更令人满意的是，至少在某些文化中，可以把洪水归咎于上帝的行为，或是归咎于激起上帝行动的人类行为（参见第四章）。或许，更令人满意的还是把洪水归咎于不合格的排水维护、糟糕的土地利用规划或不得力的洪水防御，而且在当代世俗文化看来一定如此。在如此这般的现代主义文化中,"……(指责的)的目标已经从冷酷的自然和有罪的受害者转向了有过失责任的地方执政官或者是持续存在的社会不平等"(Janković,2006:40)。确实,这种推理是乌尔里希·贝克(Ulrich Beck)所说的风险社会的特征之一(参见第七章)。没有什么可以被当作纯粹的事故或是"天灾"(Act of God)。越来越多地出现了一种对所有不利的自然和社会现象逐渐增大的问责需求,在许多文化中,与这种情况相伴的是诉讼的增长。试图对个体施加控制的社会与政治机构需要确认可能受到相应奖励或惩罚的责任人。

对归责理论的粗略涉猎为接下来的两个部分提供了一个背景。首先,我将详细描述问题的情境,包括历史语境和当代语境,气候在这些语境中被当作对特定环境或结果的一个有用的因果解释。其次,我将思考气候-变化观念满足需求的各种情况,不只是为了因果解释,而是为了指认可以对有害后果负责的行为者。达到这一目标至少可以在理论上引入解释、矫正以及弥补所受损害的可能性。我的例证解释了为什么世界上这类植根于气候的因果解释和归责解释现象无处不在、经久不衰,并且在某种意义上让人感到欣慰。

我希望引起人们注意的是,还有另外一个作为肇事因子的气候面向。这就是新近被历史学家弗拉基米尔·扬科维奇(Vladimir Janković)提出来的一个论点,它涉及拜物教观念。根据辛普森的说法(Simpson,1982:xiii),拜物教出现于内心"不再意识到它自身创造了外部的影像或事物,而是随后把自己假定在某种从属关系之中"的时候。因此,扬科维奇(2014)认为,可以把气候当作一个物神(fetish)来看:一种由人类发明的观念——这是本书的核心论点——并且是一种让我们在想象中把自己放入臣服关系的观念。作为一个物神，气候被认为是一种凌驾于人类想象、生理、物质制品和社会体制之上的不合理的力量。我在接下来的两个部分中探讨的正是人与气候之间这种压迫性的关系。

怪罪气候

西方思想家有一个悠久的传统，它认为某些气候是有利于良善的性格和更高级文明生活形态的（参见第二章）。这在思考气候与人之间的关系时曾经是一种占主导地位的说法，历史学家克拉伦斯·格拉肯（Clarence Glacken）曾带有调侃性地总结道：

> ……温暖的气候造就热情的天性；寒冷的（气候）造就体力和耐力；温带气候带来心智的优越；在非生理学理论中，肥沃的国土造就宽厚的民族，而贫瘠的土地则使人勇武。（Glacken，1967：81）

然而，这一经久不衰的比喻是对受人欢迎的人类贡献的正当化解释，而与不利后果的归责问题关系不大。某些人群、某些区域、某些社会天然地优越于他者，源于他们栖居于其中的气候的恩赐。气候变成了一种恩典的工具，而不是责任的源泉。尽管有许多这样的论点已经被当作纯粹的事实描述来表达，但它们作为人类自大、自负和剥削的正当理由被使用得太随意、太频繁了。

另外一个处理气候的起因力量的不同框架是文化内省框架。依照人们的观点，气候既不是赏金和好运的给予者，也不是搅局者。对比一下这两个来自 19 世纪中期英国日报的文化反思的例子：

> 英国的气候(……)使生活索之于土地的所有物质必需品都得以完备；它还赋予了健壮的骨架，并且在居民身上留下了富有活力和坚忍不拔的性格，这些在东方气候的懒散之中，或北方天空的严谨之下，是不可能得到发展的。(《每日新闻报》，1850 年)

> 我们多变的气候已经在使用它抵制劳动的权力，并且让我们的人民希望落空，还扬言要在我们收获之时把许多来自辛勤与匠心的果实从我们手中夺走……一个人口如此众多的国家，让自己的生计任由一种如我们的(……)一样反复无常、变化多端的气候来摆布，那将是一种孤注一掷的行为和不道德的自杀。(《泰晤士报》，《过去几天里违反时令的气候》，1852 年 8 月 18 日)

不管怎样，无论是英国被气候变得更高尚还是更虚弱，这些公共评论都在向作为物神的气候鞠躬，把它的神秘力量抬高到国家的道德和经济命运之上的地位。

气候还常常被援引来(帮助)解释文明的衰落和/或崩溃。这种历史气候学的著名用例之一是爱德华·吉本(Edward Gibbon)对罗马帝国兴衰的解释。吉本暗示，削弱了帝国农业经济的农业产出的下降有气候的根由，正如来自中亚的匈奴人和哥特人的迁徙导致了公元 4 世纪与罗马人的军事冲突一样。这个比喻的更晚近的例子集中在希腊的迈锡尼文明、美洲大平原的第一民族印第安人以及非洲西部的马里王国。里德·布莱森(Reid Bryson)和托马斯·穆雷(Thomas Murray)在他们的研究成果《饥饿的气候》(*Climates of Hunger*)一书中,提供了对持续性干旱如何逐渐削弱这三个社会稳定性的详细个案研究(Bryson and Murray,1977)。类似的细致的考古学和古气候学工作已经显示,公元9世纪左右玛雅文明的终结是由一场严重的干旱触发的。在这里,是屈从于这些气候力量不可避免的社会命运,还是服从马克思的历史唯物主义(据此,一个社会经济生产方式的物质条件决定其未来的发展)所展示的命运,这两者之间存在一种有趣的对应。

除了解释种族差异(比如,优越性)或社会崩溃,把气候作为原因的第三种部署是被用来遮蔽和赦免政治责任的。气候被迫去做政治工作的一个例子就是国际联盟在两次世界大战期间关于贩卖人口的论争(参见专栏6.1)。但是,还有许多其他例证,诸如对苏丹沙漠化、印度饥荒和美国城市酷热期所造成的死亡现象的解释。利用气候对这些社会疾病做出自然论的解释,这可能是出于政治的"整洁"和便利,但是,它对政治责任产生了一种免责的效果。针对这些"气候-作为-过错"(climate-as-blame)的叙述中的每一种情况,都曾有人提出过许多有影响力和说服力的反叙述,它们依次是:阿玛蒂亚·森(Amartya Sen)的《贫困与饥荒:论权利与剥夺》(*Poverty and Famines: An Essay on Entitlement and Deprivation*)(Sen,1981),迈克·戴维斯(Mike Davis)的《维多利亚晚期大屠杀:厄尔尼诺饥荒与第三世界的形成》(*Late Victorian Holocausts: El Niño Famines and the Making of the Third World*)(Davis,2002)和埃里克·克兰纳伯格(Eric Klinenberg)的《热浪:芝加哥灾难的社会解剖》(*Heat Wave: A Social Autopsy of Disaster in Chicago*)(Klinenberg,2002)。推卸责任这种现象在安娜·卡尔森(Anna Carlsson)对1928年伦敦水灾的研究中被巧妙地捕捉到了,这次水灾导致了14人死亡和大面积的破坏。在水灾过后的几周里,这个事件成了相当大的公共论争的话题,地方当局把水灾归咎于例外的天气状况而不是抗灾准备计划的缺失。一家全国性报纸,《每日镜报》(*The Daily Mirror*),迅速做出了反应:

> 根据他们自己的说法,地方当局将被原谅——因为像这样的天气状况"史无记录"。尽管英国人普遍有一种错觉,我们的天气(……)总体上是稳定、温和的,正如我们会说,"是正常的"(……)我们似乎总是在很不专业地与据说是"例外的"天气搏斗。(引自Carlsson,2009:92;着重号为原作所有)

对事件的各种各样的官方调查结果是,应该受到指责的是气候,而不是伦敦的规划者,这场灾害是"自然力量或是神力的结果,是无法防御的"(Carlsson,2009:94)。

专栏6.1:气候与同意年龄

1921年夏天,国际联盟关于人口贩运的第一次大会在日内瓦召开,参会代表来自34个国家。他们的目的是正式批准1910年的《禁止贩卖白奴国际公约》。潜在的目标是保护被贩运的女孩,使之免于沦入卖淫生涯,并且还为此设定了一个普适年龄,在这个设定年龄下从事卖淫将是非法的。为性同意年龄(age of sexual consent)确定的国际标准是21岁,这将会使更多的人口贩运者受到控告。但是,这些会议很快就陷入了困境,事关流行于不同国家的不同的文化规范对于同意年龄与合法婚龄的设定。一项豁免“东方国家”和“热带殖民地”年龄标准的提议遭到了拒绝。1921年在日内瓦没有达成共识，相关的协商在20世纪20年代到30年代的一系列会议中一直在进行。

这些持续展开的有关性活动年龄差别的讨论聚焦于第一次月经或称月经初潮的年龄。而且，正是在这个问题上，气候，尤其是国家的平均温度，作为一种有用的解释力进入了讨论。法国、波兰和意大利代表把气候当作一件趁手的武器去捕捉各国性风俗间的差别，具体而言，就是月经初潮。他们对单一的国际标准进行非常成功的反击，并且进行游说，希望把国家间的差别放在气候这个解释性变量上。比如，在1931年的一次会议上，意大利代表指出，“给未成年人固定一个国际年龄是不公正的，因为不同国家的社会与气候环境往往会改变这个年龄”(引自Tambe,2011:114)。对所有人群来说，非常明显的是，各个国家在性实践方面是有差别的，把气候观念作为月经初潮的控制力，这为那些防御性的辩护提供了一种符合自然规律的确定性。最终，人们接受了气候决定月经初潮差异的断言，这阻止了国际联盟在国际同意年龄标准上达成一致，因而对反人口贩运的目标之一构成了阻力。

在相互冲突的帝国主义的民族主义表达方面，气候充当了一种温和的手段，这在国际联盟内部是奏效的。在这个舞台上，外交官们试图就同意年龄问题达成一个更易接受并少有争议的符合自然原则又体现文化差异的一致意见。凭借19世纪就已开始流行的种族科学，气候在性实践的民族差异方面提供了一个便利的指标。与气候相关的承担罪责的能力(imputed power)在国家间的等级关系中发挥了重要的意识形态作用。气候，既不是第一次也不是最后一次，进入了生命政治——权力制度试图管控人类生活过程的那些政策和手段——的图谱。

（资料来自 Tambe，2011）

怪罪气候-变化

虽然很久以来气候在文化话语的解释性范畴中一直是灾害的成因和咎责的对象，但要把气候作为社会疾病和社会失常的一个可指责的道德动因却并不容易。或者说，至少在它确实负有责任的时候，气候也不过只是身居后台的罪魁祸首的替身而已：它们通常是指上帝、诸神和精灵，无论其是否被人类行为激怒。然而，新近的气候-变化观念，我用这个概念意指从自然的角度来说因人类对大气的改变而造成的自然气候的变化（参见第四章图 4.2 中的路径 4），为其提供了一种不同的转换。气候-变化罪责的承担者将不在神灵界寻找，而是在人类世界，无论它们是人类全体、富人、西方化的人、资本主义制度还是狂妄的技术。把气候-变化作为有害的社会或自然现象的原因，这就提供了一种可以预见的前景：难辞其咎的责任者可能会受到追究。在这个意义上，气候-变化变成了一种有吸引力的对世界上诸多疾病的自然论解释，因为它满足了人类对责任的需求。将受到审判的，既不是神也不是灵，甚至也不是负有责任的"自然力"，但是，从一种非常现代主义的眼光看来，这就是一群人可以让另一群人去承担责任（参见第四章）。既然有许多无处不在的社会的、生态的和经济的疾病正在大规模地袭击当今的世界，它与气候变化的规模（即全球性运作的规模）是相等的，这解释了这种归责叙述的惊人成功。在这个意义上，气候

-变化讽刺性地承担了近乎神一般的权力。假如气候-变化不是一个物神，它也正处在变成一个类似物神的风险之中。

作为可指责对象的气候-变化的无处不在，这从今天的网站[①]和媒体平台的下列任何数字中都很更容易得到证明(参见图 6.1)。在可供我选择的数百个案例中，我在这里只从被归因的诸种现象的范围内选取 6 个案例，它们或者是已经发生的，或者是被断言因未来的气候-变化(或是其同义词，全球变暖)而即将要发生的。这个小型案例的取样并非依其科学的严谨性而选，也并未依据正被使用的那些有效的证据标准。我只是想用这些案例来证明正在由于指责气候-变化的公共声明而得以完成的文化、心理和政治工作。

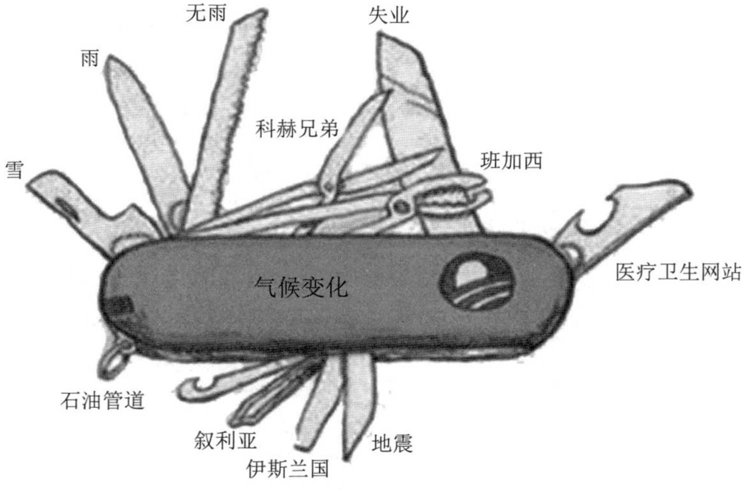

图 6.1　气候变化：一切问题的缘由(来源：2014 年 9 月 Watt's Up With That 网，https：//watt'supwiththat.com/2014/09/30/climte-change-created-isis-is-now-49-on-the-official-list-of-things-supposedly-caused-by-global-warming/)。

---

① 比如，可参见这个网站：《造成气候变暖事物全名单》，http://www.numberwatch.co.uk/warmlist.htm(2016 年 5 月 12 日访问)。

·“全球变暖正在帮助美国的死敌基地组织以及阿富汗的塔利班组织”[①]。

·“气候变化已经把曾经活泼喧闹的栖居带向了极端的沉寂，因为在那里栖息的动物鸟类、青蛙和昆虫，要么绝迹，要么彻底改变它们的迁徙模式”[②]。

·“气候变化正在推动陆地和海洋的物种变化”（Blanchard，2015）。

·“有明确的迹象表明，随着全球变暖的紧张状况进一步加剧，战争的可能性也可能增加……一场热战！……一场第四次世界大战”[③]。有关“气候-变化造成战争”叙述的另外事例请参见专栏 6.2。

·“全球变暖可能使世界的栖居者变得怪异和焦虑不安……给他们带来癌症，并且更糟的是，让他们遭受性功能失调”[④]。

·“截至 2030 年，气候变化将会使非洲冲突的风险增加 54%，这将导致累计增加的战死人数达 393 000 人”（Burke et al.，2009）。

---

① 2009 年 10 月 10 日，ABC News：《基地组织与塔利班组织得到全球气候变暖的帮助》，http://www.newsbusters.org/blogs/noel-sheppard/2009/10/10/abc-al-qaeda-taliban-being-helped-global-warming（2016 年 5 月 12 日访问）。

② Accu 天气预报网站，2013 年 10 月 19 日：《气候变化正如何危及自然之声?》http://www.accuweather.com/en/weather-news/climate-change-jeopardizes-the/18852750（2016 年 5 月 12 日访问）。

③ 2009 年 1 月 4 日，Treehugger 网站：《全球变暖将会造成第四次世界大战吗?》http://www.Treehugger.com/corporate-responsibility/will-global-warming-cause-world-war-iv.html（2015 年 12 月 11 日访问）。

④ WND 新闻，2010 年 1 月 5 日：《不热！你的性生活被全球变暖击中》，http://www.wnd.com.2010/05/147617/（2016 年 5 月 12 日访问）。

专栏 6.2：气候-变化与叙利亚内战

2015 年的最后几个月，在巴黎第 21 届联合国气候变化大会(CPO21)的气候谈判之前的数周里，许多社会评论家、政治家、非政府组织以及政府委托的报告开始公开地把叙利亚内战与气候-变化联系起来。一个值得注意的声音是英国王位继承人查尔斯王子。他对天空新闻说，“确实有非常好的证据表明，叙利亚这场恐怖事件的主要原因之一就是持续了大约五或六年的干旱”，他还补充说气候变化正在对冲突和恐怖主义产生“巨大影响”[①]。其他人也是如此，奥巴马总统、阿尔·戈尔(Al Gore)以及民主党总统候选人伯尼·桑德斯(Bernie Sanders)，也都谈到了气候-变化和叙利亚冲突之间的联系，桑德斯甚至认为，“气候-变化与恐怖主义的发展直接相关”[②]。

这不是第一次把战争归咎于气候变化。在 2007 年，联合国秘书长潘基文声称，“达尔富尔(Darfur) 冲突以生态危机开始，至少是部分缘于气候-变化”[③]。这些断言背后的论点是这样的：

① Mills, R.(2015)《查尔斯：叙利亚战争与气候-变化相关》，《天空新闻》(11 月 23 日)；见于：http://news.sky.com/story/1592373/Charles-syrias-war-linked-to-climate-change(2016 年 6 月 11 日访问)。

② Schulman, J.(2015)《伯尼·桑德斯：是的，气候变化仍然是我们最大的国家安全威胁》，Mother Jones (11 月 4 日)；见于：http://www.motherjones.com/environment/2015/11/bernie-sanders-climat-change-isis(2016 年 6 月 11 日访问)。

③ Ki Moon, B. (2007)《达尔富尔冲突的气候肇因》，《华盛顿邮报》(6 月 16 日)；见于：http://www.washingtonpost.com/wp-dyn/content/article/2007/06/15/AR2007061501857.html(2016 年 6 月 11 日访问)。

进入大气层的人类排放物正在改变世界天气模式；因此，干旱地区的旱灾变得越来越频繁或越来越严重；这减少了获得诸如水或食物等稀缺能源的途径；人们最终被迫离开自己的土地，要么迁入城市（叙利亚），要么进入不同族群的领地（苏丹）；其结果就是民众的紧张、冲突和战争。因此，这种因果推理就推断称，这样大规模的迁徙和民众冲突只是由未来的气候变化导致将要发生的一切的一个预演。例如，做过 11 年英国自由民主党领袖和前陆军军官的阿什顿勋爵这样说道："当我们见到由全球变暖造成的大规模的人口迁徙时，我们现在所有的逃离战区的难民数字即将被减小到几乎为零。"①

我引述这个指责气候-变化的例证，不是因为指责的证据基础必须坚实。事实上，它并不坚实，正如一个学术研究的主持人曾经在涉及达尔富尔战争时所讲的那样。"气候变化导致战争"的断言需要用社会关系如何变得稳定和不稳定这一厚重的文化和政治分析来加以中和。相反，我接受这个例证是因为它是公众声称气候变化和战争有联系的一个异乎寻常并且有文化影响力的例证。就像我先前在美国内战和国际联盟的例子中显示的那样（参见专栏 6.1），气候（在这种情况下或者说气候-变化）被动员去承担政治任务。如果说大规模迁徙、冲突和战争被认为是由气候-变化造成，而不是由政治压迫、种族冲突或腐败的资源管理造成的，那么，政治和外交干预方向的转变只是为某些利益服务，而罔顾其他。

① 《真相》(*Truthdig*)，2015 年 9 月 9 日：《世界必须避免毁灭性的气候难民的泛滥》，http://www.Truthdig.com/report/item/world-must-avert-devastating-flood-of-climate-refugees-20150909（2016 年 5 月 12 日访问）。

这些例证满足了人类对有害后果因果判断的需要，它们有两个主要的功能：分派过去有害事件责任向后看的功能和寻求在未来避免有害事件往前看的功能。气候-变化是一种塑造世界的巨大力量，正是因为它似乎提供了一种整体的归责解释。什么正在造成塔利班组织的壮大、鸟类的沉寂、鱼类的迁徙、叙利亚走向战争、人类性功能的失去、非洲人的相互残杀？这就是气候-变化的角力场，它把当代的疾病连在一起，形成了一种整体性的过错解释和责任归属。它提供了前景：如果气候变化可被阻止，那么，世界将变成一个更加安全、更加公正和令人满意的生存之地。这是一套元叙事，具有神话的维度，因此具有普遍的文化魅力。

这个叙事以类似于转变政治责任的方式在起作用，与前文引述的伦敦水灾的例证中"气候"如何被追责的方式相似。印度文化人类学家纳扬尼卡·马图尔(Nayannika Mathur)的著作可以说明普遍的情况(Mathur，2015)。在印度北部的喜马拉雅山边缘，人类-动物的冲突长久以来成为引起关注的一个原因。因为儿童和成人被豹子伤害致死事件的增加、喜马拉雅熊越来越具有攻击性以及一个被保护物种麝鹿数量的逐渐减少，近期村民与国家官员的争执再度爆发。马图尔的叙述也可以显示气候-变化是如何被用作一个解释范畴的，以在国家和联邦层面服务于政治利益。豹子和熊的攻击，以及麝鹿的数量锐减都被归咎于气候-变化。对吃人的猫科动物和具有攻击性的熊来说，气候-变化可能使注意力偏离国家官员为野生动物管理提供受过训练的猎人和适当装备的责任。在麝鹿的个案中，气候-变化为国家准许的偷猎提供了便利的遮挡。气候-变化正在掩盖地方政府的各种恶行。正如马图尔的解释：

> 国家的代理人正在积极地尽量利用气候变化的说服力去制造一种语言，它可以被他们的位于遥远的国家首都的上级理解和接受……有一些对于气候变化特别具有说服力的说辞（作为一种解释形式），尤其是在被诸如国家或国际的正式机构庄严宣布的时候。(Mathur，2015：101)

本章小结

把气候提升为人类生理和心理的（主要）决定因素已有很长一段历史。还有一段历史，气候被当做自然景观、生物进化、人类冲突和经济实力的主要决定因素。文化上可信并有说服力的过错与罪责解释满足了人类的社会和心理需求。在一个复杂而混乱的世界，这种集体构建意义的方式使得社会机构能够发挥功能，而且让社会能够被控制。在本章中，我已考察了多种多样的社会和心理现象被归咎于气候及其变化的某些方式。这并不新鲜。历史上由气候造成或被归咎于气候的事物的范围无边无际。战争、经济状况、街头暴力、政治专制、饥荒、房地产价格、自杀、月经初潮年龄——以及更多的现象——都曾经用气候“解释”。我还探讨并试图解释为什么当代气候-变化现象在今日的世界中变成这样一个无所不在并有吸引力的责任范畴。然而，既然复杂的社会现象无从求解，它们有时被人称为“棘手问题”，那么，把气候提升为对世界状况的解释性说明（气候决定论），或者实际上是把未来还原为气候（气候还原论），都是存在风险的。在两种情况下，某些人类能动作用的体现和某些政治责任的形态都遭到了贬低，这将导致社会、经济和环境现实的不完整和不稳定。在下一章中，我将把注意力从对气候被带入追责叙述方式的考察，转向另一个问题：气候以何种方式出现于担忧、恐惧和风险的叙事之中。

延伸阅读

Clark, N. (2011) *Inhuman Nature: Sociable Life on a Dynamic Planet*. London: Sage.

Fleming, J. R. and Janković V. (eds) (2011) 'Klima', *Osiris* 26 (1).

Rudiak-Gould, P. (2015) 'The social Life of blame in Anthropocene Environment and Society', *Advances in Research* 6:48 - 65.

第七章 畏惧气候

引言

2007年2月3日，星期六，联合国政府间气候变化专门委员会发布其《第四次评估报告》之后的那一天，英国的五家一流国家日报都用首页整版刊登了警示气候变化后果的故事。《独立报》提供了对于2100年气候的五个不同预测，所预测的五个不同世界在相同程度上都以2.4—6.4℃的增量变暖。打印在一个有橙色的火球般地球的背景上，它们正式宣布这个范围的高值对地球上的生命将意味着什么：

> 最后的警告。根据联合国昨日的报告，到2100年，世界将会是一个更热的地方。这将影响……
>
> **（变暖6.4℃）大多数生命灭绝。**
>
> 变暖的海洋导致陷入海底沉淀物中甲烷水合物的释放；甲烷火球撕开天空造成进一步变暖。海洋失去氧气并变得污浊的同时，释放出有毒的硫化氢气体，破坏臭氧层。沙漠几乎扩展到北极。“超热带气旋”（不可想象的凶猛飓风）环绕地球，造成剥光

地表土壤的暴洪。人类减少到几个幸存者勉强维持一种极地避难的生活。随着温度上升，高出过去数亿年的温度，地球上的大部分生命都被消灭了。

（资料来自 Lynas，2007）

这是一幅未来气候大灾变的景象，与地球的终结和在基督教《圣经》的最后之书中见到的耶稣的第二次来临产生了共鸣。在《启示录》（又名《约翰启示录》）中，人们可以发现这样的描绘："就有雹子与火搀着血丢在地上""海中的活物死了三分之一""众水的三分之一变苦。因水变苦，就死了许多人""日头和天空，都因这烟昏暗了"[①]。无论是真实的还是想象的，这种无度的气候以及它们激起的可怕反应都不时打断人类历史。1783 年 7 月，当一场暴雨在冰岛的拉基火山（volcano Laki）爆发之后席卷大地的时候，英国南部民众体验到的恐怖仅是其中的一例："……女人们尖声哭叫，奔跑躲藏，普通人屈膝祷告，全镇上下笼罩在极度的恐惧和慌乱之中。"（《埃克塞特飞行邮报》1783 年 7 月 10 日；引自 Grattan and Brayshay，1995：130）尚不清楚的是，《独立报》的编辑是如何从联合国政府间气候变化专门委员会第一工作组在前一天发布的相当冷静的报告中摘取这则头条新闻的，但是，这种对气候科学的夸大性解释的目的确实是一种司空见惯的做法：它是环境大灾变的一个比喻（Buell，2004）。

人类文化总是能够围绕直接的和间接的对于陌生、危险或被预示的气候经验构建恐惧叙事。从早期希腊人关于赤道地带的酷热气候无法栖居的观念或者莎士比亚时期英国有预兆的气候事件

① 《圣经·启示录》，选自第八章第八至十一节和第九章第二节。

(参见专栏 2.1),到詹姆斯·洛夫洛克(James Lovelock)2006 年的《盖娅的报复》(*The Revenge of Gaia*)一书,混乱无序的气候具有影响人类群体的潜能,它们令人心神不宁并且导致焦虑、担忧和恐惧。历史学家卢西恩·博亚(Lucian Boia)曾经这样描述这种人类天性:“人类历史以一种特有的焦虑为特征……好像是有什么东西或什么人正在持续不断地设法阻挡世界的推动力——尤其是它的气候。”(Boia,2005:149)当代气候-变化话语的语言如上述《独立报》所表明的那样,常规地利用了包括“危险”“引爆点”“崩溃”“灾难”“恐怖”和“灭绝”等全套语言。世界气候的这样一种崩溃很容易与《约翰启示录》中的末日四骑士联系起来:战争、饥荒、瘟疫与死亡。

* * *

在本章中,我将考察取自不同历史时期的与气候混乱相联系的恐惧话语。这类话语总是位于历史、地理和文化之中。这些可怕的气候想象是被特定文化所塑造的心理对所经历或所设想自然事件的一种反应。它们是自然在人类精神上留下的不可避免的印记。混乱的气候所导致的恐惧话语是对权力的命令式要求,也是对行动的吁求,无论是个人的改变还是政治的变革(忏悔或革命)。对气候恐惧话语文化维度的理解还为有目的地再造气候的冲动(参见第十章)以及如何想象未来气候(参见第十二章)提供了洞察力。然而,尽管当代的气候恐惧已经出现——不管是通过对新自由主义的全球化的抵抗、通过风险社会的出现,还是通过人类对未来的本能的焦虑——只有通过文化的变革,它们才会被同化、重构或消解。

这一章分为三节。首先,我研究了气候变化如何与生存威胁的叙述相关联；其次，我探讨了气候波动与极端气候和崇高的恐惧之间的关系；最后，我思考了气候焦虑在当下是如何体现乌尔里希·贝克的风险社会的概念的。

生存威胁

至少对中东和西方文化来说，气候灾难和生存威胁的叙事原型是洪水神话。我在第四章中已经在气候变化因果解释的背景下对此做过考察。记载于公元前两千年的《圣经》中的(或称诺亚)洪水，是由神意所定的空前降雨造成的。它造成了所有有情生命的毁灭，除了诺亚、他的家人和成对的生物因上帝的仁慈而得救。一个类似的结果也出现在公元前四千年苏美尔人的洪水神话中，人类只能通过哲学王阿特拉哈西斯所建造的方舟而获救(Salvador and Norton，2011)。

气候变化作为生存威胁一直保留在当代的文化想象中，全球洪水仍然是最广为人知的能够意识到这种威胁的神话叙事之一。在诸如詹姆斯·格雷厄姆·巴拉德(J. G. Ballard)的小说《被淹没的世界》(*The Drowned World*，1962)以及近期的电影如《后天》(*The Day After Tomorrow*)和《愚昧年代》(*The Age of Stupid*)(参见第八章)等许多流行的虚构写作和电影剧本中，它都唤起了人们的记忆和感情。2004 年发行的好莱坞灾难电影《后天》曾轰动一时，它利用洪水神话对即将到来的气候变化的灾难叙述进行了戏剧化的处理(参见专栏 7.1)，同时，宗教性的非政府组织的方舟行动(Operation Noah)则明确利用诺亚洪水来标明其身份以及受到信仰启示的运动使命。颇有影响力的环境科学家詹姆斯·洛夫洛克在他出版的著作《盖娅的报复》中也提到洪水的残余部分——

“有限的几对”——“数以亿计的我们将死(于气候变化)”,他断言“在北极将有很少几个能繁殖配对(breeding pair)的人会幸存下来,那里的气候到21世纪末还仍然可以忍受”(Lovelock,2006)。

专栏7.1:气候与世界末日

环境运动常常利用末世想象来劝说恐惧和警觉的人们相信危险的现实或即将发生的未来灾难。弗雷德里克·布伊尔(Frederick Buell)的著作《从大灾变到生活方式》(*From Apocalypse to Way of Life*)(Buell,2004)追溯了这种修辞的历史以及它怎样吸引左派和右派的政治人士,此书的论题颇有价值。然而,较之于自然世界的戏剧化和无法自控的终结,以及其中所内含的恐惧和失落,末世观念在西方的想象中具有更加丰厚的意蕴。布伊尔确认了犹太-基督徒末世论传统的四个特征,它们同时有助于解释利用末世观念转变对于气候失序忧惧交加的宿命论思想的丰富内涵。在布伊尔看来,末世观念的第一个要素就是与过去的突然断裂和失联。第二个要素是对这一破裂怎样导向终结的一种持重的叙述,如果其间没有变化发生,这种终结通常是剧烈的和不辨方向的。第三个要素是一种宇宙启示——诺斯替教的和神秘的——这种断裂和终结的真正意义。这种启示内部包含着救赎的希望和允诺,包含着一种未来能够被改变的意思。第四个要素是最后审判的观念,万能的创造者把被拯救者与被诅咒者分离开来的观念。在把这样一种对末世论的神学解读运用于历史以及当代对于气候变化的恐惧的时候,人们可以看出两者在叙事结构上的相似性,而且,其中还蕴含着一些重新解释利害关系的机会。

斯特凡·斯科里姆夏尔（Stefan Skrimshire，2014）认为，这些理解大灾变的神学传统有三个方向可以被应用于气候变化的案例。第一是在大灾变叙事中识别出对人类的结构和权力的极度悲观，要认识到气候失序对现代主义的人类控制一切的幻觉的挑战。第二，或许自相矛盾的是末世论强调了人类所扮演的戏剧化角色，因为人们要去确认什么才是应对此类事件恰当的道德反应，并且在一部正在展开的宇宙戏剧中选择站在善的一方。根据气候成因的文化分析，对大灾变的道德反应各不相同。1703 年 11 月，在可怕的暴风雨造成的恐惧之后，英国的国家反应是在上帝面前做一天的忏悔，由国王和其他的达官贵人带头。如今，更可能出现的情况是对社会正义的呼吁、对限制炫耀性消费或是文化变革的要求。第三，大灾变还可能是宣泄性的，是世界究竟出了什么问题的一次暴露。“（大灾变的）启示……意味着对社会关系、与非人类生命关系以及统治世界的虚假偶像堕落的真相的了解。”（Skrimshire，2014：244）把气候混乱解释为大灾变，这并非单纯出于害怕和宿命论；它是在唤起人们的注意：在自身以及在人与世界关系方面有哪些需要做出改变。

一种产生于古代世界的不同的恐惧叙述也涉及由于热量过剩或不足而导致的不可栖居的气候观念。例如，亚里士多德把世界分成五个气候带，对称分布于赤道的两侧。其中的两个气候带被称为可居住的世界（*oikoumenai*），在南北两个半球的温带地区，位于热带地区与相对应的北极圈和南极圈之间。横跨赤道的是由北回归线和南回归线划定了界限的赤道带。根据亚里士多德的说法，这个酷热的地带“……对于人类生活所必须的溪流和草场来说过于炎热”，而在南北极的纬度上“……严寒阻止了人类的栖居”

(引自 Martin,2006:3)。这个叙述的一个当代版本正围绕世界上已经很炎热地区的气温上升前景而逐步形成。比如,近期的一项科学研究表明,阿拉伯湾的湿球温度(wet-bulb temperatures)在本世纪因气候变化可能会接近人类可生存的临界阈值(Pal and Eltahir,2016)。这项研究引出了媒体的头条新闻:《波斯湾热:天气可能变得太热以致人类无法生存》[①]以及不那么谨慎的《到 2100 年为止,中东已不可居住》[②],这是亚里士多德热带观的未来主义修订版。

亚里士多德宣布禁止人类栖居不仅仅是因为极度炎热,而且也因为寒冷过度。在这个问题上,也有对气候变化造成冰川推进和冰盖增长的恐惧,几个世纪以来这种恐惧反复出现。斯特凡·布朗尼曼(Stefan Brönnimann)从 20 世纪初期瑞士关于气候、景观和旅游的海报、杂志和报纸文章中发掘出了视觉影像。阿尔卑斯山脉冰川推进的主题经常被这些瑞士环境的再现当作背景。正如 1919 年一本小册子的一位编者的评论所说,"某种类似于**我们祖先恐惧已久的**东西似乎又借尸还魂了,即有关的摧杀万物的全球冬季的说法。与此同时,人们相信,破解了这个冰川纪秘密的人,将会理解当今的天气魔法"(Bölsche,1919:13;着重号为本书作者所加)。在更晚近的电影艺术形式中,最有可能为新类型的气候虚构(Cli-Fi)电影构成故事情节的气候极端状况,是地球滑落进一个冰川纪以及因此而被唤起的对人类灭绝的恐惧(Svoboda,2016)。

---

① CNN(2015) 10 月 28 日,《研究警示波斯湾热:天气可能变得太热以致人类无法生存》,http://edition.cnn.com/2015/10/27/world/persian-gulf-heat-climate-change/(2016 年 5 月 13 日访问)。

② A Changing Climate 网,2015 年 11 月 13 日,《到 2100 年为止,中东已不可居住》,http://achangingclimate.org/2015/11/13/middle-east-uninhabitable-in-2100/(2016 年 5 月 13 日访问)。

人类所面临的生存威胁以很多的表现形式出现。剑桥大学生存风险研究中心——2012 年与前英国皇家天文学家马丁·里斯(Martin Lees)爵士共同创建——把气候-变化的威胁作为五个研究计划之一。除詹姆斯·洛夫洛克和马丁·里斯之外,把气候-变化作为生存威胁的这个比喻用法还曾被另外一些非常著名的非政府组织以及公共人物加以推广。气候-变化与全球战争强加于人类的生存威胁之间的类比至少已经被传播了 20 年。1994 年,国际绿色和平组织在《气候的定时炸弹:来自绿色和平组织数据库的气候变化信号》的题下,发布了第一份关于气候变化影响的报告。这份报告的封面(参见图 7.1)巧妙地通过虚化一个闪着黄色光芒的太阳图像,使之看上去像是原子弹的蘑菇云,暗示了核毁灭的威胁。

在有关伊拉克萨达姆·侯赛因的(最终被证明是虚构的)大规模杀伤性武器论战的高潮时期,一流的气候科学家约翰·霍顿(John Houghton)公开进行大规模杀伤性武器引起的恐惧与气候-变化引起的恐惧之间的比较研究。2003 年夏季,在武装入侵伊拉克之后不久,霍顿就明确做出了比较,"全球变暖的影响竟至如此,我毫不犹豫地将之描述为一枚'大规模杀伤武器'"[①],而在几年以后,物理学家斯蒂芬·霍金(Stephen Hawking)也迎合了类似的恐惧,他宣称"恐怖行动杀死的人只有数百或数千。全球变暖可以杀死上千万人。我们应该打一场针对全球变暖的战争,而不是针对恐怖的战争[②]。"无论是通过洪水还是寒冰,通过极热还是极冷;无

① Houghton, J.(2003),《全球变暖如今已是一枚大规模杀伤武器》,《卫报》,7 月 28 日。http://www.theguardian.com/politics/2003/jul/28/environment.greenpolitics(2016 年 5 月 13 日访问)。

② 斯蒂芬·霍金教授,引自《华盛顿邮报》,《世界末日的钟声离午夜更近了》,2007 年 1 月 17 日,http://www.washingtonpost.com/wp-dyn/content/article/2007/01/17/AR2007011700782-pf.html(2016 年 6 月 11 日访问)。

图 7.1　国际绿色和平组织 1994 年关于全球变暖报告的封面——“气候定时炸弹：来自绿色和平组织数据库的气候变化信号。”（来源：Doyle，2007）复制经国际绿色和平组织许可

论气候变化像一颗原子弹，还是像其他大规模杀伤武器；也无论它是否对人类群体构成威胁；古往今来的人类文化已经找到许多应对的方法，它们对气候及其给人类想象与自然世界造成的变化都持有敬畏的态度。

崇高的恐惧

纵然气候是紊乱而又不稳定的，但在看似是由它们导致的生存威胁引起人们忧惧的同时，还有一种不同类别的恐惧却是由崇高观念引起的。在西方思想中，崇高通常与浪漫主义相联系，并受到了埃德蒙·伯克(Edmund Burke)1757年的名著《关于我们崇高与美的概念之起源的哲学研究》(*A Philosophical Enquiry into the Origin of Our Ideas of the Sublime and Beautiful*)的影响。伯克看到了只引发快感的美与崇高之间的差异。崇高与敬畏、恐惧和危险相联，激起一种相似的精神反应：

> 能以任何方式激起我们痛苦和危险观念的所有事物，也就是说，无论是以什么方式令人恐惧的，或者是与恐怖相关的事物，都是崇高的来源；换句话说，崇高来源于心灵能够感知到的最强烈的感情。[Burke，1968(1757)：39]

在伯克看来，恐惧是崇高的支配性原则，一种崇高的事物对人类的想象具有不可抗拒的吸引力，尤其是在它对自然的强大表现的解释方面。崇高因其压倒一切的力量和广阔浩瀚而被人欣赏，它有令人类望而生畏的能力，所以它几乎被消灭殆尽。在面对大气的浩瀚以及强加于人类心灵的风与天气的威力时，人们体验到的不是纯粹的恐惧，它也是伯克式的崇高的恐惧。

人类对敬畏、恐惧和危险的这种迷恋在遭遇最极端的气候状况时也可以被体会到。比如，既有我在本章开头提到的《独立报》首版故事中的甲烷火球和“超热带气旋”所激起的恐惧感，也有美国的龙卷风追赶者所展示的快意投入其中的近乎迷人的恐惧，以及借助电影和互联网可以通过别人的经验而获得的对天气变化与气候不稳定的恐惧。电影评论家菲尔·哈蒙德(Phil Hammond)和休·奥尔特加·布雷顿(Hugh Ortega Breton)在对近期的气候虚构电影的评论中提到了这一点，“……常常存在一种对(气候的)破坏和毁灭的迷恋，在其中，政治介入被明确拒绝或归于失败”(2014:315)。这就是气候的“残酷无情”(red in tooth and claw[①])。

我认为，出于同样的原因，某些分析师把耸人听闻的极端天气报告和对即将发生的气候混乱的令人毛骨悚然的描述称为天气或气候“色情作品”。英国公共政策研究院(IPPR)在其2006年关于气候-变化如何被用语言和比喻交流的报告中首先使用了色情文学这个比喻(Ereaut and Segnit,2006)。他们观察到，在讲英语的地区，气候-变化的交流常常使用如“令人惊惧、可怕、巨大和超出人类控制等语词，以言过其实或极端的词汇为特征，包含一种紧急的语气和电影化的标记”(2006:7)。这种交流性比喻使观众和读者入迷，诱使他们进入别人遭遇过的崇高的恐惧。正如暴风雨追逐者所体验到的兴奋一样，一个人越是接近大气层令人惊恐的威力的源头，越是能感觉到对它所引起的恐惧的超越。仿佛变成了这强大事件的一部分，观察者——以某种奇怪的方式——变成了它的根源。在沉迷于恐惧的同时，他们继续试图与暴风雨更近地结合在一起，以获得它所提供的超越性的崇高体验。

风险社会

除生存威胁和崇高的恐惧之外，我还要考察气候恐惧的第三个背景，这就是乌尔里希·贝克的“风险社会”观念(Beck,1992)。在贝克看来，日益繁荣、更具入侵性的技术和现代国家的社会复杂

---

① red in tooth and claw，直译为“红牙红爪”，或“红牙利爪”，语出丁尼生(Alfred Tennyson)《悼念集》(In Memoriam)第56首，是被引用最广泛的英诗诗句之一，意指大自然的残酷无情。——译者注

性与政治独立性的增长造成了新的社会心理环境。西方以及其他发达国家的人类关怀如今已很少指向战争、饥饿或政治压迫，他们更为关注的是无处不在的人类技术，它们不可计量并且常常具有被人忽视的副作用。焦虑、担忧和恐惧描绘了这个新世界的环境以及最频繁地与尚未到来的危险联系在一起的情感图景。借助强大的科学预测模型能够抵达的将来把这种公认的和尚未被人们意识到的危险带入了当下。正如贝克本人描述的那样：

> 风险社会意味着过去正在丧失它对当下的决定权。它正在被未来所取代——也就是说，某种不存在的、虚构的和被建构的东西——作为当下行动的基础……预期到的风险就是让当下就范的鞭子。因为**可怕的未来即将来临**，这个投到现实上的阴影越是可怕，人们就越是相信被当下风险的戏剧化处理所引发的焦点新闻(Beck，1997：20；着重号为引者所加)。

贝克所描述的媒体对风险的戏剧化处理，在《风险社会》首版于德国的当年就得到了很好的证明。1986 年，气候灾难(*klimakatastrophe*)这个术语进入德语词汇。在 8 月 11 日，仅在切尔诺贝利的核反应堆熔毁的几周之后，德国主要周刊《明镜》的封面上便登出了一幅处在 10 米水下的科隆大教堂图像。标题只写着“气候灾难”，这个词随后便被德国语言学会选为 2007 年的年度新词。

与气候恐惧相关，风险社会以多种方式证明了自身的价值。其中之一便是通过调动突发事件的叙述(参见专栏 7.2)。通过气候突发事件的宣布，增加了把对于变化无常的气候的焦虑带回到人类的控制之下的希望。但是，这样的一种前景若是想要得到保证，就只能把更大的权力移交给国家，或者，就国家共同体而言，移交给联合国。“突发事件”是一种风险叙事，它改变了气候可以得到治理的条件。

专栏 7.2：气候突发事件

贝克风险社会的话语修辞之一便是公共突发事件。突发事件的观念锻造了利用现代国家的政治体制基本可控的正常状态与具有越出同一体制威胁的不可预测的突发事件之间的区别。因此，当今世界无所不在的突发事件变成了一种策略，旨在保持对现代性管理世界能力的公共信心。如果国家的正常运转被认为不足于应对危险，那么，宣布一个突发事件是国家的附加权力，以便合法地重建正常状态。在今日的文化风险和突发事件中，并不令人吃惊的是，古代对于气候失序的焦虑如今再度浮出水面，被当成了思考甚至是宣布气候突发事件的召唤。考虑一下这些最近的案例：“气候正在接近危险的引爆点，‘祸不单行’、一场全球大灾难的诸多要素正在集结”[①]，“我们这个世界的风险远不止于对气候系统的干预，它正处于一场世界范围的突发事件状态”[②]，“……诸如北冰洋的海冰和北极的冰盖融化等气候突发事件以及热带的粮食危机（都是不可阻止的）”(McCusker et al.，2012：3 039)。

① 詹姆斯·汉森(James Hansen)，2008 年 6 月 23 日给美国国会的证词，《全球变暖 20 年后，引爆点临近》，http://www.columbia.edu/jef1/2008/TwentyYearsLater_20080623.pdf(2016 年 6 月 11 日访问)。

② 气候突发事件研究院网站，http://www.climateemergencyinstitute.con/cei_mission.html(2016 年 5 月 13 日访问)。

然而，是谁把对于某种未来（或现在）的气候状况的漫无边际的恐惧转化成为气候突发事件这个正式范畴？突发事件只能被宣布；它们无法被发现。因此，一个突发事件的宣布就是一个政治行动，一种权力运作，它将不可避免地被用于政治目的。根据定义，突发事件的局面是超常的和例外的。一个突发事件的宣布造成了一种对民主制度来说具有许多内在风险的例外状态：正常治理的搁置、强制修辞的使用、铤而走险的方法、接受审查的议案和军事化（Sillmann et al.，2015）。在出现气候突发事件的情况下，这样一种紧急情况将如何缓和是完全不清楚的。一些评论者认为，在应对未来气候突发事件时，可能有必要在审慎干预的情况下去开发设计世界气候的新技术（参见第十章）。另外一些人则把宣布气候突发事件视为一种与反民主的权力攫取无异的行为。正如社会学家克雷格·卡尔霍恩（Craig Calhoun）在几年前的评论一样，“突发事件的发生，以及对它们进行命名的需求，已经成为主张全球权力的根本原因之一”（Calhoun，2008：379）。

风险社会的另一个表现是恐惧作为对未来气候适当情感反应的正常化，而不是像在以前的时代和文化中那样只是对既存的或过去的气候灾难的反应。在风险社会的情况下，预期的气候变化的媒体化造成了对于未来模糊的恐惧情感的强化。举个例子来说，阅读前文中提到的《独立报》首版的适当的情感反应是什么？在怀疑主义和崇高感以外，最可能释放的情感是恐惧感。我或我的孩子也会出现在这些“勉强糊口的少数幸存的极地难民之中”吗？在一项有关瑞典民众对媒体头条的未来气候展望的阅读反应的研究中，伯吉塔·霍伊热（Birgitta Höijer，2010）揭示了对这些文字和视觉信号反应的情感范围。恐惧是最主要的情感反应。她发现，由科学提供的抽象的未来风险计算被媒体客观化了，它把气候风险作为存在于自然世界的视觉现象加以再现，比如，通过具体的暴风雨、热浪和洪水等。大众媒体把气候变化再现为即将到来的巨大威胁，它的糟糕程度是严重的，而不是可以忽略不计的，而且，它还是一种让人们感觉到无力改变的威胁。正如贝克在他关于风险社会的论文中总结的那样，负面的和恐惧的情绪因此而得到释放。

风险社会深一层的特征是精神健康的恶化，在某些人看来，这是被上述的情感反应激发出来的。英国心理治疗专家罗丝玛丽·兰德尔（Rosemary Randall）曾正式确认了一种她称之为“气候焦虑”的心理状态。气候-变化的展现方式似乎是无法抗拒的，它产生了“可怕的和令人恐惧的未来景象，伴随着枯燥而无效的改变的建议”（Randall，2009：118）。对于一些人来说，不是要把气候恐惧当作崇高来体验，气候失序诱发了绝望、无助和焦虑的情感。兰德尔认为，伤痛和丧失的心理分析模式有助于理解和应对这些气候焦虑症候。直面并哀悼这种与气候-变化相关的想象的丧失是治疗的第一步。她声称，这种感情需要嵌入气候变化的公共叙事，释放情感能量的前提条件需要心理恢复。

本章小结

生态混乱与对未知的未来的恐惧是人类焦虑持久的根源。在本书中，我已展开了一个论点，建议把气候作为一个被人们发明出来的观念，有助于在自然的混乱——天气——中固定一种形式，以使人们得到安居并创造性地应付这种不确定性。在本章中，我已探讨了在这种稳定变得不稳定的时候，在过去对气候失序的体验或未来气候将陷入混乱的断言以强有力的方式滋养了想象的时候，人类情感有可能发生的一切。并且，正如我在第三章中所表明的，气候混乱所导致的恐惧既可被释放也能被抑制，这有赖于那些被不同的个体和文化认为其来源是具有可信度的气候知识。

然而，尽管对气候表现的可怕解释贯穿整个人类历史，这些恐惧却总会经过文化的中介，通过神话和比喻，通过语言和隐喻，或是通过有影响力的媒体或政治利益。例如，“气候稳定”和气候“引爆点”这对迥异的隐喻变魔术般地幻化出两个想象的世界。两者都仍在流通，然而，人们以不同的方式对这些公认的秩序/失序作出反应。那些倾向于把自然系统视为原本脆弱并易于变化的人们更可能把赫然出现的生存威胁视为被感知到的气候变化。或许对拥有不同文化、精神和想象倾向的另外一些人而言，气候危险可能被转向崇高体验或通过对强大的神力的信仰而被减弱。气候恐惧是与更宽广的对于灾难、风险社会、应急事件或心理（不）安全紧密相连。气候混乱存在于想象，也可以通过科学仪器和计算而被发现。我在下一章将要转向气候再现的文化实践。

延伸阅读

Bruckner, P. (2013) *The Fanaticism of the Apocalypse: Save the Earth, Punish Human Beings*. Cambridge: Polity.

Boia, L. (2005) *The Weather in the Imagination*. London: Reaction Books.

Skrimshire, S. (ed) (2010) *Future Ethics: Climate Change and Apocalyptic Imagination*. London: Continuum.

Spratt, D. and Sutton, P. (2008) *Climate Code Red: The Case for Emergency Action*. Melbourne: Scribe Publication.

第八章　再现气候

引言

我在第一章中描述了气候的悖论，也就是说，当你和我都生活在气候之中时，我无法向你显示这个我们都身处其中的气候。我可以感受到风力或紧贴在我身体上的寒冷——这些都是对作用于我的天气直接的、无中介的感觉。可是，我不能“看见”或是直接体验我的气候，不能看见我居住地的气候，更不能看见地球的气候。因此，这就构成了气候的再现问题。气候是一个直觉概念，常见于所有的人类文化，它有助于理解世界。然而，既然是直觉的，它就只能是一种可感——可视——的观念，借助于创造性和政治性的再现工作。

世界上古往今来的哲学家、科学家和艺术家都曾全力攻克这个再现的问题。出自公元 2 世纪亚历山大城的克罗狄斯・托勒密(Claudius Ptolemy)的地图，绘有七种纬度的气候(*klimata*)，是最早的正规的气候再现之一。1817年,亚历山大·冯·洪堡发明了等温线,它把享有共同气候(他根据的是平均气温)的迥然不同的地方用制图的形式连在一起,产生了一些人所说的第一张气候地图。20世纪初期,俄罗斯地理学家弗拉基米尔·科本(Vladimir Köppen)以不同气候充分显示于地表植被特征的观点(这种观念是英国西南部更晚近的伊甸园计划的灵感来源,这是一项生态建设工程,它把科本的几个生物气候封装在许多塑料圆顶建筑中)为基础,研制出了古代世界气候带地图。艺术家们也曾参与到歧义丛生的气候再现活动之中,比如,浪漫派画家约翰·康斯太勃尔(John Constable)及其对英国天空的描绘,以及法国印象派画家克劳德·莫奈(Claude Monet)及其对维多利亚王朝晚期伦敦气候的再现。

冒险进入这一领地的一个更晚近的项目是德国北部一个被称为气候屋(*Klimahaus*)的博物馆和布莱梅港公共教育中心的创建。大半是受到了伊甸园项目生物气候圆顶屋的启发,气候屋邀请到访者"加入我们美妙的气候之旅"[①]。参观者被引领穿过涵盖多个地球气候区的九个"房间",它们是通过与布莱梅港的共同的地理空间归属东经8°而被连在一起的。每到达旅途中的一个站点,游客们就进入一场为视觉呈现这条经线上不同纬度的气候而设计的展览。这些展品和人工制品使人想起气候在塑造生物生活和人类文化差别方面的作用。它们唤起了人们对与每一种气候相应的自然要素的记忆——热或冷、潮湿或干燥;这些都是稳定的条件,因为气候屋中没有天气变化——都由空调进行调控。气候屋

① 气候屋网站,http://klimahaus-bremerhaven.de/en/home.home.heml(2016年5月13日访问)。

还向游客介绍受到精心保护的人类习俗和传统，它们似乎也是稳定的，是饱经气候淘洗的永存的文化画卷。

气候屋[①]是一次展现气候观念的大胆而有意义的尝试，它从托勒密的气候带、冯·洪堡的等温线和科本的生物气候生态学中受到了启发。游客们被引领着走出他们自己的气候，并沉浸于一系列技术控制的内部氛围中。气候屋讲述了一个气候与人类既有分割又有联系的故事。一方面，气候被展示出来用以解释差别——在生态和文化实践两个方面。可是，气候屋的潜在主题也是联结。尽管世界的区域性气候是第一次被分离和制作出来，但它们也因此而被聚集在一起，汇集在像仓库似的“一个优雅钢结构的球形玻璃”之中。因此，气候屋用一个单一的空间再现了世界气候的多样性，这是只需一个下午就能享受到的体验。进而言之，博物馆发出了一项政治指令，为防止气候的进一步恶化，每一位参观者都有共同的责任来保护它们。博物馆的留言是：“气候保护是所有人的职责！”游客们被邀请去开创他们自己的“气候解释”，并且以一种轻松的方式去发现“日常生活中的机会，更有气候意识地去生活”。正如马霍尼在他的论文中总结的那样，“气候屋可以被认为是21世纪全球化形式的典范”。

* * *

正如我在前面章节中证明的那样，气候可以在物质世界被发现，它也栖居在人类的想象之中。对气候的艺术再现为后者赋予了表现形式，而科学探索寻求的是前者，但是，不论是哪一种情况，

---

① 这个解释部分地利用了马丁·马霍尼（Martin Mahony）写于2015年的一篇关于气候屋的短文中的材料，参见 http://thetopograph.blogspot.co.uk/2015/07/klimahaus-bremerhaven-in-worl-interior.html（2016年5月13日访问）。

都不存在直接进入人类气候及其变化经验的可能。本章中解析的文化表现形式不仅仅是气候科学的附属物，它们试图就气候的基本事实展开交流，科学已经尽职地为之揭开了帷幕。这些再现并不(总是)为了迫使观众去改变他们的行为，以某种限定的方式去弥补或缓解气候的混乱；也不是要推动生活方式的改变，在更多情况下，不同文化再现气候的目的是要激发人类对自己置身其中的世界的更深刻反思和自我理解。对这些再现的分析显示了气候观念是如何为稳定人与天气之间的文化关系运作的。

本章将探讨的是气候及其变化的观念被再现的诸种方式，首先是在科学实践上，然后是在视觉艺术、文学和表演文化上。本章将要说明的多种再现技巧包括取自世界各地的建模、动画制作、视觉艺术、摄影、创造性虚构、戏剧和电影。

科学仲裁

科学一向是理解构成、连接和改变世界自然过程的一项成功的人类事业。借助精巧的仪器设备，科学家既能看到微观之小，也能看见无可想象之大。然而，科学交流中的视觉特权被证明是有问题的。如果是“眼见为实”的话，那么，为气候(及其变化)观念赋予视觉形式就成为气候(及其变化)信念的先决条件。可是，无论是简单的还是复杂的仪器，都不能使人类的感觉得到延伸，以便直接地见证气候。我在前文曾经提到托勒密、冯·洪堡和科本等人所使用的技术使地图形态的气候观念变得生动有趣。过去的50年间，气候科学已经在努力解决更大的问题：如何向各种各样的观众视觉呈现巨量并且仍然在增长的数以兆字节计的数字化天气、海洋信息以及虚拟(模拟)数据,这些合在一起构成了科学想象中的气候观念(参见专栏 8.1)。

专栏 8.1:虚拟气候

新的数字化视觉技术与“云”储存能力的结合正在改变气候视觉化的方式。计算机利用谷歌地球制作的地球图片,为更大人群提供了访问的便利,这些图片正在改变着人们想象中的世界图景。它们正在改变过去和未来的气候被视觉化的可能性。借助于这些动画制作,气候成为“既可被批量制造,又可以被修复、矫正的媒介”(Gurevitch,2014:90)。气候不仅仅“在外面”或在心里,气候如今也在机器里。未来气候可以通过这些动画技术很容易地被视觉化,并且也可以被再造,因此,在未来,一个被改造了气候的地球,其可行性甚至是合意度已经变得正常了(参见第十章)。控制气候的愿望,此前已在家庭、建筑物和汽车中实现,如今可以发现,它在一个由恒温器调控的星球上也得到了完美的实现,如同在谷歌地球的数字平台上一样生动。气候再现的方式改变了想象的可能性:人们可能如何接受气候,或是如何改变他们的气候。

除谷歌之外,其他巨型公司也在争取气候再现方式的所有权。最近数年间,企业巨头亚马逊已经与美国宇航局(NASA)合作,提供一个基于互联网的平台(通过亚马逊网络服务营销),它允许使用者把全球或地方范围的气候数字化。这样一个平台与大型体验型气候数据库、世界天气的卫星成像以及过去和未来气候的计算机模拟模型“无缝对接”(这一切皆由美国宇航局提供)。作为亚马逊的一个“公共数据集”(Public Data Set),这些数字化数据准许公民和政府、企业和慈善机构去绘图、制表、着色、再造并询问实时气候。这就是“民主化”或“公司化”的气候，或者两者都是。

对于这些气候数据应该以什么样的视觉形式再现，没有不证自明的正确或毫不含糊的标准。至于艺术家，可能有一些可以遵循的传统，却也没有规则手册；创造性和新颖性（而不是模仿）是真正科学家（和艺术家）的标志。所有科学的气候形象都是人工建构的，即便——经过反复的公共交流——它们被具体化为一种看似物质现实的表示形式。科学的（视觉）设计者做决策必须首尾完整：使用哪一张地图投影；采用什么数值区间和色标；突出哪一种变量，降低哪一种变量？在这些选项中，有一些可能会受到文化习俗的影响，比如，气温上升曲线的红色或计算机生成的未来气候地图上的深红色等色彩的使用。如视觉分析家比吉特·施耐德（Birgit Schneider）曾指出的那样，“一个专业的视觉呈现者可能只把红颜色看作是对热做象征性编码的唯一直觉方式，然而，它可能同时激发了对不可避免的气候灾变的灾难性想象”（Schneider，2012：186）。可是，选择依然存在，它们承载着不同的认识论、情感和政治信息，对气候视觉化的结果如何被接受和解释具有重要的影响。

科学的气候再现也会以另一种方式变为政治问题。既然有生成于观察和模拟技术的巨量气候数据，视觉技术必须从大量的数据选项中选择审慎的数据。正像科学家认为气候是“可见的”一样，他们也决定着气候的哪一方面仍然是“不可见的”。排除与包含同样重要。正是由于这样的排除实践，许多气候科学家在2009年的气候门事件中受到了指控。一些被泄露的重要科学家之间的电子邮件显示，树木气象学家在设计一张显示半球气温长时段变化的高剖面图时“掩盖下降”的明显意图。这样的选择实践被批评家认为是不道德的行为，事实上，“掩盖”数据是任何优秀的视觉科学交流者都在使用的一种基本技巧。可见的气候被公众“看见”是测量、控制、模拟和设计等复杂程序的最终结果。可是，专家间的争论和协商发生在后台，远离公众的凝视，尽管通过——如同艺术的创造性工作一样的——有时是晦涩难懂和没有条理的过程产生了一件与最终的再现产品一样有趣的再现作品。

科学数据的视觉再现——气候也与其他的对象和概念一样——并未提供观察现实的透明窗口。不了解这一事实是令人担忧的，正如修辞学家林达·沃尔什（Lynda Walsh）指出过的那样（Walsh，2015）。假如气候科学家把他们使用的选择和修辞技巧看作是对纯粹事实的歪曲，那么，这些都会因此变为将被隐藏或拒绝的实践。另一方面，沃尔什对非专人士的关注是有所不同的。要么是科学的气候再现太难了，以致没有受过训练的心智不能理解，在这种情况下，公众的理解止步了；要么还有另外的可能，她指出，非专业人士能够理解图像，他们觉得自己在这方面挪用了气候的文字描述。当另外一些人随后指出科学家在建构图表或地图中基于的价值决定和判断存在问题时，这些人会将之解释为对科学完整性的攻击。对于专家和非专业人士来说，一个同样有待确认的更为牢固的事实就是：不可能存在直接通向气候的路径。

科学对气候观念的公开再现不只是通过视觉化数据。把对气候的科学理解带入文化流通的另一种方式是通过命名的惯例，尤其是人格化的命名。也许这后一种技巧最著名的例子是厄尔尼诺[及与其相关的拉尼娜（La Niña）①]气候现象。这是 19 世纪后期

① La Niña，西班牙语，“小女孩，圣女”的意思。气象和海洋学家用来专指赤道附近东太平洋水温反常下降的一种现象，表现为东太平洋明显变冷，同时也伴随着全球性气候混乱。它总是出现于厄尔尼诺现象之后，是厄尔尼诺现象的反相，因而也称反厄尔尼诺现象。——译者注

的秘鲁渔民最先给偶然出现在秘鲁海面上海洋暖流取的名字。这股海洋暖流把受欢迎的降雨带到干旱的海岸沙漠，而且，因为它通常出现在临近圣诞节的月份，他们为它取名厄尔尼诺（在英语中有“小男孩”之意），喻之为圣婴。科学家们在20世纪20年代首次借用了这个命名法，它至今仍作为对一系列复杂的区域性气候特征的有影响力的再现而发挥作用。如今，在世界各地，厄尔尼诺现象代表了对各种各样的气候现象既是科学也是文化的理解。

气候人格化的另一个例子是暴风雨。自1950年以来，美国国家飓风中心就按字母顺序交替使用男性和女性名字为飓风命名。而这种自然气候事件的人格化对公共交流具有特定优势，近期的研究也显示这种气候再现方式为何不能逃脱文化的中介。1950年以来，女性命名的飓风在美国已造成的死亡人数几乎是男性命名的飓风造成的死亡人数的两倍，其平均值分别是45与23（Jung et al., 2014）。对这一结果的解释是，人们在面对飓风警报时的行为受到以性别为基础的预期的影响。美国公民对女性的联想比对男性的联想更少与危险和风险相联系。当被警告有“女性”飓风的时候，他们未能做出与“男性”飓风来临时同样的准备。不仅没有直接接近气候的路径，而且所有的再现形式也都要经由文化来解释。

视觉艺术

我已经简单总结了一些科学家在公共交流中试图再现气候时所使用的技术和遭遇到的烦恼。除科学之外，其他形式的文化再现也为活跃公众对气候观念的理解和参与提供了不同的机会，与此同时，也遭遇了自己的再现难题。艺术实践提供了“使气候可见”的创造性的方式，它可以容纳科学家试图消除的知识和经验的含混性与矛盾性。因此，人们可以通过多种合理的途径去接近气候观念，而且，与科学所能提供的视角相比，艺术实践还可以从不同的文化立场来看待气候观念。尚不止于此，在说到气候-变化观念的表现时，艺术较之科学的交流形式具有更少的说教成分。艺术家鼓励观察者去回想他们自己对气候及气候变化的理解，并且，通过想象来理解这对于他们意味着什么。

通过绘画研究气候的一种方法已经使用景观气象学这一概念。气象学家 L. C. W. 博纳奇纳(L.C.W. Bonacina)在他 1939 年的论文《景观气象学及其在艺术和文学中的反映》(*Landscape Meteorology and Its Reflection In Art and Literature*)中已经为这一概念赋予了形式。他解释说，气象学具有艺术性的一面在于“天空、大气、天气和气候的风景影响力，它们构成了我们人类自然环境的一部分……不管……是珍藏在记忆中，还是被拍摄、绘画或描绘”(Bonacina，1939：485)。这里的问题是，视觉艺术家与建立气候模型的人不同，他们通常不是从把自然气候带入清晰的光学焦点的意图出发的。比如，要让诸如勃鲁盖尔(Bruegel)①或阿维坎普(Avercamp)②等现代早期的荷兰风景艺术家满怀信心地去再现 16 世纪和 17 世纪“小冰期”(Little Ice Age)在北欧体验到的气候缓慢的周期变化，这几乎是不可能的。把具有历史意义的绘画作为一种“气候档案”形式，同自然科学家把树木的年轮和湖泊的纹泥当作过去自然气候的指标一样，都是站不住脚的——纵然它也会被偶尔一试(例如，Neuberger，1970)。历史上偶然出现的绘

① 此处当指老彼得·勃鲁盖尔(Pieter Bruegel the Elder，1525—1569)，16 世纪尼德兰画家，也是欧洲独立风景画的开创者。——译者注

② 亨利克·阿维坎普(Hendrick Avercamp，1585—1634)，荷兰著名的冬季风景画大师。——译者注

画作品——比如色彩的可利用性等技术问题以及社会和宗教文化的变化——意味着艺术作品作为自然气候的一个指标并不具有牢靠的基础。

介于气候的自然表现与其文化再现之间的是人类想象及其对透视法的运用。“现实主义”这个概念是19世纪法国的一个发明——至少作为一个自觉的艺术运动;如欧文·潘诺夫斯基(Erwin Panofsky)近期的艺术理论表明,现实主义方法可以追溯到更早的时期。现实主义试图“如其所是地再现事物……它假定我(感受主体)不存在”(Rubin,1996:53),可是,它也为印象主义铺就了道路,它提供了一种与古典的再现形式不同的看世界的方式。印象主义试图通过新笔触和色调的运用来捕捉稍纵即逝的光与影。印象派画家克劳德·莫奈(Claude Monet)被一些人认为是一个“气候艺术家”(Thornes and Metherell,2003)。莫奈19世纪90年代对维多利亚时代后期伦敦气候的描绘仍然是至今留下的最能够唤起人们对烟环雾绕之下伦敦奇特的黄昏气候想象的艺术再现(参见图8.1)。这些作品就是对业余气象学家卢克·霍华德(Luke Howard)60年前创造的新词“伦敦的城市气候”(London's urban climate)的再现。莫奈对奇特的大气景色的视觉再现对象征主义的影响力、神秘性和繁荣发展贡献殊大,伦敦雾气弥漫的气候也借此延展了20世纪上半叶的文化想象。

摄影是与帆布和画笔的再现形成对比的一种再现形式,可是,它也是一种受到气候难以捉摸特性约束的再现形式,而且,其艺术实践还会受到文化和物质的影响。如果认为摄影提供了一种忠实地捕捉物体、景观或人的物质痕迹的模仿技巧,那么,对气候的拍摄就意味着必须在“那儿”等待胶片的记录。可是,摄影不能被这样理解(Santag,1977),气候也不能。这意味着把对气候及其变化

图 8.1 《威斯敏斯特下的泰晤士河》(*The Thames Below Westminster*),克劳德·莫奈(Claude Monet),1871。莫奈被称为第一位"气候艺术家"。布面油画,Lord Astor of Hever 藏品;现藏于伦敦英国国家美术馆。

的摄影再现当作可靠的真相传达者的方法是有问题的。气候摄影作为一种再现形式的这种令人懊恼和看似矛盾之处,国际绿色和平组织在其 20 世纪 90 年代为使气候变化可见并因而"真实"的公共宣传中也曾遭遇过。朱莉·道尔(Julie Doyle)对这些努力进行了考察,并断定这些图片"……作为环境劝导和文献记录的一种有力工具,铭刻着一种作为见证和真相话语的视觉再现形式的局限"(Doyle,2007:147)。

文学虚构

气候观念在文学虚构中已经被以多种多样的复杂方式加以再现。在某个层面上,天气(比气候更重要)对作家而言,被作为一种十分普遍的情绪和情感导入叙事的手段,这就是 19 世纪约翰·罗斯金(John Ruskin)所说的“有情谬见”(pathetic fallacy)[①],或称之为“感情作伪”(emotional falsity)。因此,窗外的暴风雨让女主人公狂暴的情感更具吸引力,或如莱斯利·珀斯·哈特利(H.P. Hartley)1953 年的小说《幽情密使》(*The Go-Between*)一样,让盛夏的炎热显露亢奋的情欲。

从文学类别方面来看,古代的宗教和灾难叙事发展出了对难以控制的和戏剧化的气候表现及其对人类文化影响的虚构性叙述,如《吉尔伽美什史诗》和《约翰启示录》(参见第四章和第七章)。科幻小说是另一个积极介入气候再现的文类,它涉及的是未来的或其他星球的气候。这些描写对象通常是反乌托邦式的气候,或者是经过重新审慎设计的宜居气候。后者反映了“外星环境地球化”(terraforming)[②]的观念(气候工程的先驱),这是由作家杰克·威廉森(Jack Williamson)在其 20 世纪 40 年代的系列短篇小说中引入的一个概念(Trexler and Johns-Putra,2011)。例如,20 世纪 90 年代金·斯坦利·鲁滨逊(Kim Stanley Robinson)的《火星》三部曲就详细描写了对火星气候长达数百年的殖民改造,以使之适于人类居住。

科幻虚构(“Sci-Fi”)的气候常常是反乌托邦的,而不是乌托邦

① 约翰·罗斯金在其《现代画家》(第三卷,1856)中提出的概念,用以攻击浪漫派诗人对自然界事物的拟人化表现,或可译为“情感误置”。——译者注

② 直译为“地球化”(Earth-shaping)。是一个改变天体表面环境,使其气候、温度、生态类似于地球环境的设想。美国科幻作家杰克·威廉森(Jack Williamson)在 1942 年发表于《惊奇科幻小说》(Astounding Science Fiction)杂志上的《碰撞轨道》(*Collision Orbit*)中最早使用了这个词。1961 年,天文学家卡尔·萨根(Carl Sagan)在科学杂志上发表了《行星金星》(The Planet Venus)一文,建议对金星实施行星工程。此后经卡尔·萨根、乔·莱文(Joel Levine)、詹姆斯·奥伯格(James Oberg)、克里斯托弗·麦凯(Christopher McKay)等科学家的持续推进,这个概念得以在科幻写作与想象以及相关科学领域中流行。——译者注

的，特别是在把人间气候作为目标的时候，在公众对环境变化的关注业已增强的过去50年的写作中，情况尤其如此。然而，这种反乌托邦气候的成因已经从自然——如詹姆斯·格雷厄姆·巴拉德(J.G. Ballard)的小说《被淹没的世界》(*The Drowned World*, 1962)——转向了人类，如亚瑟·赫佐格(Arthur Herzog)的《热》(*Heat*, 1977)。正是气候-变化的观念在过去的十年间导致了涉及气候观念的虚构性作品的激增。气候不是仅仅作为故事的背景，这些虚构作品试图探讨导致气候不稳定的广泛而又彼此关联的社会、政治、文化、经济和技术过程。这个动向的一个更早的例证是鲁滨逊的《资本链中的科学》(*Science in the Capital*)三部曲——《有雨的四十个征兆》(*Forty Signs of Rain*, 2004)、《五十度以下》(*Fifty Degrees Below*, 2005)、《六十天，开始数》(*Sixty Days and Counting*, 2007)——在这部作品中，为了平复人类原因带来的气候变化灾难，科学与政治将要联合起来。这一类文学创造了"有情谬见"的新版本，作家们如今已将气候-变化作为社会功能失常的一个提喻来使用①。这些新的气候虚构作品在今年被贴上了"气候虚构"(Cli-Fi)的标签，尽管气候虚构是否是一个有明显特征的文类尚存争议。文学类型在性质上始终是不稳定的，而且许多涉及气候的虚构作品跨越了文类的界限(Johns-Putra, 2016)。许多不同的文学门类都在涉及气候-变化的观念，不论是科幻小

① 休姆在2013年1月写的一篇回应《我们为何对气候变化各执己见?》一书相关批评的文章中就把气候变化看作是我们时代面临的众多复杂问题的一个"提喻"，文中说："气候变化因此成为一个提喻——一个比喻性的短语，其中某物代表另一物——一种比人类改变天气的方式更重要的东西。气候变化是我们对自己和后代的目标、抱负和命运的困惑和焦虑的提喻。"(Exploring Climate Change through Science and in Society, p.298, Routledge, 2013.)——译者注

说、反乌托邦小说、幻想小说、惊险小说，还是浪漫传奇，气候虚构不必是一个自立的文类。

在小说中再现气候及其变化的观念无疑是具有挑战性的，但是，这是一个被越来越多的作家接受了的挑战。所谓的气候虚构小说所具有的共同特点就是它们都在设法解决作为一个由文化和科学共同构成的气候-变化现象的复杂性。在小说中再现气候绝非一项仅仅把科学概念转变为文学形式的活动。它在某种程度上是对气候的自然、社会、政治和心理复杂性的确认，并且要在故事中抓住这些复杂性。一些生态批评家仅仅把这些新的气候小说作为理解这些文化复杂性的一种方式来阅读。另一些人则认为，气候虚构作品为读者提供了一种如何与气候-变化共处的说明。在另外一些人看来，它还引发了一种被称为“气候-变化批评”这一新的生态批评形式(Johns-Putra，2016)，它以英国小说家伊恩·麦克尤恩(Ian McEwan)精心结撰的讽刺寓言《追日》(*Solar*，2010)和德国作家伊利亚·托亚诺(Ilija Trojanow)的《融冰》(*Melting Ice*，2011)为代表。《追日》涉及气候变化的文化政治，可是，许多批评家发现这部小说及其描写方法令人失望。根据加勒德(Garrard，2013)的说法，《追日》在“现实主义”小说的层面揭示了应对气候-变化挑战的范围，与之相对的未来主义或科幻小说则有更大的自由度可以用于处理想象问题。《融冰》的批评者也把注意力放在有关气候变化写作的美学挑战上，但是，这部小说也显示了在写到气候-变化时小说家的忏悔和说教冲动之间的紧张关系。

无论批评家的反应如何，对气候的文学再现都在试图达到所有优秀小说作家都瞄准的目标：把读者引入新的想象世界，他们在其中将更多地了解自己的情感、思想、哲学和精神能力。通过小说虚构来再现气候是为了给读者打开新的感知、品味、嗅闻和想象气候及其众多意义的可能性。气候虚构是一种人性化的气候。无论它达到了什么目的,“气候虚构的丰富多样的故事线索都使得对未来单一途径的思考变得不再可能”(Milkoreit,2016:179)。

表演与电影

除视觉艺术和文学虚构以外,视觉与文本可以通过表演被聚合到一起去再现气候观念:在戏剧、舞蹈、歌唱和电影等艺术形式中。舞台剧通常在剧院可控的人工环境中演出,并且,如果演出成功,它能提供对或喜剧或悲剧的人类行为激动人心的深刻洞察。这些精心结撰的和古老的讲故事的形式,可能看起来是一种不常见的再现气候的形式,可是,如果像我在本书中所指出的那样,人类文化处于气候观念的核心,那么,戏剧表演就有可能提供对气候的社会戏剧的有力洞察(Smith and Howe,2015)。文化表演对气候变化的人类后果的定型化表现的挑战能力,在来自太平洋群岛的音乐歌舞剧《莫阿那:海平面上升》(*Moana*:*The Rising of the Sea*)中得到了很好的证明(参见专栏 8.2)。

专栏 8.2:《莫阿那:海平面上升》

全球气候变暖不可避免的后果之一是海平面的上升。但是,如同气候一样,海平面的上升对于人类的感官来说,是不可感知的,而且只能通过中介物来再现。部分为人熟知的气候变化与海平面上升的视觉词汇是太平洋环状珊瑚岛和被迫迁徙以满足开明世界“节俭”需求的无望的岛屿受害者。尤其是对于西方和北方的媒体来说,这样的岛屿形象成为气候-变化引人注意且无所不在的表征。它们扎根于当下并通过一个面临威胁的“岛上天堂”的形象而变得清晰可见，传达了一种（强烈的）戏剧感。然而，这样的再现深深地根植于特定的西方文化想象和对太平洋群岛持续的殖民化以及欧洲中心论的建构。西方对太平洋的气候和文化的这些再现基于三个原则：孤立性、他者性和凝固性（Kempf，2015）。它们遵循一种特殊的西方气候变化概念：其后果是在远处（孤立性）；受到影响的是“其他”人（他者性）；以及对某些可以把握的自然现实的需求，气候-变化通过它们被毫不含糊地显示出来（凝固性）。

然而，在那些产生于西方想象的再现之外，还有其他的方式再现这些地方的气候和海平面上升。来自太平洋的一个对抗性的再现就是精心制作的大洋洲音乐舞蹈剧《莫阿那：海平面上升》，由斐济剧作家维尔索尼·赫里尼科（Vilsoni Hereniko）创作，伊格尔斯·埃特（Igelese Ete）配乐①。2013 年因一群人类学家的委托而创作的《莫阿那：海平面上升》，于当年 12 月在斐济第一次公演，18 个月之后，开始了一次包括挪威、苏格兰和比利时的微型欧洲巡游。通过植根于海洋文化并吸收了叙事、神话、舞蹈、音乐和录像的海平面上升的叙述的展开，《莫阿那：海平面上升》对西方的无助受害者身份的观念提出了挑战。它的设计旨在把西方观众对有关气候在当代太平洋政治中的地位的舒适的确定性抖落净尽。《莫阿那：海平面上升》不仅仅是要引起人们对太平洋岛民自己所面临和理解的挑战的关注，它还颠覆了目前从西方向太平洋延伸的气候再现的权力秩序。它以埃佩

① 在以下网址可以看到该剧的电影短片版：http://vimeo.com/111959080（2016 年 6 月 11 日访问）。

利·豪·欧法(Epeli Hau' Ofa)"我们群岛的海洋"概念的丰富文化资源为支撑,这个身份概念把人们与太平洋绑在了一起(Hau' Ofa,2008)。《莫阿那:海平面上升》将能动性还给了太平洋的人民。它对世界宣示:"这就是气候-变化对我们所具有的意义。我们在全球舞台上再现的将是我们自己;这样做不是为了我们自己。"

舞台胜过电影的长处在于,它提供了争论和对话的背景,相比之下,"电影的视觉语言漂浮不定"(Bottoms,2012:340)。舞台为再现与气候变化相纠缠的情感的复杂性以及人类的恐惧和渴望提供了载体。戏剧家们可能仍然在奋力应对挑战,探寻处理这些问题的恰当的戏剧形式,不过,已经有越来越多的气候戏剧被创作和演出。其中有四部在 2009 年至 2011 年期间出现在伦敦的舞台:《应急计划》(*Contingency Plan*)《异端分子》(*The Heretic*)《格陵兰岛》(*Greenland*)和《伦敦地震》(*Earthquakes in London*)。建立在悠久的政治介入戏剧的英国传统之上,这些戏剧作品把科学家、政治家、艺术家与业余的公众之间通常难解的关系戏剧化了。气候-变化如何通过舞台表演传递给公众,这些显示了剧作家、因而也是观众与这一观念的抵触关系。每一部戏剧都在努力处理气候的文化政治以及科学真理、个人诚信与文化信仰之间难以驾驭的关系。具有讽刺意味的是,最努力地去寻找气候科学真相的戏剧——《格陵兰岛》——正是那部在批评家看来明显最不成功的戏剧(Bottoms,2012)。

通过电影再现气候提供了与舞台再现不同的可能性。已有超过 60 部虚构影片把气候变化作为中心主题,而且,这些作品已经被按照类型、情节和艺术特点加以分析(Svoboda,2016)。这些影片大多数出现在好莱坞 2004 年发行的轰动一时的影片《后天》之后，但是没有一部在票房价值上获得成功。通过利用神话大洪水的比喻，《后天》创造了一种与即将到来的全球气候激变相关联的灾难话语的变体。无论如何，它不是要激励个人或集体在面对即将来临的灾难时做出反应，这是经典的大灾难叙事(参见专栏7.1)的一个目的，这部影片的修辞结构使这样的反应消失了。“《后天》提供了一个所有的答案都已揭晓的世界……一无可为，只有等待并有幸熬过自然报应带来的清洗”(Salvador and Norton，2011：60)。与之相反，杰夫·尼科尔斯(Jeff Nichols)2011 年的影片《存身》(*Take Shelter*)处理的是气候-变化引发的不安感和不确定性的新形态。这部影片挑战了人们借以认识气候变化的传统认识论——科学认识论——它通过把不同的合理性并置，比如梦和电影的音像穿越。这些再现方式为观众打开了更具想象力的空间，反映了气候-变化所引起的令人不安的现实。《存身》是利用电影媒介实现了具有创造性和颠覆性再现可能性的一个优秀样本。

一次与众不同的气候的电影再现是阿尔·戈尔(Al Gore)2006 年的纪录电影《难以忽视的真相》(*Inconvenient Truth*)。这是一部经过严格审查的气候影片，部分原因是其主持人的显著地位，但是，它也没有获得《后天》那样的广泛影响力。(尽管如此，《难以忽视的真相》的歌剧版却于 2011 年得以在米兰的斯卡拉歌剧舞台演出，一位歌剧评论家事先评论说，“阿尔·戈尔的政治生涯可能没有足够的核心戏剧要素——性、背叛、谋杀——去维持情节”！；Anon，2008。)在《难以忽视的真相》中，气候被以崇高、浪漫和牧歌化身的方式再现，但也有野性和令人恐惧的危险。传播专家罗斯特克(Rosteck)和弗伦茨(Frentz)表示，《难以忽视的真相》的“分歧的环境修辞”(2009：16)捕捉到了多种文化与气候观念的关系，它们可能是矛盾的，就像戈尔自己在影片中所表现的那样。各种文化的气候再现讲述更多的通常是关乎我们自己，而不是有关“外面的世界”的说教。

本章小结

气候是一个极富想象力的观念，因此，它不可避免地要以不同的方式加以再现。不存在单一的不受时间影响的有关气候的真理，它对人们的意义有待于通过科学或借助艺术去揭示。气候的不同意义通过再现被建构和传播，正是经由人类的故事和制品才得以“栉风沐雨”。文化被气候观念形塑，反过来，也改变了对于气候意义的理解。因此，气候多种多样的意义是利用与日俱增而又时相冲突的科学与艺术的再现在文化上被公开建构出来的。

尽管如此，我已表明，再现气候观念对科学实践和艺术来说都是一种挑战。气候及其变化超越了纯粹的模仿性再现，无论是通过比如计算机模拟还是摄影。既然不可能有直接抵达气候的路径，所有的气候再现最终都是政治行为。这就是说，它们都介入了不同的和选择性的气候现实的建构：物质的、意识形态的、想象的、规范的。含纳或排除是无法逃避的，意识形态嵌入了所有再现形式，无论是科学的铭写、视觉词汇、舞台表演，还是文学文本。从这些再现形式中发出的邀请，就是以这种方式或那种方式去看待气候，或者是以特定形式去怪罪（或承担责任去处理）气候病。

因此，有关当代气候艺术，一个经常被问到的问题是，它是否有能力在某些方面改变信仰、态度和行为，而科学对气候-变化的再现似乎并不具有这样的能力（Miles，2010）。可是，这个问题提得不好。受气候观念策动的艺术极有可能把假定早已存在的解决方案或者是对既存问题提出令人信服的具体解决方案时的态度变化问题化。尽管常常有相反的劝告，气候科学不能“要求”人们采取任何方式的特别行动，艺术也不能。它不是说教的。它不能指导人们去过可持续的，或仅仅是传统的生活。但是，优秀的气候艺术将把人类的才能引向对气候变化所导致的深层问题的反思：被人羡慕的美好生活、令人鼓舞的未来，以及他们对他者的责任，既包括人类也包括非人类生命。

* * *

在“第三部分：未来的气候”中，我将思考未来的气候与人类命运密不可分的关系。这个问题产生于人类的气候预测事业（第九章）和在全球范围内再造气候（第十章）这一公认的愿望。在每一种情况下，都有许多问题被提出：有关人们如何努力治理气候的问题，以及对以气候之名而被治理的实际对象的追问（第十一章）。最后，我以对几个问题的反思来结束本书：对气候观念的未来可能性的反思，以及对可能实现和可能尚未实现的一切的反思（第十二章）。

延伸阅读

Doyle，J.（2011）*Mediating Climate Change*. Farnham：Ashgate.

Schneider，b. and Nocke，T.（eds）（2014）*Image Politics of Climate Change: Visualisations，Imaginations，Documentations*. Bielefeld，Germany：Transcript Verlag.

Smith，P. and Howe，N.（2015）*Climate Change as Social

Drama: Global Warming in the Public Sphere. New York: Cambridge University Press.

Trexler, A. (2015) *Anthropocene Fictions: The Novel in a Time of Climate Change*. Charlottesville, VA: University of Virginia Press.

第三部分　未来的气候

第九章　预测气候

引言

天气预报的艺术有许多错综复杂而又多姿多彩的历史，其中有许多受到了预知人类命运愿望的启发，也同样受到预知天空未来愿望的启发。还有一段漫长的对气候的未来下断言（claims-making）的文化史。对未来气候的预言和预测一直是所有文化中的重要议题，它们以对天气变化原因的不同理解为基础（参见第四章）。我在先前的章节中已经把注意力引向一些诸如此类的断言，如诺亚洪水神话、好莱坞电影《后天》以及气候灾难即将到来的叙事等。然而，对未来气候严谨的科学预测直到晚近才发源，但它们应该被适当地视为气候预测知识传统的最新发展。科学的气候预测的到来毫无例外地有赖于气候或地球系统模型（参见第三章）。这些模型在形式上是控制相互联系的行星系统的自然元素之间的能量、质量和水分流动等基本的物理过程的数学再现。

随着气候以这样的方式理解为一个相互作用的自然系统，就可以用模型来模拟任何星球的气候，无论是真实的还是想象的，只要其陆地和海洋的基本构造以及它们的高度和深度是已知的。这种推理已经被一群科学家用来预测中土世界的气候，中土世界是由小说家J. R. R. 托尔金发明的，并且成为《霍比特人》(*The Hobbit*)和《魔戒》(*The Lord of the Rings*)的背景。在他的职业生涯中，托尔金为这个想象世界创制了一种复杂的地理、历史和文化。在他的叙述中，这是一个天气发挥了重要作用的世界，无论是魔多(Mordor)黑暗猛烈的暴风雨、古墓岗(Barrow-downs)降落在佛罗多(Frodo)和山姆(Sam)身上的变幻莫测的雾，还是罗斯洛立安(Lothlórien)森林王国温和宜人的微风[①]。可是，中土世界的气候、横跨这片大陆的天气模式的系统性差异是怎样的呢?

英国布里斯托尔大学的科学家在“褐袍巫师瑞达加斯特”(Radagast the Brown)[②]的带领下，利用英国气象局哈德利中心(UK Met Office Hadley Center)气候模型的变量预测阿尔达(Arda)[③]第二纪元时期中土世界的气候[Lunt(褐袍巫师瑞达加斯特),2013][④]。基于托尔金的地理描述[根据《中土地图集》(*The Atlas of Middle Earth*);Fonstad,1991]，夏尔(The Shire)——霍比特人比尔博(Bilbo)和佛罗多·巴金斯(Frodo Baggins)的家乡——的气候被模拟得接近英格兰东米德兰地区的林肯和莱彻斯

---

① 佛罗多(Frodo)是《魔戒》圣战时期的核心人物，山姆(Sam)是其侍从。魔多(Mordor)、古墓岗(Barrow-downs)、罗斯洛立安(Lothlórien，又译为:洛丝萝林)均为中土大陆的地名。——译者注

② 《霍比特人》和《魔戒》中的人物。——译者注

③ 阿尔达(Arda)，托尔金创造的架空世界，《魔戒》故事发生的“星球”，最初是平面的世界，犹如一个大圆盘，边界是黑夜之墙。后来演变为球形。——译者注

④ 详情参见布里斯托尔大学(2013):《科学家模拟托尔金中土世界气候》，http://www.bristol.ac.uk/2013/10013.html(2016年5月13日访问)。——译者注

特诸郡的自然气候。它也与新西兰南岛的但尼丁周围地区的气候相似，被改编成电影的《魔戒》中许多场景的拍摄地离此不远。这两个地区都有温和的气候和丰富的植被，却没有太热和太冷、干旱或多雨的极端情况。相反的是，魔多——魔王索伦的地盘——却出现过一种炎热干燥的气候，类似于洛杉矶、德克萨斯西部或者是澳大利亚中部艾利斯斯普林斯市的气候。这种不友好的气候植被稀疏，并且需要霍比特人付出与人类文明创造类似的更艰辛的努力。褐袍巫师瑞达加斯特的气候预测也对迷雾山脉（Misty Mountains）[①]东部干旱气候的存在做出了解释，他还解释了精灵们为何是从灰港（Grey Havens）[②]启航伴着来自东方的风向西航行。

对中土世界气候的这些预测指向托尔金对形成自然气候动力的直觉看法。它们证实了他对艺术次创造（sub-creation）能力的熟练把握（Flieger and Anderson，2014）；这些借助于人类想象力而诞生的世界，把地理、气候、语言与神话编织在一起，构建了能够说出深层现实的强大而又迷人的叙事。与托尔金想象的力量形成对比的是，褐袍巫师瑞达加斯特对中土世界的模拟模型显示出来的是科学预测的力量。这些模型可以模拟的不仅是与行星地球的过去和未来构造相关联的气候，还有其他星球甚至幻想世界的气候。然而，我们必须承认这种预测的有限范围。中土世界的自然气候可以通过这些模型来显示，可是，要复活这些气候对中土世界居民的性格和命运的重要意义，则需要托尔金的想象。人类、霍比

---

① 托尔金中土世界最大的山脉。——译者注

② 灰港（Grey Havens），中土世界西北方海岸上的港口。精灵们可由灰港启航，去往西方的“不死之地”。——译者注

特人、精灵以及半兽人(orcs)[①]通过气候来阅历世界的方法超越了科学的预测。

* * *

气候作为尚未被人充分认知、不可目见或未完成的知识——被以多种方式描述为预报、预断、设想、推断或预测——它的生产只有通过文化实践方才成为可能。然而,这些文化实践所产生的气候模型和气候知识只不过是有关文化如何制造、稳定未来气候预测并为之赋予权威性的一个范例,纵然它是一个令人关注的范例。今天仍然流行着过去不同时代里出现的不同的文化预测。宗教预言、民间传说和统计学预报是这种文化实践的另一些标本。探讨这些实践是本章的焦点。在集中处理具体的气候模型和作为预测知识生成者的建模实践之前,我首先要从产生预言的背景这个角度对几个更宽泛的预测实践形式进行思考,这些预测形式已经被应用于对未来气候的思考。第三部分对这种由模型生成的预测在不同社会和文化背景下的使用方式进行了反思。

先知与预言

有关未来,人类想要预先知道的方面有许多:比如,他们未来的健康,或他们孩子的安全,或他们工作或生计的保障。或许因为大气的流动是持续不息的,而且因为天气对人类生活具有十分重要的影响,许多文化一直在试图发展他们有关天空的预测技术,这并不让人觉得奇怪。这项任务是不确定的,或许也正是因其不确

① 《魔戒》系列作品中的一种据称起源于人类的人形怪兽,或直接音译为“奥克斯”。——译者注

定，才会有这些相同的文化如此频繁地试图建立它们借以公开构建和发布这类预测知识的那种首鼠两端的关系。天气预报有时也会因其所拥有的领悟天气的技术或地位而明码标价。预测行为在字面意义上可能是“猜”(divining)，它通过识破据说是掌控了天气的神和灵的意志来完成。从更世俗的层面来说，这也可能出自他们密切观察非人类世界——星、云、鸟或树——动向的能力，这些动向某种程度上泄露了即将来临的天气。

然而，进入预言或预报公共气象这个领域也是一件奉献社会而有风险的差事。这种知识可能对既存的认识论或文化规范构成挑战，也可能因唯一的一次极其糟糕的错误预报而引起满世界的嘲笑。在 19 世纪 60 年代初期，英国每日常规天气预报的发起人，气象学家罗伯特·菲茨罗伊(Robert FitzRoy)，以他自己的代价证明了这一点。菲茨罗伊在他作为皇家海军舰艇小猎犬号船长的早期生涯中即已成名，这艘船曾载着查尔斯·达尔文踏上他巡游世界并改变世界的五年航程。他的品质也得到了英国政府的认可，他在 1842 年被委任为新西兰总督。然而，他后来却在其天气预报的技能和主张趋近巅峰的时候，因僭越了当时被认为是构成了有关大气运行的可靠并合法的知识的界限而遭到《泰晤士报》的严厉批评。尽管他早期受到过权威人士的表彰，他的公共声誉却因此而严重受损，心理健康也为此付出了代价。菲茨罗伊在 1865 年 4 月自杀(Moore，2015)。

有关天气预报的类似问题和矛盾也出现在关于未来气候的预测中。这类预测是在什么样的认识论基础上做出的？谁具有文化权威和公共地位来发布这样的预测？当预测明显出现错误时发生了什么？然而，相对于对明天天气的预测，对未来气候的预测有更多的困难。可能对未来气候进程影响的范围也在相当程度上增大了;可能不仅需要把神的情绪或是月球、太阳和星体的运动和循环考虑进去,还要把地球上的森林、海洋、冰盖和火山以及人类技术和社会事件的后果都考虑进去。与预报某一特定地方的天气相比,对未来的气候预测在需要了解的气候的时空范围方面也遇到了挑战,气候的演化可能跨越了更大的空间距离和更远的未来时间。而且,要预测更远的未来气候,预测者需要运用她的技能,因此另外一个更尖锐的挑战就进入了视野:证实的含混性。如果预报罗马明天有雨,那么,预测可能很容易证实,而且由预言家来承担责任。但是,如果预测下一个冰川期将在此后 100 年到来,则气候预测者在预言可以被证实之前早已死去。我们将会看到,除了经验证实之外,还有一些其他的要素通常也必须用来建立对气候预测者的权威性信任。

气候预测的文化丰富而多样。诺亚听出了上帝的声音,并发出了他对一场波及全球的洪水预告,而在《圣经》《创世纪》中,有关约瑟在埃及以及他预测每隔七年交替出现丰年和荒年的叙述,似乎是以他对尼罗河水文学的近距离观察为基础的,这些信息反映了埃塞俄比亚河源的气候波动。[气候学家斯蒂芬·施奈德(Stephen Schneider)把这一叙事作为他 1976 年关于以人类为目的的气候治理的著作《创世纪策略:气候与全球性幸存》(*The Genesis Strategy: climate and Global Survival*)题名的灵感来源。]

利用现代欧洲的新科学来预测气候的一个早期例子使用了诸如温度和降雨量等关键气象变量的规则循环的统计学证据。1890 年,德国地理学家爱德华·布鲁克纳(Eduard Brückner)分析了许多仪器记录,他认为,寒冷-潮湿型气候与温暖-干燥型气候之间每隔 35 年会有一次波动,这与某些未知的太阳变化连在一起。在这个基础上,布鲁克纳预测到一个温暖-干燥型气候阶段将在20世纪初期到来,并且会对美洲和欧亚大陆产生特别的影响(Brückner,1890)。

在20世纪50年代和20世纪60年代期间,有关相互联系的地球系统,以及人类对这一系统可能造成影响方面的科学知识的增长,导致了20世纪70年代对地球气候的推测:既可能进入一个新的冰川纪,也可能开始一个持续的温暖时期。气候模型当时只处于一个非常初级的发展阶段,所以,美国政府所寻求的查明未来气候的一个备选方案就是要求著名的气候科学家拿出对于该事的意见,这是一个以"专家启发"(expert elicitation)而闻名的程序。在1978年由华盛顿特区的国防大学组织的一项研究中,征集了来自七个国家的24位专家的观点(NDU,1978)。项目要求他们每

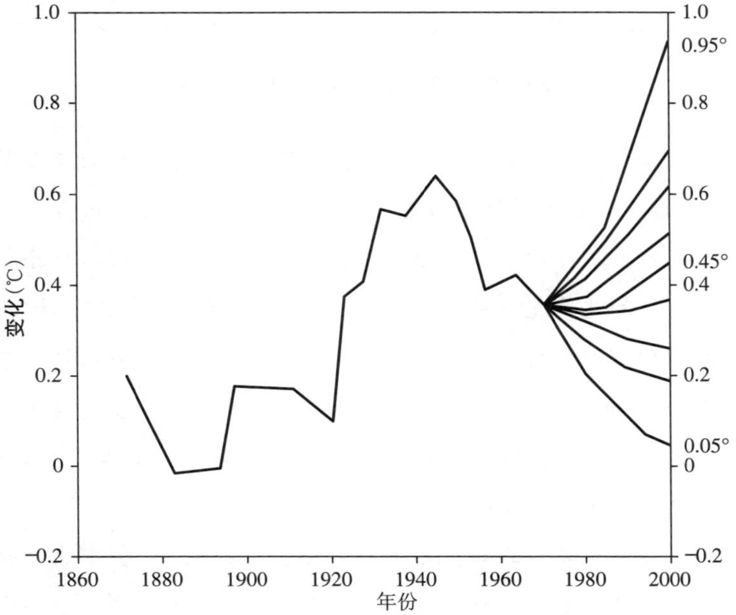

图9.1　到2000年为止北半球气候(年平均气温变化)的专家预测,来自美国国防大学的专家启发训练[来源:美国国防大学(NDU),1978]。

人都要对到2000年为止的北半球气温的未来进程做出研判，其结果是，相对于1975年的气候变化范围，气温变化会在变冷0.35 ℃和变热0.55 ℃之间(参见图9.1)。

专家启发作为一种预测方法有很长的历史，它可以追溯到古希腊的德尔菲神谕。大多数社会都试图建立各种类型的“神示所”、专家系统，政治领袖和社会在危难时刻向其求助，就可以化险为夷。林达·沃尔什(Lynda Walsh)在其著作《作为先知的科学家：一个修辞谱系》(*Scientists as Prophets: A Rhetorical Genealogy*)(Walsh，2013)中对这段迷人的历史做了概述。她显示了大多数当代社会的科学家或科学顾问如何成为这种可信的预测知识的来源。然而，处于这段历史核心的是，一场理解这类先知文化权威的确切性质的搏战(参见专栏9.1)。

专栏9.1：作为先知的气候科学家

处于不确定状态或危急关头的社会都会向先知们寻求开导，请其明示未来将会如何演化并晓以应对的方式。这已在20世纪上半世纪关于全球气候命运的问题上得到了验证，这个情境中的先知就是气候科学家。20世纪70年代，对未来气候(参见图9.1)理解能力的匮乏最终导致了世界各地的政府通过联合国在1988年建立了政府间气候变化专门委员会。咨询组专家原初的任务是评估所有关于未来气候及其影响的科学证据，并且指定适当的应对战略。

通过把气候科学家放入先知文化传统，沃尔什富有启发性地解开了对于气候预测与联合国政府间气候变化专门委员会的评估报告在当代社会造成的困惑和矛盾(Walsh，2013)。这种困惑的核心是气候科学家的作用以及文化对他们的预期。以一种公正客观的姿态说话，尽可能明确和准确地揭示未来，这是他们的作用吗？或者说，他们的作用不在于不带偏见地揭开未来的帷幕，而是要进入一场有关被沃尔什称之为一个社会的“约定价值”的公共对话，哪些价值为一个政体所共享并使之与其邻国相区别？

遵循先前的预期从哲学上来说是抽象的——它把“是”与棘手的“应该”分开了——但是，沃尔什认为，它在修辞上是不稳定的。当日渐技术化的社会似乎越来越多地仰赖专家对技术活动的后果提出建议时，科学顾问就在道德上陷入一种“第二十二条军规[①]”式的困境。例如，各国政府要求联合国政府间气候变化专门委员会去预测他们的行动对未来气候造成的后果。当这些答案与这些政府现行的虚夸抱负相匹配时，科学顾问就会得到称赞。可是，当批评家想要对这些政策提出质疑时，或者是在气候预测与现行政策不匹配时，在那时，是或应该的界限就会被政客们拿过来诋毁科学家精神特质。这种花招在关于气候门事件的工作以及之后对 2009—2010 年冬季期间联合国政府间气候变化专门委员会风气的质疑中已经昭然若揭。正如沃尔什在总结中所说，“直到某种似乎更具确定性的市民认识论逐步发展起来为止，我们都将在科学中寻找我们的先知，而且，他们将继续让我们参与到一场刺激我们、召唤我们的约定价值的对话之中”。沿着先知传统这条线索，“……尽管我们的科学顾问还不能说出未来，或是告诉我们如何行动，但他们确实——而且将继续——帮助我们了解自己”(Walsh，2013：198)。

---

① 第二十二条军规(Catch-22)，源自美国小说家约瑟夫·海勒(Joseph Heller)的同名长篇小说，其寓意为“难以摆脱的困境”。——译者注

预测模型

当今气候预测实践的核心是气候模型。气候建模表现出预测文化的特色，它不同于以上章节中提到的文化，即宗教知识、天气谚语、统计学解释或专家启发。气候模型从20世纪50年代新的数字化天气预测实践和革命性的新超级计算机的可能性中汲取了灵感，它在20世纪60年代作为组织科学知识的有力工具而出现，这些科学知识涉及把土地、大气和海洋联系在一起的自然过程（参见第三章）。尽管早期生成的模拟地球气候模型的能力激励了模型制作者这个与众不同的认识论群体，但是，在20世纪70年代到80年代从政府吸引越来越多的资源和赞助的，却是预测未来气候这个承诺。随着联合国政府间气候变化专门委员会在1988年的创立，模型制作者们成功地击败了作为认识论群体对手的古气候学的挑战，古气候学也在试图对未来“温暖世界”的气候进行预测。1995年，第一个气候模型对比项目在世界气象组织的赞助下得以确立，它接纳了来自世界各地的十余个气候建模中心。其中包括英国哈德利气候预测与研究中心，这是由首相资助创立于1990年的一支气候建模的国家队（Mahony and Hulme，2016）。

尽管基于模型的气候系统预测知识有引人注目的优势，或者说这正是问题依然存在的原因：“这种模型如何获得其文化权威?”这是一个我在前文中已在其他气候知识形态的背景下考虑过的问题（参见专栏3.2）。模型在社会和文化意义上是合法的，只要它们在经验上可以实证。确实，正如奥米·奥雷斯克斯（Naomi Oreskes）及其同事在许多年以前所指出的那样，模型证实在逻辑上是不可能的；气候模型的首要价值是启发性的（Oreskes et. Al.，

1994)。一个模型并非一个“真实的”事物;它是对现实的一种抽象化组织,其目的是为了有用。根据这种理解方式,气候建模这种独特的文化实践不必局限于气候科学家(参见专栏 9.2)。

专栏 9.2:作为文化过程的模型化

“模型”这个词在英语中是那类被严重过度使用的语词之一。它可以充当名词、形容词或动词。作为名词,一个模型就是对一个物体的再现,通常以缩微的形式,它显示了某物面貌;比如一件泥土雕塑。作为形容词,模型被用来描述一种理想的或典范的类型,例如,一个“模范”丈夫。作为动词,建模就是去给某物赋以形状或形式,比如,用蜡为某物塑像,或用计算机为气候“建模”。

作为一种活动,模型制造是那种可能有不同的文化表达形式的工作,尤其是关于气候的知识和预测。人类学家克斯汀·海斯翠普(Kirsten Hastrup)曾经研究过一些人们用以解释他们周围世界的建构“模型”的实践,它们使未来气候的预测成为可能。她在地球系统科学家建构的气候模型和格陵兰岛海豹猎人建构的地方气候环境模型之间发现了很多共同点。产生于各种情况下的气候模型都是现实的抽象,然而,却可能以各不相同的文化视角生成预测,这些模型被认为是可信的,并且也发现了它们的利用价值;例如,气候科学家对未来极端气温的预测或是海豹猎人对海冰分布的预测。

这些非常不同的建模过程实际上依靠五个类似的构成部分:观察、形式化、实验、投影和行动。观察是对周围环境的细心关注,无论是否借助科学仪器。形式化的目的是在这些观察中建立规则和规范，无论是否通过数学或智力图谱。实验是指通过控制某种形式对这些规则进行测试。投影是实验的结果，预测超过纯粹观察范围的某种新状态。最后是行动，不论是日常行动，还是改变世界的政治行动，都是受投影启发的一种结果。这些建模实践自始至终都被文化信仰(分别为：对科学家而言是气候的物理特性，对海豹猎人而言是地方的价值)和象征性权力(分别为：比如，数学和冰的形状)打下了标记。无论是对科学家还是对海豹猎人而言，这五种构成要素形成了一个互动的过程，为的是创造一种有关可能的未来气候的可靠并可信的知识，或如海斯翠普所称的“对自然的预见”。

(资料来自 Hastrup，2013)

对所有那些从事气候预测的人来说，挑战之一就是如何接受和交流未来的不确定性，对于气候模型的制作者来说，情况尤其如此。当被要求公开对未来气候的预测时——被要求发出他们先知的声音(参见专栏 9.1)——模型制作者要承担多种责任，这些责任相互矛盾的要求并非总是易于对付和平衡的。一方面，如同那些已经因他们洞察未来气候的能力而获得一定文化权威的人一样，他们需要证明他们的推测既是可信的又是有用的。另一方面，他们也需要承认他们技术的局限，尤其是在被要求预测次大陆规模或时间更远的未来气候的时候(Hargreaves and Annan，2014)。增加模型的空间解决方案可能增大气候预测的精准度，但它的精准度以及前文中提到的验证难题未必适用于由此延长至十年或二十年的预测。

如绝大多数对气候模型的性质做过反思的人都承认的那样，它们是不完美的预测工具，即便它们各有其用途，就像“所有的模型都是错误的，但有些是有用的”这个警句所说的那种状态。例如，在详细研究了联合国政府间气候变化专门委员会的评估文化之后，科学研究学者杰西卡·奥雷利(Jessica O'Reilly)得出结论说，“对未来气候变化的预测不可能是其他任何东西，它只能是猜测——高技术、高投入、高学历的猜测——但又总是带有一种‘填空’、预言或直觉的成分”(O'Reilly，2015：123)。这种“猜测”是如何进行的，以及如何将之与公众和政治行动者交流，他们可能对气候模型预测的真实性抱有很高的期待，在这些方面都存在着风险：科学可靠性的风险、科学家先知精神的风险以及政治权威和政策制定的风险。对模型制作者来说，在交流预测的模拟结果时存在着过度发挥的诱惑。科学家如何就模型的不确定性和局限性在内部与他们的同行交流，这个问题可能完全不同于模型制作者如何就这些同样的局限对外界进行表达，以及这些局限如何被更广范围的听众所接受。

所谓的麦肯齐《确定性凹槽》①可以被用来分析这些出现在气候建模或被称为“诱人的模拟”文化(Lahsen，2005)环境中对确定性的各不相同的见解。确定性凹槽的隐喻表明，那些最靠近模型发展过程的人(科学家)和那些离之最远的人(普通公众)可能比那些制定规划和决策的预测模型的专业使用者更怀疑模型预测的断言(参见图 9.2)。这后一个群体跌落在凹槽的最少怀疑的中心。然而，米安娜·拉森(Myanna Lahsen)的著作对这张图进行了修正，修正图显示，事实上，那些在气候模型发展过程中在专业上和

① 《确定性凹槽》(Certainty Trough)，作者唐纳德·麦肯齐(Donald MacKenzie)为英国爱丁堡大学社会学教授，该文初刊于《专业知识探究：问题与方法》[Exploring Expertise: Issues and Perspectives ，James Fleck & Wendy Faulkner & Robin Williams，(eds.)，Palgrave Macmillan; 1st ed. 1998 ，pp. 325—329.]。——译者注

情感上投入最多的人为了预测的目的也可能无视他们模型的某些局限。如拉森在她的研究总结中所说的那样，“……模型制作者有时低调处理模型的不精确性，因为他们感兴趣的是为自己争取到（公共）权威的地位”。麦肯齐凹槽的形状应该被用来“解释模型制作者在对这些失误的识别能力上的局限”（Lahsen，2005：917）。

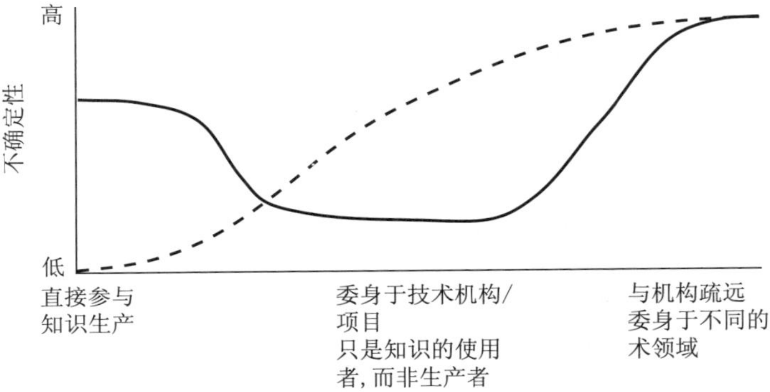

图 9.2 《确定性凹槽》(Certainty Trough)修订本。虚线标示的是麦肯齐原作中未加考虑的已知的不确定性水平（来源：Lahsen，2005）。

气候预测的利用

如此说来，气候模型预测对社会还有实用价值吗？预测未来气候的抱负以及对气候模型可以部分地实现这一抱负的断言，导致了一些社会行动者和决策制定者在制定适应气候的政策时严重依赖预测。在这种情况下，这种抱负有助于社会“经受住”气候的变化，并协助人们放心地与天气及其极端状况相处。人们还提出依靠气候模型预测来防止对未来可能出现的变化、适应过程的不良反应，这种适应不良可能会让有价值的人和地方面临更大的气候风险。人类对确定性的渴望导致了这样的一种信念：利用科学模型的气候预测将会更加准确。但是，这是一种谬论；这是一种不可能兑现的承诺(Lemos and Rood,2000)。不确定性是科学模型固有的局限,因此也是气候预测的局限。植根于气候预测在时空规模上的不确定性,对人类的决策至关重要,随着时间的推移,这种不确定性是否会有所减少,这是有疑问的。

因此,有两种文化适应决策已在近年被提出,两者都利用了气候预测,但方式有所不同。一方面,是"预测加乐观"型的决策。未来的几十年或更长时间的气候预测被用于设计基础设施和管理系统,它们将成为这些时间规模的"耐候性"(weather-proof)标准。在这种情况下,可能的后果就是,更准确的预测产生更恰当的适应措施。另一方面,是"强固型(robust)决策"范式,它以完全不同的方式看待有关气候的预测知识。它不是针对某种已经被预测到的未来而选择优化策略,它把基础设施及工程系统都设计得很强固,以便应对未来可能出现的更为复杂的变化,不可能保证只出现任何单一的后果。在这种情况下,潜在的可能是,良好的适应措施并不以精确预测为条件,它在任何情况下都不可能从预报的准确性中推导出来。

这种态度上的差别暗示了沃尔什(Walsh,2015)对先知作用的不同公共预期的比较研究价值。简单的看法就是,先知——在我们的语境里指气候科学家——是未来的洞察者,提供有关事件后果的客观知识和(与日俱增的)明确性。他们的作用就是为规划和决策提供坚实的基础。反过来,既然存在着笼罩预感或对未来不确定的预测,先知——沃尔什的观点是,包括历史上认定的以及今日仍然存在的——就是这样的一些声音:一个社会能借助于它们通过重建与约定价值的联系而做出恰当的选择(参见专栏 9.1)。她主张以这样的方式竭尽文化之所能来治理未来。

有关未来气候以及适应这种气候的决策,对气候顾问来说,先知的这后一种作用可能是想象中更好的选择。不确定的气候预测对于决策的效果始终取决于影响未来的不确定因素范围,并且也受到特定的文化经验和价值的影响。卡拉·罗科利(Carla Roncoli)及其同事们提供了一个很好的有关非洲西部干旱地区旱作农民类似的气候预防案例。布基纳法索国家气象办公室在雨来临的数周之前发布了来自科学推理和模型的季节性气候预报。农民们如何运用这样的预测知识在很大程度上受他们的观察、经验和文化实践以及价值观的影响。通过一种不同文化的意义和价值,也就是布基纳法索农民的文化意义和价值,产生于一种认识论文化的气候预测——科学——被重新配置。这些气候预测的意义被他们的认知景观所塑造,这种认知景观"……不仅是由气象现象构成,也是由先前积累的气候事件的经验以及相互矛盾的征兆、希望和对于即将到来的季节的恐惧构成"(Roncoli et al., 2003:197)。

有关未来的气候,除了要有准确的预见和专门的知识之外,社会最需要培养的特质,很可能还有谦逊和预防。对于"经受得住天气变化"的社会来说,最好的建议就是,不要期待或要求从他们的先知那里获得关于未来的更大的确定性。一个更明智的行动方针可能是去反思这种调节和适应——既从基础设施安排上,也从体制文化上——它们在面对一种不确定的气候和一种开放的文化的时候,保卫财富和社会功能。作为一种稳定天气与文化之间的社会关系的观念,气候很可能一直在演化,然而,当自然气候本身在发生变化的时候,对气候观念的公共利用需要被重新构想。这是一个值得反思的问题,我在第十二章还将回到这个问题。

本章小结

在本书中,我认为气候是一种在天气和文化之间起调节作用的观念。因此，如果情况确实如此的话，那么，预知未来的自然气候既对预知明天的天气也对人们接受这种预期有重要的意义。因此，气候预测暗示，明天的天气将不同于昨天的天气，可是，这样的预测——无论其准确与否——都改变了一个社会今天做出决策的方式。与气候知识一样，气候预测也受到文化的影响，并且，如何利用这种知识在不同的文化中各不相同。不同文化的预测产生不同类型的主张，并具有不同的公众信任度和权威性。未来气候预测，通常在某种程度上与科学的知识主张相关，与此同时，它也总是受到更广泛的文化规范、计算机制品和交流实践的影响。气候的数字化计算机模型只是预测其未来进程的一种手段，而且是进入当代世界舞台中心的一种手段。然而，模型预测以及那些与之交流的人——代表了一长串先知的声音——面对多种挑战：如何可信、如何具有权威、如何有用。要在这些要求之间进退有据实非易事。

气候预测服务于人类对未来确定性的愿望，然而，它不可能逃避这样一个事实：未来是难以解释的。因此，人们依然在渴望知道未来和却又不能实现这个愿望之间纠结。古往今来的常态一直处在一种“不知晓”而不是“知晓”未来的状态。在这样一种情境下，气候先知的作用并不在于提供一种减少懊恼的“确定的”未来气候知识。它更主要的使命在于给社会引进一种独特的声音，它将激发社会发现它自己的声音，通过它所珍视的约定价值去解释无法简化的未来的不确定性，并对之采取行动。而且，这些约定的价值观将会因文化而异。

因此，也许更有意义的是，把气候预测作为关于未来的故事，作为“揭示风险、禁忌和禁止特定行为进程的警示性的故事”(Tyszczuk，2014：45)，无论它是来自科学模型、海豹猎人、宗教预言，还是来自天气谚语。这些关于未来的故事将会影响当下，影响文化话语和政治行动带。被预告的气候可能引发反乌托邦倾向和对丧失的恐惧（参见第七章），但是，它们也可能激发人类创造"更美好"未来的信念。预测几乎总是会变成错误的；未来有其超越人类能力的自我行为展示逻辑。然而，关于未来的警示性故事可能总是会被吸收、思考并从中得到教益。在下一章，我将考察一种与未来气候密切相关的改造气候的故事，警示性故事在那里特别适用。

延伸阅读

Anderson, K. (2005) *Predicting the Weather: Victorians and the Science of Meteorology*. Chicago, IL: Chicago University Press.

Hastrup, K. and Skrydstrap, M. (eds) (2013) *The Social life of Climate Change Models: Anticipating Nature*. Abingdon: Routledge.

Moore, P. (2015) *The Weather Experiment: The Pioneers Who Sought to See the Future*. London: Chatto & Windus.

Walsh, L. (2013) *Scientists as Prophets: A Rhetorical Genealogy*. New York: Oxford University Press.

第十章　再造气候

引言

长久以来，人们都在试图使他们的气候更加宜人，无论是通过迁徙以便寻找更令人喜爱的气候，还是通过适应当地气候所要求的变化。无论如何，除了微型规模的森林清理、园林打围和屋顶粉刷之外，审慎地再造气候这种观念本身是很晚近才出现的。大规模再造气候的规划——无论是彻底改变气候恶化，还是改善气候状况——可能是与现代主义追求保护或改善环境的宏大技术规划的天性有关。这种天性以强大的势头出现于欧洲，并在后来出现于美国和俄国的19世纪和20世纪文化中，受到科学与工程技术发展的刺激，也受到了帝国殖民化规划以及超级大国竞争的鼓舞。

在20世纪20年代，这样的一个宏大的气候改善规划在一位巴伐利亚中年建筑师赫尔曼·索格尔（Herman Sörgel）的心中成型。索格尔被业已感受到的欧洲文化、环境和经济的衰落所困扰，也因欧洲地理优势的削弱而苦恼。在两次世界大战之间的岁月里,他在持有这样悲观看法的欧洲人中间并不孤单,但他的解决方案却是志向最远大的。索格尔提出了一个创造连接欧洲和非洲的超级大陆的构想,通过对地中海的海洋和非洲的江河流域的再造工程使之振兴发达。他的计划将会改善欧洲和非洲的气候,并且提供几乎不可限量的可再生水电能源。

索格尔的计划被称为阿特兰特罗帕(Atlantropa),并且已经着手在直布罗陀海峡建造一个连接欧洲与非洲并堵塞地中海的海洋大坝。地中海的水位将通过蒸发下降,在大西洋和地中海水体之间产生一种势能梯度。这一能量将通过产生 120 吉瓦电能的巨大的发电涡轮机来获得,是目前世界上最大的发电项目中国三峡大坝的发电量的六倍。新开辟的土地将用于安置从地中海海岸线周围撤离者,而且,他认为欧洲南部和非洲北部的气候将有很大的改观。在乍得、刚果和赞比亚江河流域的类似的巨大水电能力规划将为非洲获得同样的利益:巨大的可再生能源和向气候友好型环境的转变——友好,那是对定居的欧洲人来说的。在 20 世纪 30 年代期间,索格尔获得了一些狂热的工程师和野心勃勃的思想家的追随,他极力说服德国的希特勒政权相信他的构想的可行性和效益,却并未获得成功。无论如何,这个想法没有结果,直至他 1952 年去世之时,此时的欧洲以及广大世界较之于 25 年之前已经是完全不同的地方了(Lehmann,2016)。

索格尔的阿特兰特罗帕构想对于思考通过有计划的技术干预再造气候的人类愿望是富有教益的。他受激情的驱使要去控制自然的力量,并且被一种人类创造力能够改善气候和提高经济与社会福祉的难以抑制的信念所驱动。但是,我们也应该承认索格尔的想法在文化中的位置。他的设想是狭隘地以欧洲为中心的,并且带有一种非同寻常的印记，即“大规模规划的信念、对专制统治的信任以及对帝国与种族主义统治的严格遵守”(Lehmann，2016：89)。阿特兰特罗帕出现于已经感受到欧洲文化和政治衰落之时，带着对于有限的已经僵化了的能量储备和一种新兴的对于气候变化现实的认识。如果气候确实在变化，无论出于何种原因，那么，为什么不进行干预以便确保这些变化直接导向某些(人类)想要的结果呢？在总结对索格尔思想的研究时，历史学家菲利普·莱曼(Philipp Lehmann)评论说：

> ……伴随着工业工程新的水平和规模，还有什么理由不尝试改变一个大陆的，或甚至一个星球规模的气候呢？带着这种态度去用现代技术的全部力量“固定”全球环境，索格尔还是当今已被叫停并可能逆转全球变暖趋势的地球工程(geoengineering)计划的意识形态始祖。(Lehmann，2016：100)

* * *

在本章中，我探讨了人类再造气候愿望的一些文化维度。尽管这些抱负在最近的几个世纪已经显现出多种表达形式，相关的设想和建议，如果曾经有过的话，也很少被转化为有形的现实。然而今天，气候再造这一最新的观念有了新的色调和紧迫性。全球气候工程的可能性——无论是通过清除大气中的二氧化碳，还是通过改变大气的反射率——已经在某些科学、工程技术和政策圈中赢得了相当多的关注，并引发了各种文化企业家的创造活动(对比 Keith，2013，与 Hulme，2014a)。公认的气候工程，处于索格尔传统之中，是当今正在计划和研究的试图“控制”全球气温的技术，类似于住户通过转动恒温器来控制她家庭或汽车的舒适度。

本章的第一部分探讨的是这种渴望气候完美并控制气候的文化根源,以及这种愿望如何在试图再造气候的计划中得到表达。然后,在接下来的两个部分中详细阐述了有关再造气候的两种对比鲜明的辩护性叙述:一种是关于气候状况的改进和提升,一种是关于气候的修复和恢复。

理想的气候

几乎没有人会认为他们的气候是最优的——比如,人们会认为它太不可预测(或者是太容易预测)、太潮湿(或者是太干燥),或者是太冷(或者是太热)。如果说气候是"人之所期",而天气则是"人之所遇"[①],那么,在期许和兑现之间的裂隙中确实会有受挫感。尽管气候是一个承诺稳定天气-文化关系的观念(参见第一章),它却从来没有遵守过自己的诺言。对气候"应该"有怎么样的期许可能总是偏向于人类愿望的方向:想象中的偏爱与经验中的现实却没有多少牢固的联系。正是出于这个原因,来自不同时代和不同文化的人们才开始了他们想象或再造气候的计划,为的是让它比已有的气候更合人意(参见专栏 10.1)。例如,在研究乌托邦小说的时候,作者们发现,这个特殊的文学类型常常把气候再现为"既是一个平等的对象,(要不然)就是某种完全受人类支配的东

① "气候是你之所期,天气是你之所遇"(climate is what you expect, weather is what you get.)。科幻小说家罗伯特·海因莱茵(Robert Heinlein)的这句话在被麻省理工学院教授、气象学家爱德华·洛伦茨在《混沌的实质》(*The Essence of Chaos*, 1993)一书中引用之后,逐渐成为气象学界谈论气候与天气时的一个方便说法,本书作者在其《我们为何对气候变化各执己见?》一书中也曾引用过这句话(见该书第九页)。但此语的更早版本据说是来自马克·吐温(Climate is what we expect, weather is what we get.),具体出处未详。——译者注

西”(Porter and Lukerman,1976)。至少在西方的想象中,“天堂”——自由自在的完美的伊甸园——的气候是一种拥有蓝天、热带的微风和无尽的阳光的气候,这是在向热带以外的游客推销旅游目的地时一直被利用的一个幻境。神秘伊甸园的视觉描绘从来不会传送下雨乃至阴云密布的情景;然而,植被却总是翠绿茂盛的,草也从不会干燥或焦枯。伊甸园的田园气候始终是亚热带的,是一种气象完全静止和平衡的幻想。

专栏 10.1:理想气候

人们已经发现了许多“改进”气候的方式。所以,在他们的引导下,我们也相信,我们远古的祖先为了寻找更好的气候而走出非洲。他们在第四纪的气候盛衰变化之际,成功地完成了迁徙,并放弃了更北部和更东部的大陆块。古代的作家频繁地对某些气候做出评价,可是,这些评价仅出现于气候的大部分令人不快的成分——暴风雨、暴风雪和阴郁的天空——被剔除之后的语境中。因此,这些对气候的乐观想象恰好与古典世界的温和气候相合,远远地离开了干燥的热带和寒冷的极地。而且,中世纪的欧洲人也可以明确地表达他们自己的伊甸园式的气候,如这段来自15世纪的对于想象中的安乐乡的描述:“没有热或冷、水或火、风或雨、雪或闪、雷或雹。从来没有暴风雨,相反,只有永久美好、晴朗的天气……永远迷人的五月”(Pleij,2001:180—181)。

到了18世纪,欧洲的殖民地开拓规模以及土地改进技术至少展现了有可能把某些乌托邦气候变为现实的前景。法国哲学家孔德·德·布丰(Comte de Buffon)确认,人类在地球的自然形式和自然过程中留下的逐渐增多的印记,可以这样记录:“人类将能够使其气候的影响作用发生改变，并因此把气温设定在最合适的位置”(de Buffon，1778:244)。为农业发展而抽干沼泽并清除林地被看作是气候改进计划的一部分，美洲定居者和热带的欧洲殖民者相信他们被征召过来就是干这件事情的。但是，这种事情不仅发生在热带地区。法国空想社会主义者夏尔·傅立叶也曾为19世纪40年代的气候退化而忧心忡忡。他在美国的信徒的乌托邦计划是“调整季节、缓和气温和控制气候，以这样的方式使它们始终保持最有利的状态”(引自 Meyer，2002:592)。傅立叶的全球大气将会是平静与友善的，非常像是安乐乡的永恒的“宜人的五月”。100年之后，核科学家和数学家约翰·冯·诺依曼(John von Neumann)预见了通过提高技术能力实现气候控制并把乌托邦梦想转化为气候现实的远大影响力。冯·诺依曼写道：“……对大气和气候问题的干预将在几十年之后出现，并将在目前难以想象的范围内展开……对于我们的环境，对于自然界的一切，这是何等的力量！”(von Neumann，1955:41)

过去这些“完善”气候的努力——无论是通过迁徙、行为适应或者技术工程，还是仅仅通过梦想——都指向了对现存气候潜在的不满，或至少表明对于丧失已知气候的恐惧。

(资料来自 Hulme，2014a)

有关什么构成了一种令人满意的气候，现代和西方的感受力仅仅是：现代的和西方的。从气候角度来说，什么是“最佳”的，这会因不同的地方和不同的历史时期而各不相同。正如我在第二章所表明的那样，在20世纪初，埃利斯沃思·亨廷顿以及同类的地理学家发现了经验“证据”，证明有利于经济财富生产的最好的气候是英国南部和美洲东北沿海地区的气候。在不同的时间规模上，气候史学家称 5 000 年至 8 000 以前的全新世初期温和潮湿的全球气候是“最好的”，意思是说，更晚近的气候已是次好的。例如，布莱恩·费根（Brian Fagan）2004 年关于全新世初期的著作《长夏：气候如何改变文明》（*The Long Summer: How Climate Changed Civilization*）就表明了这些全新世初期气候令人满意的程度。历史学家们还把北大西洋区域 11 世纪到 14 世纪的气候描述为一种次等的（中世纪的）“最佳气候”，在此之后，欧洲气候就恶化了。因此，杰弗里·帕克（Geoffrey Parker）2013 年对环境不是“最好的”17 世纪的人类社会的叙述就被冠以《全球危机：战争、气候变化与大灾难》（*Global Crisis: War, Climate Change and Catastrophe*）的书名。什么构成了一种“令人满意的气候”，这个概念远不是固定的，如我在前文中显示的加勒比海群岛的情况那样（参见专栏 2.2）。这些亚热带岛屿的气候，按欧洲人的规矩被认为是不健康和危险的，但在 20 世纪又被重新想象为北方游客理想的冬季旅游目的地。因此，1921 年政府颁发的小册子可以夸耀说巴巴多斯提供了“全球最健康的地方”，并且承诺，它将成为“西印度群岛的疗养院”（Carey，2011：140）。

正是这种复杂的文化想象力喂养了人类控制和改变气候的胃口。一方面，这些计划可以被用来保护已经让人满意的气候，或是用来阻止一些不太令人满意的环境中的气候恶化。另一方面，如索格尔的阿特兰特罗帕构想的情形一样，它们可以被用来改造某些地区明显的气候弱点而达到改善气候的目的。正是人类对气候的这种不安感和挫败感培养了再造气候的梦想。这些梦想包括各种各样的方案：从夏尔·傅立叶的人类设计气候的社会主义蓝图（专栏 10.1），到把气候控制作为战争的武器，如 20 世纪 50 年代和

20 世纪 60 年代冷战时期的数十年间所设想的那样。例如，在美国《新闻周刊》1958 年的一篇文章中，专栏作家写道，“问题不再是‘人类能再造和控制气候吗？’而是‘哪个国家将是第一个，美国或苏联？’”(Amon，1958)。因此，21 世纪新的气候梦想家们，诸如提出要对大气和海洋进行地球工程改造的环境工程师大卫·基思(David Keith)和詹姆斯·洛夫洛克(James Lovelock)等人，都继承了人类寻求控制世界气候的悠久传统。

这些再造气候的计划可以通过有关人类能动作用非常不同的隐喻来加以解释。环境神学家和伦理学家威利斯·詹金斯(Willis Jenkins)曾认为，重要的是，不要把注意力仅仅放在用于描述自然的隐喻上(Jenkins，2005)。仔细考察那些用来描述人类对于自然世界的能动作用的隐喻也同样重要。他还提供了两项评价能动作用隐喻的标准。精选出来的隐喻首先必须抓住存在着多种程度的“自然”和“人工”这一复杂性。其次，它们必须考虑到人类干预的生产性作用，同时也要警惕这些行为的退化潜能。因此，他认为，使自然“完美化”或是“关爱”自然应该胜过“维护”或“管理”。

因此，值得追问的是，人类行动的什么隐喻可以在反思蓄意再造地球气候计划时被使用？目前提议的气候工程干预的是气候系统的自然动力，它要么是直接从大气中清除温室气体，要么是审慎地改变云或平流层的反射率。这些干预的意图和目标应该如何描述？什么故事有待讲述，以及那些试图实现这些目标的人的自我认知是什么？接下来的部分将要反思两种不同的再造气候的叙事或隐喻：改进与升级气候的叙事和气候修复与恢复的叙事。这些为气候干预辩护的故事利用了极为不同的自然哲学和对人类能动作用及意图的解释。

“改进”气候

改进（以及与其相关的升级）的隐喻无疑是一个看似恰当的比喻，它描述了许多业已被提出的再造气候计划背后的动机。正如我们已经看到的，这样的动机在索格尔的阿特兰特罗帕计划中被明显地表现出来：为欧洲定居者改善非洲气候，以及改进欧洲南部气候使之更好地满足人类的需求。这种隐喻也适用于许多华而不实的计划以及有时是十分离奇的一些再造气候的想法，这些想法出现于19世纪的美洲，吉姆·弗莱明（Jim Fleming）在《固定天空：天气与气候控制信史》（*Fixing the Sky: The Checkered History of Weather and Climate*，2010）一书中讲述过一连串这样的喜剧。在1891年《纽约时报》的一则社论中，某些类似的抱负受到了讽刺性的挖苦。曾被美国企业家们提出的气候改进计划包括反季节的除雾、驱散降雪和暴风雨以及通过包括空中爆炸或“空中地震”等方法在内的人工降雨。《时报》的社论撰写人挖苦地评论说，“如若（这些计划）能够实现他们全部的诺言，我们自由和开明的政府毫无疑问将尽快为自然卸下大部分负担，以相当漂亮的价格把她买断，并按照自身关于何为正确与适当的观念来运行宇宙的这一部分”（Anon，1981）。

尽管阿特兰特罗帕构想在1952年与索格尔一同“死去”，新的冷战政治以及国家对同时被苏联和美国掌握的科学、技术和工程的大规模投资的兴起，导致了气候工程观念在20世纪50年代和20世纪60年代的大面积涌动。这方面的一些建议——其中几乎没有达到严肃提议的阶段——被绘制在图10.1中，这是从1974年发表于权威期刊《自然》的一篇思虑周备的同题论文中复制过来的(Kellogg and Schneider,1974)。与傅立叶在后革命的法国、气候改造在19世纪的资本主义的美国,或者是索格尔在文化消沉的欧洲的情况一样,应该始终把气候升级的观念放在特定的文化氛围之内来加以理解,实际上它们也只有在这个氛围之内才是可以想象的。在图10.1所描述的那些计划里,这些战后文化受到了超级大国竞争局势的影响,也受到了对于人类技术能力的日益增大的信心的影响,还受到了控制自然的意识形态叙事的影响。在这些计划被提出的半个世纪之后,美国社会学家约翰·李(John Lie)的著作详细解释了为人类利益改善气候的愿望所依傍的文化神话:“即便达不到像上帝一样的控制程度——这个征服自然的观念是狂妄自大的——但科学思维中一种极度乐观的倾向认为,自然越来越被人类的概念发明和技术干预所开拓和控制。”(Lie,2007:234)

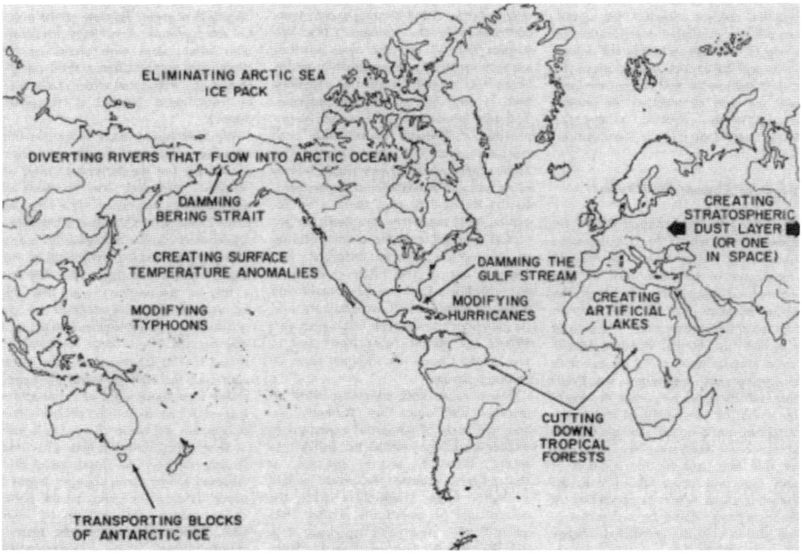

图10.1　已经或可能被提出的改善和改进气候的工程方案示意图(来源:Kellogg and Schneider,1974)。

正如凯洛格(Kellogg)和施耐德(Schneider)在他们 1974 年的文章《稳定气候：为了更好还是更糟?》(*Climate stabilisation: for better or for worse?*)中评论所说的那样，这些气候改善建议在实践上、伦理上和政治上都遭到了严肃的反对。这些被提出的计划对气候系统的其他方面将会有什么后果？谁将决定什么样的状况应该被作为这些建议所指示的“最佳气候”的结果？而且，既然气候改进的任何计划都将会既有所得又有所失，所失将如何被弥补并且由谁弥补？两位作者富有洞察力地指出，“我们有这样一种印象，将会有更多的控制气候的计划会被提出，而对气候控制者的控制计划却很少被提上议程”(Kellogg and Schneider, 1974)。

40 多年以后，这些有关伦理、治理和正义的问题仍然引人注目，并且与最近的一系列全球气候改造计划紧密切合，尽管如今人们更多的争论是针对为阻止气候进一步恶化的(紧急)干预手段问题，而不是气候改进的技术问题(参见专栏 7.2)。这些建议包括平流层气溶胶注入、海洋云增亮①、轨道镜、城市粉刷、土壤生物炭②、海域肥沃化、从空气中直接捕获二氧化碳、增强碳酸盐岩石和硅酸盐岩石的风化作用等，在此之外，还有更多的建议。其中，有一些提议得到了严肃的对待，这反映在讨论范围的逐渐扩大以及介入这些观念的专家与公共评论者的逐渐增多。科学家、哲学家、伦理学家、神学家、政治科学家、经济学家、艺术家以及其他文化企业家，都进入了关于这类冒险的必要性或不可行性的公共对话。从

---

① 即 Marine cloud brightening，缩写为 MCB，一种降低海表温度的技术。它借助无人交通工具把海水液滴喷洒到空中，使之上升并进入海洋上空的云团，以便增加云团液滴的数量，并进而增强云层的反射率和持久性。——译者注

② 土壤生物炭是一种从生物量的碳化过程获取的固体物质，它可以被加入土壤以改善其性能。参见：http://www.biochar-international.org/(2016 年 6 月 11 日访问)。

这个意义上说，而且从其他角度来说也是如此，在气候工程的抱负和那些超人类主义(transhumanist)运动(参见专栏 10.2)的抱负之间存在一种有趣而又重要的相似性。有些人试图提高生物物理技术水平，以便确保地球不受化石燃料工业资本主义的损害；另一些人则试图提高生物化学技术水平，并把人类从他们进化过程的物理性限制中解放出来。

专栏 10.2：气候改善

近几十年的生物物理与神经科学的发展使得干预技术成为可能，它反过来又导致人类提升(human enhancement)观念，即造就“更好的”人类观念的原因之一。这个叙事构成了更广泛的超人类主义的基础，它声称，它试图把人类的智力、体力和心理能力导向后人类的可能性。最重要的超人类主义者马克思·摩尔(Max More)解释说：“怀着应有的尊重，我们必须说，你[大自然(Mother Nature)]对人类的体质干了许多拙劣的工作……我们已经决定，该是弥补(它)的时候了。”(More，2013：449)在这里，它与改进气候的叙事，即为改正被这种“糟糕的”和不完美的人类种属所引入的错误或缺陷而再造大气层的叙事之间，存在着引人瞩目的相似性。

如人类的身体一样，自然气候曾经并且仍然被范围广大的植根于特定人类行为的社会-技术实践不经意地改变。因此，在两个领域——身体与气候——提升、改正和改进的计划出现了。随着被人类提升的技术的大量增加，它们被用来提高人类的智力、记忆、美丽和体力，同样，也出现了着意创造“被修正”和被提升了的天气的呼声。诸如平流层气溶胶注入等气候控制技术证明了这样的志向(参见Keith,2013)。

适用于人类提升的哲学、道德、伦理和政治问题,同样适用于气候提升的前景。天气和人类行为,这两方面都仍然明显是尚未被预知的,如果不是不可预测的话,这个限度会在气候或身体提升的情况下持续存在。因此,这种技术干预对天气/身体有何好处?人们如何能够辨别提升的和未改进的情形?人们对成为天空/他们自己的掌握者的渴望能达到什么程度?谁来控制这些技术以及它们因为谁的利益而被控制?迈克尔·豪斯凯勒(Michael Hauskeller)对这些有关人类提升的问题进行了探讨。豪斯凯勒追随的是道德哲学家迈克尔·桑德尔,他为这种提升所写的辩解文是谨慎的,如果说不是怀疑的,文章是以保持人类身体的某种给定性(given-ness)或天赋品质为基础的(Hauskeller,2013)。这个推理也可能适用于气候:提升气候在道德上没有错,但它可能是不明智的。人类可能造出合意的气候,但在这个过程中,他们有可能成为不令人满意的人(Jenkins,2016)。

不仅是想象、叙事和气候提升计划的产生要通过文化想象;这些计划在被赋予物质形式和可视性时可能出现的错误后果也要借助于文化想象来呈现。《末世殖民地》(*The Colony*,2013)、《雪国列车》(*Snowpiercer*,2013),近期的这两部电影也把这样的设想发展为故事情节的基础。两部影片都始于冰川时代,终于冰川时代,但是气候的戏剧性变化是由善意的限制地球变暖的技术努力的失灵而造成的。在《末世殖民地》中,巨大的造云设备本意在于减少到达地表的阳光,可是,它们的功率如此巨大,以致于云遮蔽了太阳并且使地球冻结。极少的幸存者最终只能生活在地下洞室。在

《雪国列车》中，喷洒到高空大气中的气溶胶错误地造成了冰河时代。剩下的人被囚禁在一辆反复环绕世界航行的巨大列车上，幸存者为了活下去，在越来越强暴的展示了阶级不平等的背景下展开了竞争。

两部影片都提供了一种对于改进全球气候的傲慢行动的解说，这两种改进气候的行动以自己的方式几乎导致了人类的毁灭。虽然这些干预本意在于阻止不可控制的全球变暖现象，它被认为是人类所面临的生存危机，但这些结果确实是具有讽刺性的。然而，这两部影片的结尾是不同的。在《末世殖民地》中，一群英勇的幸存者在殖民地的非洲-美洲领导者的带领下，在逐渐确定了一架仍在运行的云机器的方位之前，抵制了虚无主义强盗帮的劫掠。他们能够彻底改变这个程序并重新调整精心设计的地球恒温器。在《雪国列车》中，在绕地球航行 17 年之后，阶级冲突最终使列车脱轨，并且只有两个孩子从残骸中出现——进入到一个阳光明媚而又温暖的世界，靠自身的力量从由人类的设计造成的飞来横祸中恢复过来。因此，这些影片展现了不同却又相关的正在发挥其效用的想象，它们与提升世界气候以及积极参与这种提升的愿望有关。通过把有色人种放在“救星”的位置以及把幸存者放进经过设计的气候的废墟，这两部影片似乎都对那些从伦理的意义上说还存在着提升全球气候的狂妄的社会做出了评说。

“修复”气候

相对于被用以思考有目的的气候再造动机的改进或提升的那类措辞，修复这一说法提供了一种非常不同的隐喻性词汇。

设想中的干预技术在各种情况下可能都是大致甚至完全相同的，可是，气候再造的正当化叙事揭露了对人类能动作用和抱负的非常不同的解释。尽管如此，如气候升级一样，修复的修辞提出了有关人类如何借助气候而承受天气的变化这个具有挑战性的问题。

修复的修辞有时也被用于自然保护和生态系统管理（Marris，2011）。面对许多世代的人类活动对生态功能所造成的损害和破坏，生态修复试图让生态系统得到“恢复”健康、完整和可持续的机会。而不是为了设法改进或提升气候——使之“更好”——被称为气候修复的干预活动号称有能力逆转人类活动对大气造成的破坏。在保护生物学中，修复也与再荒野化、把因人类活动造成灭绝的顶级掠食者与关键物种再引进这些区域和生态系统等观念相关。因此，人们可能会问，气候修复计划是否也与恢复气候的某种“野性”（wildness）或“自然性”（naturalness）有关。

对修复的想象也与净化、纯化或恢复大气层的修辞有关。比如，诸如海洋铁质施肥、直接空气捕获或提高化学风化能力等气候工程技术都聚焦于把一种物质——二氧化碳——从大气中清除出去，因而将其修复至前人类（或至少是更少人类踪迹）的状况。因此，并不令人吃惊的是，在媒体对于新气候工程的再现中，最常被采用的修辞之一是把地球当作“病人/瘾君子”（Nerlich and Jaspal，2012），并把气候工程师当作“气候医师”（Flemming，2014）。如果世界气候有了一种非自然的高气温——也就是高烧——那么，气候需要的就是世界上医术最高超的医生的照料——也就是气候科学家（参见图 10.2）。例如，英国皇家学会主席保罗·纳斯爵士在 2011 年评论道：“可以认为地球工程研究与制药研究是相似的。”（Nerlich and Jaspal，2012：143）

图 10.2　全球气候的医学化处理。在 1995 年马德里会议将联合国政府间气候变化专门委员会《第二次评估报告》最终定案之后，科学家伯特·博林、约翰·霍顿和路易斯·吉尔文·梅拉·菲尔霍评估地球气候高烧状态的行为受到嘲弄[来源：《自然》杂志，455 卷，(2008)①，复制于 Fleming，2014]。版权：Springer Nature

在某些人看来，围绕气候再造的"修复话语"是有感染力的。把气候修复到类似前工业时代状况的企图，引起了人们对伊甸园式和田园神话中"涤尽"人类污染的纯净自然的向往。在许多西方文化和土著文化中，这些神话具有长久和强大的残留魅力。相关的康复、医药和医师等修复的修辞诱发了慈善、技艺高超并且道德品行端庄的专家尽力为病人服务这一令人欣慰的画面。然而，这些被应用于不同文化领域的吁求也可能产生无益的后果。修复的修辞使可能存在一个"自然的"世界的观念得以延续，这个世界是独立于与其共同进化的人类以及他们多种多样的活动的。把地球

① http://www.nature.com/nature/journal/v455/n7214/full/455737a.html(2016 年 5 月 17 日访问)。

作为需要治疗的病人/瘾君子的医学修辞也可能触发应急体制，因此，为了避免更大的疾患，修复医疗——气候工程——如今已成为迫切的需要。于是，应急话语传递出了重大的风险，为过度草率或反民主的措施打开了通道(参见专栏 7.2)。治愈或修复的修辞可能轻易地被气候工程类似地球的整形手术这类说法所颠覆。或者如一位评论者指出的那样："地球工程不是一次治愈。它充其量是一种权宜之计，或'止血带'；最差的情况是，它可能是一种蓄意自伤"[①]。有关再造气候的许多隐喻传递了不容易被预知或抑制的含蓄效果。

本章小结

人们长久以来就表达了"改进"气候的愿望，希望使气候与他们偏好的类型和喜爱的日常天气顺序更为相宜。这些愿望通过迁徙、通过微观规模的技术创新和治理实践，或是通过想象，在历史上一直被不懈地追求。无论如何，人类如今给地球大气造成的变化已经为有目的的再造气候引入了一种新的合理性——它已意识到不受约束的人类活动正给人类和社会繁荣带来一种很不友好的气候环境。然而，所有的气候工程计划都位于文化之中，如同我通过阿特兰特罗帕构想所说明的那样。如今正被(通过计算机模拟，in silicon)讨论和评估的全球气候工程技术以非常不同的方式引发了人类的想象力。在一些人看来，它们是"一种适逢其时的可怕的想法"；在另一些人看来，它们是给地球气候带来了性能的恢复或疗愈的技术，如同对身体的医药治疗或外科手术一样。

---

① Conway, E.(2014)《只提 5 个问题：黑客攻击地球》，美国国家航空航天局：《全球气候变化》，http://climate.nasa.gov/news/1066/(2016 年 6 月 11 日访问)。

可以把气候再造想象为一种气候的改善或提升，通过对气候的控制以及创造某种更好的气候，既修正了自然的缺陷，也改变了人类活动的后果；在这种情况下，这种技术与超人类主义以及人类提升叙事具有相似性。另一方面，气候的再造也可以被认为是一项修复计划，它将会带来一种更自然、更少人工成分的气候。因此，气候工程与恢复想象中的全新世气候的稳定性有关，它使得地球气候在工业资本主义的损害之后得以自我疗救。例如，350组织(350.org)自称的运动目标就是如此，它要使大气中二氧化碳的浓度回到前工业时代的水平。

对于再造气候的目的，这些不同叙述向来自许多不同文化传统的不同人群的不同天性发出了呼吁。完美化的气候看来只能一方面通过掌握气候，或另一方面驱逐人类来发现。可是，无论如何构想，这种气候工程实践都提出了更为深刻的哲学问题和政治问题。对人类来说，明知它是被人类之手制造和维持的，生活在这样一种被提升或修复了的气候中将会是什么样子？而且，从政治角度来说，谁来决定和管理这种被如此再造的气候——那些获得最多的人？那些损失最少的人？还是那些仅仅拥有权力和手段使这些技术出现的人？在下一章中，我将思考与气候治理有关的一些问题。

延伸阅读

Fleming, J. R. (2010) *Fixing the Sky: The Checkered History of Weather and Climate Control*. New York: Columbia University Press.

Hulme, M. (2014) *Can Science Fix Climate Change? A*

Case Against Engineering. Cambridge: Polity.

Kaith, D. (2013) *A Case for Climate Engineering*. Cambridge, MA: MIT Press.

Morton, O. (2015) *The Planet Remade: How Geoengineering Could Change the world. The Challenge of Imagining Deliberate Climate Change*. London: Granta.

第十一章　治理气候

引言

2015 年 12 月 12 日，世界各国政府在新达成的《巴黎协定》上写下了他们的名字。这个协议是迄今为止所制定的最具包容性和最负雄心的气候治理文件，它在当时被人称为是国际外交的巨大成功。它的 29 项条款旨在“在工业化以前的水平上，把全球平均气温的上升控制在 2 ℃之内”，并进一步努力把气温上升控制在不超过 1.5 ℃的范围内。这个协定承认各级政府——国家、区域、地方——的重要性，而且承认非政府政治与社会行动者在确保实现这个目标方面的作用。这份文件建立在几个基本原则之上，最重要的是“共同但有区别的责任，以及根据不同的国情承担相应责任”。为了能够确保气候友好型的发展和清洁能源技术的推进，对国际层面所提供的资金也提出了明确的要求。

《巴黎协定》是国际谈判进程的最新成果，这个谈判可追溯到

1992 年在里约热内卢签署的《联合国气候变化框架公约》(*UNFCCC*)。接下来早一些的是 1997 年的《京都议定书》(*Kyoto Protocol*)、2001 年的《马拉喀什协议》(*Marrakech Accords*)和 2013 年的《华沙国际损失和损坏机制》(*Warsaw International Mechanism for Loss and Damage*)、其他通过联合国的有关气候治理的多边谈判国际文件。这个谈判进程已经把这样一种观念标准化了:为了防止不理想的气候后果出现,全球气候不仅可以被治理而且必须被治理。这个进程的一个基本的原则始终是联合国应该精心安排这些努力,并且气候治理的首要目标就是控制全球平均地表气温。

气候治理这个概念——不仅是全球气候可能并且必须被治理,甚至任何规模的气候都可以被治理——是一种相对晚近的观念。不错,人们通过审慎的考虑,有时是通过协同行动对他们地方的自然环境实施控制,这种做法已有很长的历史。过去 10 000 年的人类社会进化历程确实可以被写成一个故事,一个有关社会治理的故事,或者说是一个有关社会日渐增长的"操控"它们周边环境的自然与社会属性的雄心与意识的故事。然而,就绝大部分人类历史来说,气候治理既关乎某些外部的自然实体的治理,也与自我的控制或个人财产的有效管理相关(Meyer,2002)。即使在现代,直至非常晚近阶段,它更多地涉及地方或国家的环境控制技术的发展。

正如我在本书中所证明的那样,如果说气候首先是作为一种有助于人们稳定他们与特定地方天气的文化关系的观念而出现的,那么,它何以能变成一个被认为是可以通过国际协约和文件来治理的客观对象的呢?气候,尤其是全球气候何以被认为是一个可以被审慎操控或以特定手段引导的实体的呢?根据米歇尔·福柯的治理观念(Bulkeley and Stripple,2015),至少需要两个步骤。第一,气候必须被“客观化”,通过权威的和可转换的认识论实践变成知识的一个外部对象。在18世纪和19世纪作为一种气候认知形式而出现的科学在这一环节是至关重要的(参见第三章)。第二,这种被客观化了的气候需要被“问题化”,在话语上被承认为一个实体,它可以存在于多种物理状态中,其中的每一种状态都对不同的社会行动者具有不同的意义。

与任何其他的自然实体、社会范畴或文化活动一样——例如,河流、性别或运动——一旦气候被一个或更多的社会行动者或群体成功地客观化和问题化,它就变成了政治对象。想要治理气候,就必须使其政治化。因为气候被变成政治问题——变成一个争议的对象——它在原则上就变得可治理了。因此,接下来的问题便是,要理解气候是如何被治理的,不仅要描述和解释治理的机构和文件,如《联合国气候变化框架公约》《巴黎协定》、碳税和排放交易系统等,与此同时,还要揭示在气候环境中被赋予权势的不同社会集团,并揭露他们掌握权力和宣示权力的差别。

不足为怪的是,当气候变成一个治理对象时,它也就变成了一个关于“良序社会”与“美好生活”的不同政治见解为抢占先机而搏杀的战场。气候变成了一个政治对象,不同形式的社会治理、管控和安排围绕着它来争夺承认、影响和合法性。正如一个政治学的定义所指出的那样,气候也是“一个争议的对象”(Barry,2001:6)。对于未来可能的气候状况的想象或预测(参见第九章),或者是再造气候的计划(参见第十章),都是具有深刻政治动机的行为,并与知识的建构、技术的发展以及权力的展示密切相连。因此,正如气候观念对于不同地方的不同人群意味着不同的东西一样,治理气候的雄心也变成了一个表达不同政治见解的平台。气候治理携带着人类想象，动员了科学与技术，并且利用了各种各样的社会机构。可是，气候治理最终是一个政治计划：它关乎谁去治理、他们如何治理、为了什么目的以及为了谁的利益治理。

* * *

在本章中，我探讨了气候在最近几个世纪被作为一个治理对象来对待的几种不同方法，以及这些治理计划的某些政治内涵。我的这种处理方法，借助于对三种不同规模的治理抱负的思考，即地方的、殖民国家的和全球的气候。

治理地方气候

气候如何被治理与气候如何被认知不可分割，尤其是与对气候变化和人类作用的不同解释如何被写入知识密不可分(参见第四章)。如果气候被认为是不可改变的或不受人类直接影响的话，那么，深思熟虑地“操控”气候的观念就毫无意义。气候仍然是“诸神的领地”(Donner，2007)，但是，这是在诸神对人类的哀求无动于衷的情况下。另一方面，假如自然气候被认为是与人类有(哪怕是部分的)密切关联的地方环境变化进程的动态后果，那么，不同的可能性就出现了。例如，17 世纪到 19 世纪的欧洲和北美的精英阶层逐渐认为，地方气候可以被人类的行为影响——抽干沼泽、清理(或种植)林木、培育土地。借助 18 世纪新的科学仪器，气候被对象化了，并且通过诸如休姆(Hume)、博丁(Bodin)和孟德斯鸠(Montesquien)等政治哲学家的气候理论而被问题化了。气候状况对维持社会秩序、驱动经济发展和影响公共卫生至关重要。在这些世纪里，关于自然、气候和人类作用之间关系的新哲学概念打开了人类活动可能影响地方气候的不同想象空间。总起来说，这些情况促成了气候治理的可能性，至少是地方气候。

因此，现代初期见证了企业家和政治家的良善，他们为了经济和社会利益，反复思考地方气候如何才能得到调控的问题。气候治理的精确手段将会反映出时代的知识和政治状况，以及有权势者的既得利益。例如，在前革命时代的法国，地面排水计划既是为了达到文明和气候改善的目的，也有赖于君主政体的支持。以这种方式把地方气候置于政治控制之下，显示了法国的国家权力和利益。类似的地方气候治理计划出现于 19 世纪中叶后革命时代的美国。例如，1850 年《沼泽地法案》的缘起在于之前已经出现了一代或两代人对于东海岸各州湿地和沼泽的有害的气候环境的关注。这些气候孵化蚊子，它是 19 世纪后期毁灭性的黄热病流行的原因。因此，地面排水变成了一种改进地方气候和减少可怕疾病暴发流行的手段。

治理地方气候不只是一项把森林或沼泽带入政治监督之下的运动。例如，1806 年，法国医生尤瑟布·德·撒尔佛(Eusèbe de Salverte)带着要把不同人口放进最适当气候的观点，对拿破仑帝国时代的不同气候和人群调查进行了勘察，人们也许会说，这是要“借助”气候来控制人群的流动。法国政府新成立的权威机构也可以被用于“大型工程计划……以改善‘气候的自然构造’，以及——又一次提到——人口的构成”(Locher and Fressoz，2012：583)。正如我在第四章中所显示，夏尔·傅立叶在 19 世纪 20 年代就认为气候恶化的根本原因在于社会。虽然滥伐森林和土地退化可能是气候变化的最直接的原因，但其终极原因却是贪婪和个人主义。傅立叶认为，只有通过治理人民，通过把个人主义的社会变成集体主义、社会主义的社会，气候才能得到治理，这为更晚近的致力于规范人类行为的气候治理模式预示了辩护的理由。他说，森林管制只是一种应对气候恶化的权宜之计；“对于地球疾患的唯一解决方案是革命：‘我们需要远离文明’”(引自 Locher and Fressoz，2012：587)。

地方气候的治理持续不断地出现在新的地点并走向了新的结局。一个近期的例证事关城市气候治理的难题。经历过上个世纪的发展，城市在规模和密度上已经有所增长，因此，城市的形态与社会经济代谢也已成为城市出现严重热岛效应的原因之一。城市比周边地区的气温可能已平均上升 3 ℃，夜间有时升温达 10 ℃。新的城市气候学已经将 50 年以上的城市的气候客观化了，出于城市人口、环境和经济利益的需要，控制城市气候的愿望也已将之有效地问题化了。有关城市的气候治理可以在何种程度上延伸到技术、社会、生态和行为控制等多个领域，东京提供了一个范例。日本政府的《减少城市热岛效应的政策框架》发布于 2004 年，它呼吁通过诸如放宽办公室着装要求等手段，为改变路面材料、引进行道树种植计划、设计冷空气走廊、改进城市结构以及改变人类行为模式而立法(Janković，2015)。

这些有关地方气候治理计划的例证显示了多种干预手段，它们力图把气候置于人类控制之下，进而保护气候作为一个稳定天气与文化之间关系的观念。地方气候治理的方案通过多种多样的计划显现出来：为人类的福祉(而且谴责环境退化)、种族隔离、控制人口、设计城市空间而改变自然。如我在下文中将要强调的那样，气候治理始终与其他方面如社会关系、流动性、能源、贸易、投资、人类抱负、森林的治理有关(参见专栏 11.1)。它对地方气候是真实的，对我即将论及的殖民国家的气候或全球气候也是真实的。

专栏11.1：通过森林保护调控气候

理解森林动态与(地方)气候间的关系一直是两千年或更长时间以来被反复探求的问题(参见第四章)。因此，治理“森林”常常被看作是一种治理“气候”的手段，这并不奇怪。滥伐森林正在损害气候，这种焦虑在18世纪和19世纪的北美、欧洲、印度以及英国和法国岛上殖民地、新西兰等地表现尤为明显。在普鲁士、意大利、英国、俄国和新西兰，为了制定相应的行动方案，还成立了议会或专家委员会来考虑应该展开什么行动。例如，布鲁克纳对欧洲气候变化的关注(参见第九章)使他得出结论，气候需要通过森林保护法的实施来加以保护。他在劝说普鲁士众议院制定保护地区森林法规方面起了重要作用，其目的在于保护区域性降水及河流水位(von Storch and Stehr，2006)。根据19世纪60年代越来越多的森林滥伐情况，类似的气候焦虑也在新西兰出现。人们已经认识到，未加控制的砍伐减少了降雨并升高了气温，而且还出现了借助国家森林管理来改变滥伐现象的呼声。倡导者们认为，政府应该加强它在社会和制定“治理”国家气候的森林保护法方面的作用(Beattle，2009)。

管控森林在更晚近的政策论争中也变成了一种治理气候的手段。然而，干预的规模已经从19世纪的地方和区域性气候治理转向了今天的全球气候治理。森林的退化和清理使全球大气中的二氧化碳呈净增长趋势，也因而使地球变暖；在当今大气层因人为造成的全部二氧化碳中，大约有30%来自森林滥伐行为。1997年的《京都议定书》在文本中首次引入了把热带森林管理作为《联合国气候变化框架公约》之下的气候调控文件的观念。

这个建议最终在2007年的《减少森林砍伐和森林退化造成的排放》(*REDD*)中成为正式条款，并在2013年的《减少森林砍伐和森林退化造成的排放＋》(*REDD*＋)中得到进一步的修订。《减少森林砍伐和森林退化造成的排放＋》如今已被作为国际气候治理的一个正式的法律文件，它利用市场机制刺激各国政府和地方社群“保护”其森林的碳汇功能①。如许多其他气候治理文件一样，《减少森林砍伐和森林退化造成的排放＋》在有关土地保有制、估价理论和社会正义等方面，也提出了具有挑战性的政治问题。它证明了由治理观念提出的一个核心见解：气候治理不仅仅是一种技术问题或统计问题，它还是一项对于权力阶层和无权阶层都具有深远内涵的政治计划。

治理殖民地气候

18世纪到19世纪中叶，气候在欧洲的殖民地变成了治理对象。这些气候治理的冒险行动受到了来自气候温和的北方的欧洲文化精英以及从政治与科学权力世界中心输出的气候理论对(大部分)热带气候的认知或想象的影响。这些理论认为气候是与道德、经济和社会安康密切相连的现象(参见第六章)。正在恶化的气候，或是以其他方式表现出来的失常气候，引起了人们的关注，因为经济生产、社会稳定和道德健康无法得到保障。因此，“善良的”殖民政府的一个表现就是对气候的治理。例如，杰格·切斯尼(Geoge Chesney)少校，他是要求英国更直接插手印度政府事务的

① 碳汇(carbon sink)，指森林利用植物的光合作用吸收大气中的二氧化碳，并将其固定在植被和土壤中，从而减少温室气体在大气中浓度的过程、活动或机制。——译者注

倡导者，他在1877年评论说，“对于降雨的研究是一个文明政府的首要职责”（引自Anderson，2005：275）。因此，被欧洲殖民者治理的气候就变成了既“经历过自然界风雨侵蚀”又经历过文化熏陶的气候；这些气候既包含着自然的也包含想象的特质。

与中纬度滥伐森林、有害沼泽和地方气温控制的话语一样，18世纪的岛屿定居者增加了对新的种植经济影响（热带）岛屿降雨量的担忧。包括新的国家科学家骨干队伍在内的殖民地精英则担心，因营造新的商业人工林所进行的森林与土地清理会影响到地方的降雨。就诸如毛里求斯、圣海伦娜、格林纳达和巴巴多斯等岛屿殖民地来说，情况尤为严重；英国、荷兰和法国总督都表达了同样的焦虑。例如，1766年，皮埃尔·波弗瓦（Pierre Poivre）被任命为毛里求斯的总监，其任务简介中包括通过森林保护恢复岛上的降雨。英国东印度公司对圣海伦娜岛的情况表达了类似的担忧（Locher and Fressoz，2012）。

教化人民和改进土地状况的殖民使命在另一方向上引导出气候治理计划。因为糟糕的气候经常被责怪，处理本地不良的健康和卫生状况经常被援引为这项计划的正当理由。与温带气候治理一样，人们建议把抽干沼泽和在退化的土地上重新造林作为治理热带气候和人民的手段，以使两者的状况都得到改良。如一位法国保健医师所说，“殖民化就是消毒行为”（Perier，1845）。在索格尔20世纪30年代的阿特兰特罗帕构想（参见第十章）投下阴影之前的一项计划中，法国殖民者弗朗索瓦·伊莱·鲁代尔（François Élie Roudaire）试图通过诱发可靠降雨的方法使阿尔及利亚的沙漠气候变得更加温和。作为一个身在埃及的军官，鲁代尔注意到，1869年运河完工之后，苏伊士周边的气候变得潮湿了，他想为阿尔及利亚的法国殖民地带来一种类似的效果。为了把阿尔及利亚的气候引到这个方向，他在1874年计划开挖一条通向地中海的运河，用以灌溉撒哈拉沙漠一连串干涸的盐湖。尽管这一计划根本没有实现，但以这种方式治理气候将会改善阿尔及利亚的农业状况；它构成了更大的殖民地"改造使命"的一个部分（Roudaire，1874）。

殖民地气候治理不仅仅被慷慨的家长式管理的高尚理想所驱动，它还带有显示帝国权力和经济控制能力的企图。"征服"殖民化的气候常常是被殖民的人民顺服程度的一个指标（Hurrison，1996），而且，治理"不肯通融的"热带气候的经济动机从来也不甘落后。例如，在20世纪中叶，英国殖民者发现自己在非洲东部已被卷入与区域性气候的旷日持久的搏杀中，对于这场厮杀永远不会有什么指望。指望，也就是生产出投资者或帝国政府机构所需的大量并且可靠的农产品。因此，英国海外食品公司在对这种难以驾驭的气候的勘测方面投入了大量资金——客观化的一个基本步骤——而且还通过飞机播云技术推动地方降雨的治理（Mahony，2016）。20世纪40年代坦噶尼喀[1]的落花生计划的不光彩失败表明，仅有气候治理的愿望和雄心并不能保证大气也会配合。

治理殖民地气候——无论在实践中还是在想象中——常常是帝国更大的文明化、商业化、卫生化以及把有序管理带给难以驾驭的人民和土地的计划的组成部分。即便这些领土的气候在某种程度上被"驾驭"，也只有通过控制自然环境的其他方面或社会、经济或文化生活的其他维度才能实现。气候治理始终表现了一种政治抱负，它出现于统治性的权力关系，通过特定的意识形态得以表

---

① 坦噶尼喀（Tanganyika），坦桑尼亚的大陆部分，位于非洲东部。曾是德国和英国的殖民地，1961年5月开始实行自治。——译者注

达，并且，它表现于对特定的人民和地方所产生的效果。

治理全球气候

我在前文中介绍过有关治理的两个相同的原则——客观化和问题化——在过去 30 多年业已展现的作为全球气候治理计划的工作中也可以见到。通过把全球气候系统表现客观化（参见第三章），科学把（全球）气候放入了高级现代主义的各种其他规划的序列之中。正如詹姆斯·斯科特（James Scott）在他《国家的视角》（*Seeing Like a State*）一书中所解释的那样，现代时期的政府通过对扩展到一系列对象的事实的枚举，越来越追求行使其管理和控制的权力。斯科特解释说，正式由国家资助的地图绘制曾经（现在依然）被用于处理领土纷争，国家的人口普查曾经（现在依然）被用来规训公民，而国内生产总值（GDP）则曾经（现在依然）被用来调控国家经济（Scott，1998）。国家与气候之间的关系仿照的是一个类似的模式。与地方天气的解释相区别，全球气候的科学和系统的解释打开了气候由国家治理的通道，或者更确切地说，是像联合国那样由国家的自愿联合会议来治理。如果说气候被构建成为“全球的”，它就必须“从全球范围”治理。因此，知识与权力就紧紧连在一起了。看似自然的而又不可避免的政治合理性，总是来自特定的知识形式，它将某些目标合理化，而排斥另一些目标（参见专栏 11.2）。

专栏 11.2：现代气候治理的目标

这种被治理的全球气候实体究竟是什么？其令人满意或不满的状况又是什么？在过去的 30 余年间，全球平均地表温度被当作全球气候客观化的首要指标。全球气温原本是气候科学家和模型制作者为辅助其科学考察而构建出来的，最终却变成了气候治理的一种有力和便捷的目标。因此，正如有效运行的经济在20世纪50年代由国内生产总值来界定一样，气候的表现也是由全球气温来加以界定的。正如现今的经济治理是为了确保具体规定的国内生产总值年增长率一样，如今的全球气候治理也是要把全球气温升高限制在“2 ℃以下”。这种把良好的天气-社会关系屈从于一个单一的全球性指标的做法，也会引起负面的后果，与减少经济政策以实现国内生产总值最大化的情形类似。某些治理行为是可想象和可执行的，而另一些则不太可能。人类的安全与健康勉强地用指标化的全球气候来解释，世界的政治领导效力则被降低为保证2 ℃的目标。为气候治理的目标编制全球气温指标，也为可以想象的某些形式的技术实验打开了通道，例如，通过气候工程创制一种“全球恒温装置”(Hulme，2014a)。

然而，全球气温事实上不是政策可以轻易驾驭的目标。它太抽象也太不确定。由于需要获得更直接的前期气候表现指标，所以，全球碳预算观念近年来变得与全球气候治理同等重要。这种二氧化碳的排放计算可追溯特定地方的具体人类活动，因此，每年的全球二氧化碳排放目标(比如，“不超过400亿吨碳”)可以作为一个有效的治理目标。于是，全球气候治理变成了一个把这些二氧化碳排入大气活动的治理任务。比如，在一般级别上，这将包括以化石为基础的能源的生产与消费、林地清理、土壤退化、海上与空中运输等。但是，随着以这种方式将全球气候客观化和问题化，治理的目标可能被分解到更精细的空间规模和活动单位。因此，除了其他事项之外，控制车辆尾气排放、农场耕作制度、人类生育率、家畜饲料、淋浴时间、人类饮食、航空里程、夜晚照明、垃圾填埋量、建筑标准以及更多项目，都被加入到全球气候治理这一更大的计划之中了。

气候治理从地方和殖民地气候到全球气候治理的更宏大抱负的这种延伸，在J.F.肯尼迪总统1963年11月被暗杀之前的最后演讲中已可看出端倪。在1963年10月22日美国国家科学院周年纪念大会的一次讲话中，肯尼迪把注意力集中在各种新的人类技术对于全球生物和自然环境造成的未知后果上。在说到化学和核武器的同时，他还提到了可能直接影响全球气候的天气改造技术。他承认公众越来越担忧技术未知和潜在的有害后果，肯尼迪呼吁政府承担“责任”：“为防止可能出现的不利的和有害的后果，政府有明确的责任去权衡为了知识进步或国家安全而进行的大规模实验的重要性。”(Kenedy，1963)在肯尼迪看来，治理全球气候是科学家协助政府在部署、监督和规范等方面达至“合理判断”，并且在之后“向公众解释这些问题”。

然而，这种治理全球气候的方法——可以这么说，是从“中央”或“顶层”着手的气候治理——已经被证明是难以奏效的。[这也是詹姆斯·斯科特《国家的视角》(Scott，1998)一书中的观点。社会、自然和文化的偶发事件永远胜过权力谋篇布局的眼光；集中化的视野和控制计划总会变成落空的幻想]。签署于1992年的《联合国气候变化框架公约》的初衷是“把大气中温室气体的含量稳定在一个可以防止人类干扰气候系统的风险的水平上”。近20年来，旨在传达这个目标的论文和文件试图通过目标与时间表的方式把国家行为控制在具有法律约束力的国际制度之下。这个计划使《京都议定书》在1997年诞生，但在2009年的哥本哈根谈判中却以惨烈的失败告终。

后来，在 2015 年《巴黎协定》所出现的一切则非常不同。尽管简化论的气温和碳排放目标被写入协定（2 ℃，1.5 ℃，到本世纪末为止全球净零碳排放），《巴黎协定》的另外各项条款显示，气候治理事实上将从“外围”或“底层”展开对这个隐喻的追求。各国政府仅仅被要求给《巴黎协定》带来他们（自愿）的国家自主贡献（INDCs）目标。没有监管制度，只有诺言与评审。《巴黎协定》承认许多治理地点超出了民族国家的范围：企业、自治区域、法院、市民运动、金融与排放市场。

一方面，《巴黎协定》可以被理解为 21 世纪初期处于主导地位的新自由主义意识形态的一份声明——流通、市场竞争、放松管制、志愿精神、个人主义。另一方面，它接受了一个与《京都议定书》非常不同的权力与治理概念。它似乎表明，治理气候永远都不可能是一项可以确保完成的事业（Bulkelry，2016）。《巴黎协定》并不是按计划进行的——“伴随着一种不折不扣的乐观精神，相信特定的领域或社会可以被管理得更好或更有效，现实在某种程度上还是可控的”（Miller and Rose，1990：4）——它心照不宣地承认，全球气候的治理后果不可能是保险的，也不可能被安全设计。无论是以国家或联合国为中心的权力表现，还是市场的诡计、或是被文化和技术变革所创造的奇迹，都永远不能给未来的气候提供一次可以预测的“安全着陆”。换句话说，全球气候治理不在于兑现一个预定的结果，而是要刺激不同的行动者和利益团体，让他们自觉地介入世界上的“受关注”的气候问题。这是对《巴黎协定》的乐观解读，它强调了一种竞赛式民主的可能性。准确地说，气候不是不可治理的；存在着一种掌控或影响气候的能力。可是，气候是不可控制的，如同在社会的或工程的意义上确保一种特定的终极状态一样。

换一种方式来说，把全球气候治理作为一个计划而概念化可能是注定要失败的。在20世纪80年代，把全球气候作为一个治理对象的最初构建，是与这样的一种叙事相伴的，即全球气候已经遭到破坏或损害，它作为人类活动的后果而变得越来越糟。从概念上说，人类从来未曾有过关于健康的或“正常的”全球气候的知识，相反，却有各种各样的地方气候知识，在这些气候知识中，文化传统从过去演化而来。相比之下，全球气候概念是这样的一种情形，就其概念起源来看，气候无例外地已经被损坏，因而在不懈地寻求去固定从概念上来说是不可固定之物时，产生了失败的感觉(Hamilton，2015：141，着重号为原作者所加)。根据这种推断，从中央或从顶层开始去治理全球气候永远不可能获得成功；气候-变化的解决方案永远不可能被找到。

然而，这并不意味着全球气候观念在政治世界没有市场。如果把气候主要理解为一个安排人类生活的隐喻的话，它的作用在于反思和塑造人类与之相遇共处的方式——他们如何在文化上与天气相处——那么，气候作为不同的社会行为者的一个争辩对象将继续存在。总之，关于人类生活如何得到最好的安排的问题，存在着富有争议的看法。如此说来，全球气候治理的观念，作为组织全球社会的替代者，使得气候成为一个更加明确的政治目标。正如我在前文章节业已表明的那样，气候观念把所有的事物都连接在一起了，比如科学、市场、身份、财富、健康和权力。过去是如此，今日仍然如此。治理全球气候的抱负不得不把各种各样的社会技术对象和文化实践及机制转变为政治论争的场域或模式。因此，除其他事项之外，食物、汽车、婴儿、音乐活动、机场、厨具、垃圾、美术展览、风力发电机和教育课程等，在它们是否是“气候友好型”的问题上，都引发了争议，这扩大了已经成为政治目标的争议的范围。

全球气候是由政治构建起来的一种观念，而不是气候观念被(不道德的行动者)政治化了。随着全球气候成为一个治理对象，气候-变化必然变成一种为追求不同利益而调动强有力的行动者的观念。在这种情况下，带着总体化的治理对象可能使不负责任的整体性权力合法化的潜在风险，人们可能会认为手段比结果更重要。确保全球气候再稳定这一目标的实现不应该有任何代价，尤其是不应以掏空或拆除多元主义、竞争机制和责任感这些民主美德为代价。

本章小结

为了治理的目的，有必要把治理的对象具体化(比如，一个社会或一个企业)，并且要有关于这个对象的明确和具体的目标(比如，社会稳定或企业盈利)，为了治理获得成效，对那些治理机构或代理人来说，也有必要获得达成这些目标的手段(比如，征税或员工激励)，而且，要拥有有关治理对象如何应对治理手段与政策适当的知识(比如，政治经济学或复式记账)。这些最初经由 20 世纪 70 年代法国哲学家米歇尔·福柯辨识的治理原则也可以被用于气候治理。

在本章中，我已经给出了一些例证，显示这些原则如何指导不同气候的治理，不管是地方的、殖民地的还是全球的。然而，这些治理的维度并非都可以直接用于气候观念。正如本书前面章节已经表明的那样，把气候简化成为一个纯粹的自然实体对于作为观念的气候的想象权力并不公平。因此，当气候被加以治理的时候，难道不正是这种想象被控制了吗？最初构成气候的自然的和想象的外观的气旋、热浪、冰暴以及倾盆大雨，并不直接受制于人类的法律、政策或技术。因此，治理气候总是变成一个有关治理和控制除了天气现象之外还包括其他事物的计划：自然环境、社会实践、物质技术、投资流动。可以从上文提供的一些例子中看出这一点，在那些例子中，抽干沼泽、植树或再造城市等，已经成为在不同的时间和不同的地点展开的治理地方气候计划中的活动。治理地方或殖民地气候常常是一场治理当地社群或殖民地社会的训练。

近数十年间全球气候治理的兴起进一步拓展了可以归于气候治理领域之下的实践、技术和机构的范围。《巴黎协定》中具体规定的治理对象是全球气温，而与此同时，这实际上也被问题化了——在前工业化时期水平上气温上升 2 ℃或更高被世界各国政府认为是危险的——而全球气温并不是一个可以直接受制于人类行为的对象。因此，治理全球气温至少需要控制人类活动的全部范围和技术领域——以及导致它们产生的想象力——它们把温室气体和其他微粒排放到大气之中。这就反过来需要几乎每一项人类实践活动，至少在原则上都要顺应全球气候治理的逻辑。土地、能源、流动性、饮食、森林、繁殖以及最终所有的人类行为都要顺应气候治理的总体化观念。

治理全球气候变成了治理全球社会的一项练习，可是，人世间却并不存在这样的训练场地。社会，因而还有气候，在设计一个预定的社会或自然结果的意义上，都是不可控的。然而，在不同的意义上，社会，因而也包括气候，又是不断地受到治理的，只是在不同的地方，通过不同的社会行动者，并且有着不确定的后果。

在本书的最后一章，我将更明确地转向气候的未来：作为观念的未来，而不是作为自然系统的未来。

延伸阅读

Bäckstrand，K. and Lövbrand，E.（eds）（2015）*Research Handbook on Climate Governance*. Cheltenham：Edward Elgar.

Bulkeley，H.（2016）*Accomplishing Climate Governance*. Cambridge：Cambridge University Press.

Bulkeley，H. and Newell，P.（2010）*Governing Climate Change*. Abingdon：Routledge.

Gupta，J.（2014）*The History of Global Climate Governance*. Cambridge：Cambridge University Press.

第十二章 读懂未来气候

引言

历史学家不以讲述未来故事而闻名。他们通常对建构过去的故事更感兴趣。把历史“事实”编织在一起，为“一事如何引发另一事”提供有说服力的叙述，寻求对于人们因何如此行动以及这一行为的后果的深入理解。但是，却没有未来的事实可供历史学家去发现或建构。未来通常只留给小说家或发明家的想象，留给预言家的展望，或是科学家的预测模型。

在 2014 年出版的一本迷你书（mini-book）《西方文明的崩溃：来自未来的观点》（*The Collapse of Western Civilization: A View from the Future*, *Oreskes and Conway*, 2014）中，历史学家内奥米·奥雷斯克（Naomi Oreskes）和埃里克·康韦（Eric Conway）却果真把他们的注意力转向了未来，气候的未来。他们运用科幻小说的文学修辞，从公元 2373 年的视角来想象地球的未来气候。奥雷斯克和康韦披着未来历史学家的面纱，回望他们所说的肇端于2074年的大毁灭与大迁徙的“第二蒙昧时代”。他们叙述了自身亲历的21世纪气候事件，在讲述这个故事时，他们仿佛就是这些想象中的历史学家。该书中所展现的就是一个写于未来、有关未来的想象性的故事：一份关于气候以及21世纪人性的“历史”记录。这是一个气候混乱、社会分裂和人类灾变日益加剧的故事。2023年，西方的富裕之家所喂养的猫狗的大量死亡，只是这个故事的开端。

到2042年，全球地表平均气温已经上升到接近4℃，太阳能气候工程开始于2052年……到2063年再度停工。这种硫酸盐气溶胶注入的突然停止造成的温室效应到21世纪60年代中期达到了“全球引爆点”。北极甲烷的巨量释放把全球气温推升到比现今高出11℃的水平。接下来所发生的一切把科马克·麦卡锡(Cormac McCarthy)的后灾难小说《路》(*The Road*)与诺亚洪水神话融为一体了。在2074到2093年之间，海平面升高了7米(以每年一英尺的进度)，15亿人成为气候难民，60%—70%的物种灭绝。澳洲和非洲的全部人口(根据联合国最新预测超过40亿)都被毁灭。

像科幻小说一样，未来主义的历史学也是一种想象性的文学比喻，它可能被用于娱乐、思考，也可能用来提供道德训喻。在《西方文明的崩溃：来自未来的观点》一书中，奥雷斯克和康韦所展开的正是这后一种追求。他们明确地说出了文明崩溃的历史根由，“两种起抑制作用的意识形态：实证主义与市场原教旨主义”(2014:35)。在把科学、道德主义和人类想象编织在一起的过程中，他们为人类对未来气候的思考在何种程度上一直受到文化的影响提供了一个出色例证。奥雷斯克和康韦对实证主义科学和新自由主义市场的深切反感形成了他们对西方文明及其对气候的毁灭性影响的衰退性叙述。他们认为，21 世纪的科学是过度简化主义的，过度性别化的，并且受到学科知识实践的过度扭曲。自然科学家践行“在思想上自我否定”，受到不合乎实际的统计学数据的传统约束，又或者，他们发起有关极端天气事件归因的“晦涩难懂的论证”(arcane argument)。根据奥雷斯克和康韦的说法，科学把太多的公共资源挪用到有损于公共艺术投入的事项中。那些明达事理的历史学家大为吃惊，“这些西方人”没有把知识转变为权力；他们感到痛惜，权力和利益被政治机构所掌握，而不是掌握在科学家手里。只有勇敢的、与众不同的科学家才去争取战胜邪恶并产生阻碍作用的西方政治家、公司和公民。

文化理论家阿尔让·阿帕杜莱(Arjun Appadurai)曾经认为，人类只能从文化上认识未来，未来是一个“文化事实”(Appadurai，2013)。相应地，并且是不可避免地，存在许多种可能的未来；进而，也存在许多种可能的气候的未来。科学家和先知——或者确如奥雷斯克和康韦这样的历史学家——可能提供他们对未来气候的预测，可是，既然未来总是先于我们而退去，今日的预测也终将被明天的预测所替代。今日的气候始终是被昨日的先知预测的昨天的未来。在阿帕杜莱看来，人们想象未来的方式很大程度上显示出他们过去与当下的政治信仰和文化实践。这对于气候的未来是真实的，对于经济、技术、社会、医药等其他的未来也是真实的。被想象和预测的气候的未来，可能通过反乌托邦的叙事激起恐惧、失落和怀旧的情感，但是，它们可能还具有催生人类信心的潜能，使之焕发能量去开辟一个更美好或更公正的未来。如我在前文章节中表明的那样，治理气候的努力已经变成有关“良序社会”或“美好生活”的不同政治见解争夺优势的战场。

* * *

在本书的最后这一章中，我致力于理解当下的某些想象未来气候的方式。我认为在这些想象世界中有三种可以辨识的模式。重新稳定未来气候的愿望是一种，承认未来气候将始终处在一种即兴创造的状态是另外一种。可是，还存在第三种可能性：在人类世(参见专栏 12.1)时代，作为一种人类有效组织手段的气候观念将不再具有考虑的意义。

专栏 12.1：人类世的气候

从某个层面上看，人类世的观念非常简单。它单单体现了这样的观念：尽管绝非人人平等，但人类在地球规模的自然世界留下了他们的印记。然而，人类世也是一个孕育着多种意义的观念，其中的许多意义还有待想象。“人类世”本是地球系统科学家保罗·克鲁岑(Paul Crutzen)和尤金·斯托默(Eugene Stoermer，2000)用以描述人类生存于其中的一个新的地质年代的术语，在21 世纪第一个十年间得到了广泛的运用。两位科学家认为，当前的地质年代——12 000 岁的全新世——如今已经离场远去，一个新的年代应该被确认，这是一个人类种属拥有塑造地球力量的时代。

人类世观念内涵丰富且具有创造性，它绝不仅仅限于给最近的地球年代贴标签。人类世激发了对地方、人类生活与行为的目的以及人类如何看待自我与非人类世界的关系的再想象。人类世绝不囿于作为一个年代的标记，更有价值的是，它还被理解为一种意识形态。它为视人类创造力为核心的这一特定的世界观提供了概念支撑(参见图 12.1)。它与后自然[不再自然的

图 12.1　人类世的观念已超出学术领域，在科学界和人文学界都同样得到了广泛的商讨和辩论。这张海报宣传的是加州大学圣巴巴拉分校的跨学科人文学中心 2014—2015 年系列公共活动："人类世：人文学的视点。"[来源：https://www.ihc.ucsb.edu/series/Anthropocene/(2016 年 5 月 19 日访问)]

自然(nature as no longer natural)]和后人类[超乎人类的人类(human as more-than-human)]的观念密切相关。人类世想象还质疑了传统科学的适用性，以及它为了生成关于新环境下的合用知识而对世界进行概念化的方式。这种在方法论上将客体与主体相分割的做法分明会拒绝承认人类世世界的典型属性之一，即人类与非人类是连成一体的。在人类世，科学家研究的不再是自然的运行，而是已被人类反复研究过又改造过(改造过又研究过)的自然的副产品。不存在毫无偏见的有利位置去宣告

“对自然的发现”，因为这些发现也是对某些其他事物的发现——已经带上了它们的发现者标记的社会-自然的发现，或者是对“超乎自然”(more-than-nature)的发现。

可是，人类世时代也是对人文学和社会科学规范的挑战。不再有供人类行走，供人类历史展演的自然的、纯正的舞台。伦理、政治、神学、历史、文学都需要适应风头正劲的强调“生机物质”(vital matter)的新物质主义①(J.Bennett,2011)。

重新稳定气候

如我在前面的章节中已经表明的那样，人们与气候观念的关系始终都有自然和心理的维度。对于自然气候稳定性的扰动，无论是真实的还是构想的，在物质上和情感上都会对人类的安全感与幸福感造成一种负面影响。任何灾难都会改变个人的生活世界，但是，当一连串的气候灾难连在一起，他们在谈到“气候的变化”时，失落感与疏离感就尤为强烈。人们为自己构建的对这类令人不安的自然秩序的解释，在人类的行为王国中被反复探求。如我在第四章中所展示的那样，气候的不稳定性——从诺亚洪水神话以来——长期充当了人类行为失检的一个征兆和一种警示。对气候变化的领悟常常被视为一个道德净化的或个人转变的时刻，

---

① 此处表述的美国政治哲学家简·本尼特的“生机物质主义”观点，在《充满生机的物质：物的政治生态学》一书中，本尼特提出，物，不能简单地被视为呆滞的或消极的东西，它有自身的“物-力”，并且能够作为代理参与政治行动。因此，在本尼特的政治生态学想象中，人类与非人类的“物”构成了集合体，并共同参与政治与生态实践。——译者注

现代希腊词语 *kairo*——意思是正确和恰当的时刻[①]——捕捉到了这个时刻。奥雷斯克和康韦(2014)在他们关于未来气候的道德寓言中试图传达的教训之一就是,为了防止世界气候的极度不稳定,当今世代的人们必须改变他们的生存方式。尽管写的是历史学家想象的很远的未来,他们谴责的目标却是此时此地的你和我,尤其是我们中的那些声援"实证主义和市场原教旨主义"那套孪生意识形态的人。

美国幻想类电视连续剧《权力的游戏》(*Game of Thrones*)以另一种方式表明,即将到来的气候变化在隐喻的意义上既预示着生存的威胁,也是对忏悔与变化的呼唤。电视连续剧以 R.R.马丁的系列史诗性幻想小说《冰与火之歌》为基础,在小说中,虚构的维斯特洛(Westeros)大陆与城市君临(King's Landing)[②]的人民似乎被日益恶化的气候吓坏了。僵尸模样的异鬼(White Walker)[③]是毁灭性冬季气候的先兆,只有守夜人军团(Night's Watch)[④]才能与之抗衡,守夜人军团的这些黑衣武士试图让君临市的居民相信这些迫在眉睫的威胁。在《权力的游戏》中,气候变化构设了一个隐喻性的却又持久的危局,它的风险——农业和食物供给的中

---

① 在现代希腊语中,*kairo* 还意指"天气",这又为这个联想增加了另一层含义。

② 维斯特洛(Westeros)大陆与城市君临(King's Landing),均为乔治·R.R. 马丁的奇幻系列小说《冰与火之歌》中的地名。维斯特洛,也被称为日落国度(the Sunset Kingdoms),是故事世界中已知的四块大陆之一,它的设定大致以中世纪的欧洲为基础,小说的大多数故事情节都发生于此。君临是《冰与火之歌》中最重要的城市之一,位于维斯特洛东海岸,为七大王国的首都。——译者注

③ 异鬼(White Walker),按小说设定,是一种来自塞北永冬之地的神秘而恶毒的生物,本是森林之子为抵御先民所制作的武器,但却失去控制。他们曾在维斯特洛大陆制造了巨大的混乱和战争,几乎屠尽维斯特洛所有人口。最终先民和森林之子合力将之击败,并赶回北境极寒之地。——译者注

④ 守夜人军团(Night's Watch),《冰与火之歌》中守卫维斯特洛大陆北疆绝境长城的荣誉军团。——译者注

断、个人的不安——对政治秩序的稳定和维持构成了威胁。在谈到涉及这部电视连续剧的活跃的博客作者时，曼雅娜·米尔科里特(Manjana Milcoreit)为维斯特洛的冬季变化和未来气候恶化的威胁如何在现实世界产生作用做出了辩护(引自 Judd，2015)。冬季即将来临，但在维斯特洛几乎没有人相信这是真的；世界正在变暖，但美国政治家却存在分歧或无动于衷。人们也可以在《权力的游戏》中看到与奥雷斯克和康韦的《西方文明的崩溃：来自未来的观点》中相似的内容：忠诚的守夜人军团与奥雷斯克和康韦的英勇卓异的科学家，试图用即将到来的威胁唤醒一个沉睡的世界。

无论是奥雷斯克和康韦的虚构历史或《权力的游戏》(参见第十一章)，还是今天应对气候变化的实际目标，这些道德故事的目的，都是要通过政府、技术、社会或个人转变的联合来再度使气候稳定下来。比如，通过多国的集体努力，关于气候变化的《巴黎协定》(参见第十一章)试图把气候稳定在变暖不超过前工业化时代水平的 1.5 ℃和 2 ℃之间；或者如《自然》杂志的总结，“……一次为所有人确保未来生态安全的全球性交易”(Anon，2015；着重号为引者所加)。确切地说，气候工程话语(参见第十章)指向的是可以重新平衡地球能源与碳流动的新技术，以实现一个稳定和安全的气候。通过对社会和经济权力结构的彻底重构，娜奥米·克莱恩(Naomi Klein，2014)试图废除已经给全球气候带来不稳定的碳资本主义，而诸如卡伦·奥布莱恩(Karen O'Brien)等学者则把注意力转向有助于再度确保气候和文化生活稳定的个人转变的潜能(O'Brien，2013)。

在满意与“安全”的限度之内再度确保气候稳定，以便把气候带回到某种有序的状态，这些都是公认的人类天性。假如稳定的气候被认为是一种全球公共品，假如只是全新世的良好气候才能使人类文明得以繁荣发展，假如人类对大气的入侵被认为是对自然的和合意的状态的破坏……假如所有这些事情都是真的，那么，为了防止它变得太无序，全球气候的重新修复似乎很有可能是符合逻辑的而且是必须的。这种重新稳定和保护气候的冲动证明了人类对秩序和稳定的持久需求（Daston，2010）。即便在物质上可以忍受气候变化的后果，但在心理上可能并不情愿如此。

即兴创造的气候

大量对于未来气候的思考因此而受到这一愿望的驱动：保卫和防止气候被已经认识到的人类活动的后果所扭曲，根除——或至少是缩小——人类对气候的“非自然的”影响。上述的这种天性是与人们觉察到的把气候作为一种阻止人类的天气经验陷入混乱的观念所具有的重要性密切相关的。这确实是气候观念的一个巨大作用，纵贯本书，我都认为，这一作用可见于千差万别的历史文化和地理文化。

但是，对于未来气候的一种相当不同的想象姿态却欣然接受即兴创造的观念，即创造未经计划而对即时在手的材料作出临时编排的观念。在这条思想线索中，一种变化的气候也具有象征的功能，但不是作为文化焦虑或道德责任的能指，一种变化的气候变成了人类精神化生活和高涨的创造力的隐喻。把未来气候看作是某种只能来自人类的即兴创造的东西，这种想法与那种准备重新稳定气候、恢复气候秩序的冲动相比，需要开始于一个迥然不同的前提。是的，即兴创造的前提承认人类文化实践给地球现实环境留下了深厚的物质印记。在这个意义上，人类世时代（参见专栏12.1）确实是对多种人类行为给自然世界施与的重大影响的恰当命名。可是，即兴创造开始的前提与前文章节中所提及的鼓励改变气候的计划的前提在这一重要问题上迥然不同。它不是把气候作为政治意志、技术独创和道德完善的可控对象来看待的，气候的“即兴创造者”承认，地球的大气和海洋的自然过程始终超出人类努力为之设定的有限界域(Clark，2011)。

作为对自然界具有物质支配力的人类动因，与桀骜不驯地逃出人类约束的自然过程之间的这种较量构成了紧张关系，这对矛盾显示了我的即兴创造者们思考未来气候的特点。未来气候将不可能在旧的现代主义的控制、设计或有目的地治理的意义上获得稳定。既不可能回到气候的过去，也没有任何可能通过直接的干预来维持一种安全、稳定乃至可预测的未来气候。纯自然的大气，无论是真实的还是想象的，已不复存在；海洋正在被碳酸化，冰盖在移动，冰川在退却。然而，集体意义上的人民既不被动，也并非无能为力。既然人类世是可能的，我的即兴创造者们将会认为，人民——具有全球影响力的行动者——在与未来气候的关系中不可能只是扮演一个意识清醒并具有反思能力的角色。已经摈弃了上帝，并且重新加入了自然，可供选择的只能是积极而又谦卑地承担起即将到来的气候对于21世纪的人们依然开放的责任。可是，这种责任的结果将被严格控制，并且不可预测。无论是科学知识还是半驯化的自然，都不会让人类来担保他们的行为与技术带给气候的后果。无论是人们把施行于未来气候的技术行为看作是提升还是保护(参见第十章)，这些隐喻都同样暗示，人类的权力事实上已经被否弃。

在陆地空间，最近的再荒野化风尚可能被视为这种即兴创造伦理的一种表现：从已经获得的空间和物种开始重新安排自然，却没有准备充分的总体规划或确保后果安全的知识。再荒野化有可能被当作一种重新创造前现代生态的企图而受到狂热的追捧，但是，这样的抱负永远不会获得成功。背景是不同的，自然也不会配合，不可预见的负面后果会出现。即兴创造的对地方生态的适应在非人类和人类行动者中一直在进行，其结果是新的生态系统与新的物种的聚合。

大气也是如此。让大气回到前工业化时代，甚至是再度确保变暖不超出前工业化水平以上 2 ℃，这种抱负在某种意义上可以被看作是对气候的“再荒野化”。但是，这种努力注定要失败。环境是不同的，自然也不会配合，不可预见的负面后果会出现。在人类世，唯一的可能就是，通过对新的和完全不确定的未来气候的即兴创作来进行再创造。即将被创造出来的景观将会是汇合了各种地方天气的新气候。不是要重新创造一种气候的过去，唯一的可能是与地方的新环境一起前行。这种人类文化演进的物质积淀与非人类世界的自然力量的相互作用将导向永久的即兴创造的气候，既不稳定也不可预测的气候。或者，使用布鲁诺·拉图尔的语言来说，未来的气候将通过人类一系列无法言传的多样性努力而“被创造出来”。人们将会认识到，“这种普遍（气候）必须从完全是异质的成分中被开发出来，这些成分永远不可能构成一个整体，充其量只是一种脆弱的、可修正的并且各不相同的复合材料”（Latour，2010：474）。

同样，社会学家伯恩·斯泽斯金斯基（Born Szerszynski）也反对未来气候应该被纳入（人类）技术控制之下的观点。他说，就天气而言，始终会有一个强大的“他者”存在。它永远不会被人类的感化力驯服，正如过去，它从未被向众神祈祷所打动，也未被稳定气候的保护性观念所感化（参见第四章）。天气将永远超出人类的这些努力的限制。反之，必须以一种更谦卑的态度接受如今已经被创制出来的气候与人类间即兴创造式的和实验性的新型关系(Szerszynski,2010)。这需要对人类与自然关系有一种大不相同的理解(参见专栏 12.2)。

专栏 12.2:气候文化学者(weatherculturalists)

已有数位作家把园艺实践作为一种重新思考人类在人类世时代对待自然态度问题的方式。把这个隐喻用于未来气候,就把重点从通过现代主义的控制计划重新稳定气候的抱负,转移到根据即兴创作的要求更多地考虑与自然合作、以便形成既不可完全预料也并非固定不变的结果。正如地理学家霍利·巴克(Holly Buck)所解释的那样,"花园是一个现场,我们在其中可以检验实践中的联结与关爱。这是一个非常迷人的比喻:富有园林之爱、围墙园林、隐秘园林等等的语言魅力。人类世引发了规模的问题……大规模工业化的单调景观是人类世恐怖故事的指示物;地球花园的意象则是某种大相径庭的东西"(Buck,2015:374)。

园丁着手干活的时候需要的是谦虚、快乐、专注和用心的美德(Paola,2015)。当然,花园是人类的想象与技艺协同和借助土壤改良、光合作用和天气过程而获得的共同产品。在与自然的关系中,一个园丁既不控制也非毫无作为。存在着一种休戚与共的关系——至少在上佳的花园——在植物、动物生命和土壤所拥有的自由的庆典中,人类的愿望和意图得到了表达。与种子的战斗是无情并且永无终结的,但这又是一种园丁自愿参与并奋力追求的活动。其关注点在于园艺实践,"而不在它的结果,在于实践内部的成效,而不在于它所产出的那些东西"

(2015:203)。园艺变成了一个有关关爱、有关专注与责任、德性的隐喻，人类世的构成需要这个隐喻。可是，人类的栽培实践产出的却不只是园林。越过无以计数的世代，它们也产出了农业、园艺、水产、林业和气象文化。这还不够丰富吗？甚至从气象文化与人的角度来说，有没有可能像气候文化学者一样去思考？

后气候

有关与未来气候的关系，还有第三种想象姿态，这是一种把即兴创造的观念推向更远的姿态。它的论点如下。人类文化与大气层的天气正变得日益不可分割。人类确实塑造了头上的天空，而文化也经历了气候的风雨淘洗，在这个意义上，每一方都塑造了另一方。在人类世时代，人类从象征性地创造他们的许多小世界转向了从物质上共同创造一个完整的世界。或者更确切地说，他们许多象征性的小世界如今已嵌入了一个大得多的共同创造的物质世界，这个世界本身承载着文化象征。历史学家迪佩什·查卡拉巴提(Dipesh Chakrabarty)曾经认为，人类世思想的后果之一就是历史学家对自然史与人类史的区分已经开始瓦解(Chakrabarty，2009)。与此相似，我认为，人类气候与自然气候的区分也不再具有意义。

人类世的核心观念是，变化如今已是不可逃避的并且是永久性的。不存在正常状态。但这不仅仅是因为自然过程在改变物质形态，地球深层历史的整个进程始终是如此。这是因为全球规模的物质形态如今已越来越与人类的发现、发明和即兴创造联系在一起。换句话说，物质世界的变化如今产生于来自文化想象的情绪高涨的人类技术和实践。无论它是人类身体、物质技术、城市生态，还是区域性气候，除了存在本身以外，如今已没有什么是纯粹自然的或是被赋予人类的。因此，气候的变化——例如，被形容词"气候的"界定的变化——失去了任何明确的意义。发生于自然因素的变化已不再可能从发生于人类经济、技术、社会和文化的那些变化中独立出来。如玛格丽特·阿特伍德所提出的那样（参见第一章），"我宁愿把（气候-变化）称为一切变化"（另参见专栏1.1）。"气候变化"仅仅是一个变化的超范畴（meta-category）、变化的一种夸张的表现，它同时也是环境的、经济的、技术的、社会的和文化的变化。

在这样的思路之下，气候观念的"正常的"历史功能——稳定天气与文化间的关系——已经失去了考虑的意义。人类世表明这种稳定的可能性是一种妄想。气候作为一种处于天气和文化之间的观念，不再可能有任何价值，因为天气和文化被融进了一个没有独立中介的单一的现实；我们就是天气，天气就是我们，这是罗尼·霍恩（Roni Horn）在她的艺术项目《天气向我们报告》中使用的一个观念（Horn，2007）。因此，气候变成了一切，但也什么都不是。当气候观念所展现的想象性的运作不再具有文化牵引力的时候，谈论气候已毫无意义。气候不再作为一种想象的方式而具有价值，首先，是天气和文化的分离，然后，是它们之间稳定关系的分离。气候可能变成一个僵尸概念（Beck and Beck-Gernsheim，2011）——一种明显死亡了的观念，但它继续通过其思想和想象传统"活着"。用隐喻的说法就是，人类世的气候变成了无气候（climate-less）。

本章小结

在本书中，我已经表明气候的观念如何在历史上稳定人与他们的天气之间的文化关系，以及它如何继续发挥着这样的作用；至少到目前为止是这样。气候观念不断地重新适应大气和天气以及人类文化的变化。气候曾经是有生产性的，它使人们能够通过改变和拓展文化资源、实践、人工制品、神话和仪式的范围而与他们易变的天气共存。作为这个故事的一部分，我已经表明近期的气候-变化现象与话语在文化上是如何被把握和表现的。气候-变化不应该被理解为与过去的一个决定性的断裂，也不应该被理解为现代性的独特后果；它应该被视为气候观念文化演进的最新阶段。社会对气候-变化的反应方式仅仅是人类探求自然-社会有序关系的最新表现。

但是现在，在本书的最后一章，我已经对作为一种观念的气候的未来做出了推测。我提供了三种可能性。第一种并且也是最传统的一种，是把气候再度稳定在令人满意和“安全”的限度之内的观念，清除或至少最小化人类对未来自然气候的影响后果。这种抱负试图通过在世界上重建一定程度的秩序性来支撑气候的历史作用。第二种可能性是承认这种冲动并接受一种即兴创造的气候的未来，而不是重建一种稳定的气候的限度。关于人类和非人类世界的相对权力，即兴创造接受一种更谦卑的安排。尽管如此，它承认人类有目的地重新改造气候的行动是不可避免的，但只在某种可能的限度之内。自然气候将总是逃离人类的管控，这种姿态需要对把气候作为稳定观念的想象力进行某种重估。

第三种可能性是非常极端的，并且对作为本书前提的气候的想象作用提出了质疑。在人类世观念寻求其表达方式的新时代，也许，人们将不得不学会过没有气候观念的生活。至少要学会在不把气候作为一种给天气和文化关系带来秩序和稳定性的观念的情况下生活。借助被诸如“引爆点”之类的隐喻、诸如人类世之类的叙事、诸如谷歌地球之类的技术所激发的文化想象，气候的未来已经形成。在被预言的气候行将到来之前，它们形态的想象性轮廓将已发生变化，还会再次变化，反复变化。我的观点是，全部的人类文化都经历过天气变化的淘洗，科学考察表明，天气正越来越多地受到人类的培育，有鉴于此，将需要有新的、更有成效的范畴以供应用，而不单单仰赖“气候”范畴。在人类世时代，不可能再有旧的意义上的气候；只有天气文化，和像天气文化学者一样行动的人们。

对于“我们想要的气候”——气温是否会上升 1 ℃、2 ℃或 3 ℃——还远远不能表达、界说和确定方向（Caseldine，2015），剩下来的唯一任务就是去隐喻性地思考气候。在人类世，有待回答的问题是：什么是“我们想要的”隐喻性的气候？什么是有待培育的政治的、思想的、经济的、文化的和道德的气候？因为，最终，正是这些隐喻的气候将安排天气文化的未来。这些天气文化将不会作为治理的对象，而是作为特定类型的人群所采取的行动的结果，而不包括其他人群。

到那时，也许气候观念达到了它的目的。也许，人类的境况已经足够发达，气候作为一个稳定和维持人类生活的观念已失去作用。气候的“新常态”仅仅在于无常态。这是令人不安的。除气候之外，新的概念和隐喻性的观念将会被需要，它们将满足无休无止地生活在大气层之中并与它所产生的接受天气时的情感、精神和物质要求，如今，这两者都已是人类的制品。

延伸阅读

De Fries, R.（2014）*The Big Rachet: How Humanity Thrives in the Face of Natural Crisis*. New York: Basic Books.

Flannery, T.（2015）*Atmosphere of Hope: Searching for Solution of the Climate Crisis*. London: Penguin/Random House.

Jamieson, D.（2014）*Reason in Dark Time: Why the Struggle Against Climate Change Failed-and What it Means for Our Future*. Oxford: Oxford University Press.

Williston, B.（2015）*The Anthropocene Project: Virtue in the Age of Climate Change*. Oxford: Oxford University Press.

参考文献

Adamson, G.C.D. (2012) '"The languor of the hot weather": Everyday perspectives of weather and climate in colonial Bombay, 1819–1828', *Journal of Historical Geography* 38 (2), 143–54.
Adamson, G.C.D. (2015) 'Private diaries as information sources in climate research', *WIREs Climate Change* 6 (6): 599–611.
Agarwal, A. (1995) 'Dismantling the divide between indigenous and scientific knowledge', *Development and Change* 26: 413–39.
Agnew, J. (2014) 'By words alone shall we know: Is the history of ideas enough to understand the world to which our concepts refer?', *Dialogues in Human Geography* 4 (3): 311–19.
Anderson, J. (2015) *Understanding Cultural Geography: Places and Traces*, (2nd edition). Abingdon: Routledge.
Anderson, K. (2005) *Predicting the Weather: Victorians and the Science of Meteorology*. Chicago, IL: Chicago University Press.
Anon (1891) 'Weather tinkering', *New York Times*, 23 September, p.4.
Anon (1958) 'Climate control is coming', *Newsweek* 13 January issue, http://blog.modernmechanix.com/climate-control-is-coming/ (accessed 16 May 2016).
Anon (2008) 'Gore's Götterdämmerung', *Science* 320 (5882): 1401. DOI: 10.1126/science.320.5882.1401c.
Anon (2015) 'Future proofing', *Nature* 528: 164.
Appadurai, A. (2013) *The Future as Cultural Fact: Essays on the Global Condition*. London: Verso.
Barnes, J. and Dove, M.R. (eds) (2015) *Climate Cultures: Anthropological Perspectives on Climate Change*. New Haven, CT: Yale University Press.
Barnett, L. (2015) 'The theology of climate change: Sin as agency in the Enlightenment's Anthropocene', *Environmental History* 20: 217–37.
Barry, A. (2001) *Political Machines: Governing a Technological Society*. London and New York: The Athlone Press.
Beattie, J. (2009) 'Climate change, forest conservation and science: A case study of New Zealand, 1860s–1920s', *History of Meteorology* 5: 1–18.
Beck, U. (1992) *Risk Society: Towards a New Modernity*. London: Sage.
Beck, U. (1997) 'Global risk politics', in M. Jacob (ed.), *Greening the Millennium? The New Politics of the Environment*. Oxford: Blackwell. pp. 18–33.
Beck, U. and Beck-Gernsheim, E. (2001) *Individualization: Institutionalised Individualism and its Social and Political Consequences*. London: Sage.
Behringer,W. (1999) 'Climatic change and witch-hunting: The impact of the Little Ice Age on mentalities', *Climatic Change* 43 (1), 335–51.

Behringer, W. (2010) *A Cultural History of Climate*. Cambridge: Polity Press.
Bennett, B.M. (2011) 'Naturalising Australian trees in South Africa: Climate, exotics and experimentation', *Journal of South African Studies* 37 (2): 265–80.
Bennett, J. (2011) *Vibrant Matter: A Political Ecology of Things*. Durham, NC: Duke University Press.
Blanchard, J. (2015) 'Climate Change: A Rewired Food Web', *Nature* 527: 173–174.
Boia, L. (2005) *The Weather in the Imagination*. London: Reaktion Books.
Bölsche, W. (1919) *Eiszeit und Klimawechsel* (Kosmos Gesellschaft der Naturfreunde). Stuttgart: Franckh'sche Verlagsbuchhandlung.
Bonacina, L.C.W. (1939) 'Landscape meteorology and its reflection in art and literature', *Quarterly Journal of the Royal Meteorological Society* 65 (282): 485–98.
Botero, C.A., Gardner, B., Kirby, K.R., Bulbulia, J., Gavin, M.C. and Gray, R.D. (2014) 'The ecology of religious beliefs', *Proceedings of the National Academy of Sciences* 111 (47): 16784–9.
Bottoms, S. (2012) 'Climate change "science" on the London stage', *WIREs Climate Change* 3 (4): 339–48.
Brace, C. and Geoghegan, H. (2011) 'Human geographies of climate change: Landscape, temporality, and lay knowledges', *Progress in Human Geography* 35 (3): 284–302.
Bristow, T. and Ford, T.H. (eds) (2016) *A Cultural History of Climate Change*. Abingdon: Routledge.
Broecker, W.S. (1987) 'Unpleasant surprises in the greenhouse', *Nature* 328: 123–6.
Brönnimann, S. (2002) 'Picturing climate change', *Climate Research* 22 (1): 87–95.
Brückner, E. (1890) 'Klimaschwankungen seit 1700 nebst Bemerkungen über die Klimaschwankungen in der Diluvialzeit', *Geographische Abhandlungen* 4: 153–484. Available from https://archive.org/details/bub_gb_UCRUAAAAMAAJ (accessed 6 May 2016).
Bryson, R.A. and Murray, T.J. (1977) *Climates of Hunger: Mankind and the World's Changing Weather*. Madison, WI: The University of Wisconsin Press.
Buck, H. (2015) 'On the possibilities of a charming Anthropocene', *Annals of the Association of American Geographers* 105 (2): 369–77.
Buell, F. (2004) *From Apocalypse to Way of Life: Environmental Crisis in the American Century*. Abingdon: Routledge.
Buffon, G.-L.L. de (1778) *Histoire naturelle, générale et particulière*, vol. 20: *Époques de la nature*. Paris: Imprimerie Royale.
Bulkeley, H. (2016) *Accomplishing Climate Governance*. Cambridge: Cambridge University Press.
Bulkeley, H. and Stripple, J. (2015) 'Governmentality', in K. Bäckstrand and E. Lövbrand (eds), *Research Handbook on Climate Governance*. Cheltenham: Edward Elgar Publishing. pp. 49–59.
Burke, E. (1968[1757]) *A Philosophical Enquiry into the Origin of Our Ideas of the Sublime and Beautiful*, J. Boulton (ed.). South Bend, TX: University of Notre Dame Press.

Burke, M.B., Miguel, E., Satyanath, S., Dykema, J.A. and Lobell, D.B. (2009) 'Warming increases the risk of civil war in Africa', *Proceedings of the National Academy of Sciences USA* 106 (49), 20: 670–4.
Burke, M., Hsiang, S.M. and Miguel, E. (2015) 'Global non-linear effect of temperature on economic production', *Nature* 527: 235–9.
Burke, P. (2008) *What is Cultural History* (2nd edition). Cambridge: Polity.
Calhoun, C. (2008) 'A world of emergencies: Fear, intervention and the limits of cosmopolitan order', *Canadian Review of Sociology* 41 (4): 373–95.
Cameron, D. (1964) 'Early discoverers. XXII: Goethe – discoverer of the Ice Age', *Journal of Glaciology* 5 (41): 751–4.
Carey, M. (2011) 'Inventing Caribbean climates: How science, medicine, and tourism changed tropical weather from deadly to healthy', *Osiris* 26: 129–141.
Carlsson, A. (2009) 'What is a storm: Severe weather and public life in Britain in January 1928', in V. Janković and C. Barboza (eds.), *Weather, Local Knowledge and Everyday Life: Issues in Integrated Climate Studies*. Rio de Janeiro: MAST. pp. 87–98.
Caseldine, C. (2015) 'So what sort of climate do we want? Thoughts on what is "natural" climate', *The Geographical Journal* 181 (4): 366–74.
Castree, N. (2013) *Making Sense of Nature*. Abingdon: Routledge.
Chakrabarty, D. (2009) 'The climate of history: Four theses', *Critical Inquiry* 35 (Winter): 197–222.
Clark, N. (2011) *Inhuman Nature: Sociable Life on a Dynamic Planet*. London: Sage.
Corton, C.L. (2015) *London Fog: The Biography*. Cambridge, MA: Harvard University Press.
Crate, S.A. and Nuttall, M. (eds) (2009) *Anthropology and Climate: From Encounters to Actions*. Walnut Creek, CA: Left Coast Press.
Cruikshank, J. (2001) 'Glaciers and climate change: Perspectives from oral tradition', *Arctic* 54 (4), 377–93.
Crutzen, P.J. and Stoermer, E.F. (2000) 'The "Anthropocene"', *IGBP Newsletter* 41: 17–18. http://www.igbp.net/download/18.316f18321323470177580001401/1376383088452/NL41.pdf (accessed 19 May 2016).
Culver, L. (2014) 'Seeing climate through culture', *Environmental History* 19 (2): 311–18.
Daston, L. (2010) 'The world in order', in D. Alberston and C. King (eds), *Without Nature? A New Condition for Theology*. Bronx, NY: Fordham University Press. pp. 15–34.
Davis, M. (2002) *Late Victorian Holocausts: El Niño Famines and the Making of the Third World*. London: Verso Books.
Donner, S. (2007) 'Domain of the gods: An editorial essay', *Climatic Change* 85 (3–4): 231–6.
Dove, M.R. (ed.) (2014) *The Anthropology of Climate Change: An Historical Reader*. Chichester: Wiley-Blackwell.
Dove, M. (2015) 'Historic decentering of the modern discourse of climate change: The long view from the Vedic Sages to Montesquieu', in J. Barnes and M. Dove (eds), *Climate Cultures: Anthropological Perspectives on Climate Change*. New Haven, CT: Yale University Press. pp. 24–57.

Doyle, J. (2007) 'Picturing the clima(c)tic: Greenpeace and the representational politics of climate change communication', *Science as Culture* 16 (2): 129–50.
Doyle, J. (2011) *Mediating Climate Change*. Farnham: Ashgate.
Draper, J.W. (1867) *History of the American Civil War*, 3 vols. New York: Harper.
Edwards, P.N. (2010) *A Vast Machine: Computer Models, Climate Data and the Politics of Global Warming*. Cambridge, MA: MIT Press.
Endfield, G.A. (2014) 'Exploring particularity: Vulnerability, resilience, and memory in climate change discourses', *Environmental History* 19: 303–10.
Ereaut, G. and Segnit, N. (2006) *Warm Words: How Are We Telling the Climate Story and Can We Tell It Better?* London: Institute for Public Policy Research. http://www.ippr.org/files/images/media/files/publication/2011/05/warm_words_1529.pdf (accessed 13 May 2016).
Fleming, J.R. (2010) *Fixing the Sky: The Checkered History of Weather and Climate Control*. New York: Columbia University Press.
Fleming, J.R. (2014) 'Climate physicians and surgeons', *Environmental History* 19: 338–45.
Fleming, J.R. and Janković, V. (eds) (2011) 'Klima', *Osiris* 26 (1) 1–226.
Flieger, V. and Anderson, D.A. (eds) (2014) *Tolkien on Fairy-Stories*. London: HarperCollins.
Fonstad, K.W. (1991) *The Atlas of Middle Earth*, revised edition. New York: Houghton Mifflin.
Fox, K. (2004) *Watching the English: the Hidden Rules of English Behaviour*. London: Hodder & Stoughton.
Garrard, G. (2013) 'Solar: Apocalypse not', in S. Goes (ed.), *Ian McEwan: Contemporary Critical Perspectives* (2nd edition). London: Bloomsbury Academic. pp. 123–36.
Geertz, C. (1973) *The Interpretation of Cultures: Selected Essays*. New York: Basic Books.
Glacken, C. (1967) *Traces on a Rhodian Shore: Nature and Culture in Western Thought from Ancient Times to the End of the Eighteenth Century*. Berkeley, CA: University of California Press.
Golinski, J. (2007) *British Weather and the Climate of Enlightenment*. Chicago, IL: Chicago University Press.
Gorman-Murray, A. (2010) 'An Australian feeling for snow: Towards understanding cultural and emotional dimensions of climate change', *Cultural Studies Review* 16 (1): 60–81.
Grattan, J. and Brayshay, M. (1995) 'An amazing and portentous summer: Environmental and social responses in Britain to the 1783 eruption of an Iceland volcano', *The Geographical Journal* 161 (2): 125–34.
Groom, N. (2013) *The Seasons: A Celebration of the English Year*. London: Atlantic Books.
Grove, R.H. and Adamson, G.C.D. (2017, in press) *El Niño in World History*. Palgrave London: MacMillan.
Gurevitch, L. (2014) 'Google warming: Google Earth as eco-machinima', *Convergence: The International Journal of Research into New Media Technologies* 20 (1): 85–107.

Hall, A. and Endfield, G. (2016) '"Snow scenes": Exploring the role of memory and place in commemorating extreme winters', *Weather, Climate, and Society* 8 (1): 5–19.
Hamilton, S. (2015) 'The global climate has always been broken: Failures of climate governance as global governmentality', *Caucasus International* 5 (2): 141–61.
Hammond, P. and Ortega Breton, H. (2014) 'Bridging the political deficit: Loss, morality and agency in films addressing climate change', *Communication, Culture and Critique* 7: 309–19.
Hare, F.K. (1966) 'The concept of climate', *Geography* 51: 99–110.
Hargreaves, J.C. and Annan, J.D. (2014) 'Can we trust climate models?', *WIREs Climate Change* 5 (4): 435–40.
Harrison, M. (1996) '"The tender frame of man": Disease, climate, and racial difference in India and the West Indies, 1760–1860', *Bulletin of the History of Medicine* 70: 68–93.
Harrison, S. (2004) 'Emotional climates: Ritual, seasonality and affective disorders', *Journal of the Royal Anthropological Institute* 10 (3): 583–602.
Hastrup, K.B. (2013) 'Anticipating nature: the productive uncertainty of climate models', in K. Hastrup and M. Skrydstrup (eds), *The Social Life of Climate Change Models: Anticipating Nature*. London and New York: Routledge. pp. 1–29.
Hau'ofa, E. (2008) *We are the Ocean: Selected Works*. Honolulu, HI: University of Hawaii Press.
Hauskeller, M. (2013) *Better Humans? Understanding the Enhancement Project*. Durham: Acumen.
Heise, U.K. (2008) *Sense of Place and Sense of Planet*. Oxford: Oxford University Press.
Hitchings, R. (2007) 'Geographies of embodied outdoor experience and the arrival of the patio heater', *Area* 39 (3): 340–8.
Hitchings, R. (2010) 'Seasonal climate change and the indoor city worker', *Transactions of the Institute of British Geographers* 35 (2): 282–98.
Höijer, B. (2010) 'Emotional anchoring and objectification in the media reporting on climate change', *Public Understanding of Science* 19 (6): 717–31.
Horn, R. (2007) *Weather Reports You*. Göttingen: Artangel/Steidl.
Huber, T. and Pedersen, P. (1997) 'Meteorological knowledge and environmental ideas in traditional and modern societies: The case of Tibet', *Journal of the Royal Anthropological Institute* 3 (3): 577–97
Hulme, M. (2008) 'The Conquering of climate: Discourses of fear and their dissolution', *The Geographical Journal* 174 (1): 5–16.
Hulme, M. (2009) *Why We Disagree About Climate Change: Understanding Controversy, Inaction and Opportunity*. Cambridge: Cambridge University Press.
Hulme, M. (2010) 'Problems with making and governing global kinds of knowledge', *Global Environmental Change* 20 (4): 558–64.
Hulme, M. (2011) 'Reducing the future to climate: A story of climate determinism and reductionism', *Osiris* 26 (1): 245–66.
Hulme, M. (2013) 'How climate models gain and exercise authority', in K. Hastrup and M. Skrydstrup (eds), *The Social Life of Climate Change Models: Anticipating Nature*. Abingdon: Routledge. pp. 30–44.

Hulme, M. (2014a) *Can Science Fix Climate Change? A Case Against Climate Engineering*. Cambridge: Polity Press.
Hulme, M. (2014b) 'Attributing weather extremes to "climate change": A review', *Progress in Physical Geography* 38 (4): 499–511.
Hulme, M. (ed.) (2015a) *Climates and Cultures: SAGE Library of the Environment*. 6 vols. London: Sage.
Hulme, M. (2015b) 'Climate and its changes: A cultural appraisal', *GEO: Geography and Environment* 2 (1): 1–11.
Hulme, M. (2015c) 'Better weather? The cultivation of the sky', *Cultural Anthropology* 30 (2): 236–44.
Hulme, M. (2016a) 'Climate change: Varieties of religious engagement', in W. Jenkins, M.E. Tucker and J. Grim (eds), *Routledge Handbook of Religion and Ecology*. Abingdon: Routledge. pp. 237–46.
Hulme, M. (2016b) 'Climate', in P. Whitfield (ed.), Part I. Mapping Shakespeare's World, in: *Volume 1: Shakespeare's World, 1500–1660*, in B.F. Smith (ed.) *The Cambridge Guide to the Worlds of Shakespeare*. Cambridge: Cambridge University Press.
Hulme, M. (2016c) 'Climate change and memory', in S. Groes (ed.), *Memory in the Twenty-First Century: New Critical Perspectives From the Sciences, Arts and Humanities*. London: Palgrave Macmillan. pp. 159–62.
Huntington, E.W. (1915) *Civilization and Climate*. New Haven, MA: Yale University Press.
Ingold, T. (1994) 'Introduction to culture', in: T. Ingold, *Companion Encyclopedia of Anthropology: Humanity, Culture and Social Life*. London: Routledge. pp. 329–49.
Ingold, T. (2007) 'Earth, sky, wind, and weather', *Journal of the Royal Anthropological Institute (NS)* 13 (S1): S19–S38.
IPCC (2013) *Climate Change 2013: The Physical Science Basis. Contribution of Working Group I to the Fifth Assessment Report of the Intergovernmental Panel on Climate Change* [T.F. Stocker, D. Qin, G.-K. Plattner, M. Tignor, S.K. Allen, J. Boschung, A. Nauels, Y. Xia, V. Bex and P.M. Midgley (eds)]. Cambridge: Cambridge University Press.
Janković, V. (2006) 'Change in the weather', *Bookforum* (Feb/Mar): 39–41.
Janković, V. (2009) 'The end of weather: Outdoor garment industry and the quest for absolute comfort', in V. Janković,V. and C. Barboza (eds), *Weather, Local Knowledge and Everyday Life: Issues in Integrated Climate Studies*. Rio de Janeiro: MAST. pp. 172–180.
Janković, V. (2010) 'Climates as commodities: Jean Pierre Purry and the modelling of the best climate on Earth', *Studies in History and Philosophy of Science Part B: Studies in History and Philosophy of Modern Physics* 41 (3): 201–7.
Janković,V. (2014) 'Climate clichés: Overvaluation, fetishism and the ideologies of "national weather" in the long nineteenth century'. Paper presented at Birkbeck Forum, London, 12 March, https://www.academia.edu/6592112/Climate_clich%C3%A9s_overvaluation_fetishism_and_the_ideologies_of_national_weather_in_the_long_nineenth_century (accessed 9 September 2016).

Janković, V. (2015) 'The city', in K. Bäckstrand and E. Lövbrand (eds), *Research Handbook on Climate Governance*. Cheltenham: Edward Elgar Publishing. pp. 332–342.
Jenkins, W. (2005) 'Assessing metaphors of agency: Intervention, perfection and care as models of environmental practice', *Environmental Ethics* 27 (Summer): 135–54.
Jenkins, W. (2016) 'Stewards of irony: Planetary stewardship, climate engineering and religious ethics', in (Chapter 8) F. Clingerman and K.J. O'Brien (eds), *Calming the Storm: Theological and Ethical Perspective on Climate Engineering*. Lanham, MD: Lexington Books.
Johns-Putra, A. (2016) 'Climate change in literature and literary studies: From cli-fi, climate change theater and ecopoetry to ecocriticism and climate change criticism', *WIREs Climate Change* 7 (2): 266–82.
Johnson, J. (1818) *The Influence of Tropical Climates on European Constitutions* (2nd edition). London.
Judd, J.W. (2015) 'Has "Game of Thrones" affected the way people think about climate change?' https://psmag.com/has-game-of-thrones-affected-the-way-people-think-about-climate-change-dcafed0fe5e7#.kdqu5ho06 (accessed 19 May 2016).
Jung, K., Shavitt, S., Viswanathan, M. and Hilbe, J.M. (2014) 'Female hurricanes are deadlier than male hurricanes', *Proceedings of the National Academy of Sciences* 111 (24): 8782–7.
Keith, D. (2013) *A Case for Climate Engineering*. Cambridge, MA: MIT Press.
Kellogg, W.W. and Schneider, S.H. (1974) 'Climate stabilization: For better or for worse?' *Science* 186 (4170): 1163–72.
Kempf, W. (2015) 'Representation as disaster: Mapping islands, climate change and displacement in Oceania', *Pacific Studies* 38 (1–2): 200–28.
Kennedy, J.F.K. (1963) 'Address at the Anniversary Convocation of the National Academy of Sciences October 22, 1963', http://www.presidency.ucsb.edu/ws/?pid=9488 (accessed 19 May 2016).
Klein, N. (2014) *This Changes Everything: Capitalism vs. the Climate*. New York: Simon & Schuster.
Klinenberg, E. (2002) *Heatwave: A Social Autopsy of Disaster in Chicago*. Chicago, IL: University of Chicago Press.
Knebusch, J. (2008) 'Art and climate (change) perception: Outline of a phenomenology of climate change', in S. Kagan and V. Kirchberg (eds), *Sustainability: A New Frontier for the Arts and Cultures*. Frankfurt: Verlag für Akademische Schriften. pp. 242–62.
Lahsen, M. (2005) 'Seductive simulations? Uncertainty distribution around climate models', *Social Studies of Science* 35: 895–922.
Lamb, H.H. (1959) 'Our changing climate, past and present', *Weather* 14, 299–318.
Latour, B. (1993) *We Have Never Been Modern* (trans. C. Porter). New York: Harvester/Wheatsheaf.
Latour, B. (2010) 'An attempt at a "Compositonist manifesto"', *New Literary History* 41: 471–90.

Latour, B. (2014) 'Agency at the time of the Anthropocene', *New Literary History* 45, 1–18. http://www.bruno-latour.fr/sites/default/files/128-FEL-SKI-HOLBERG-NLH-FINAL.pdf (accessed 11 May 2016).
Leduc, T.B. (2007) 'Sila dialogues on climate change: Inuit wisdom for a cross-cultural inter-disciplinarity', *Climatic Change* 85 (3/4): 237–50.
Leduc, T.B. (2010) *Climate, Culture, Change: Inuit and Western Dialogues With a Warming North*. Ottawa: University of Ottawa Press.
Leduc, T.B. (2016) *A Canadian Climate of Mind: Passages From Fur to Energy and Beyond*. Montreal: McGill-Queen's University Press.
Lehmann, P.N. (2016) 'Infinite power to change the world: Hydroelectricity and engineered climate change in the Atlantropa Project', *American Historical Review* 121 (1): 70–100.
Lemos, M.C. and Rood, R.B. (2010) 'Climate projections and their impact on policy and practice', *WIREs Climate Change* 1 (5), 670–82.
Lie, J. (2007) 'Global climate change and the politics of disaster', *Sustainability Science* 2: 233–6.
Livingstone, D.N. (1999) 'Tropical climate and moral hygiene: The anatomy of a Victorian debate', *British Journal for the History of Science* 32 (1): 93–110.
Livingstone, D.N. (2004) 'Climate', in N. Thrift, S. Harrison and S. Pile (eds), *Patterned Ground: Entanglements of Nature and Culture*. London: Reaktion Books. pp. 77–9.
Livingstone, D.N. (2015) 'The climate of war: violence, warfare, and climatic reductionism', *WIREs Climate Change* 6 (5): 437–44.
Locher, F. and Fressoz, J.B. (2012) 'The frail climate of modernity. A climate history of environmental reflexivity', *Critical Inquiry* 38 (3): 579–98.
Lovelock, J. (2006) 'The earth is about to catch a morbid fever that may last as long as 100,000 years', *The Independent*, 16 January. http://www.independent.co.uk/voices/commentators/james-lovelock-the-earth-is-about-to-catch-a-morbid-fever-that-may-last-as-long-as-100000-years-5336856.html (accessed 13 May 2016).
Lüdecke, C. (2009) '"I always feel the föhn, even if it's not there". The Bavarian föhn phenomenon in everyday life', in V. Janković and C. Barboza (eds), *Weather, Local Knowledge and Everyday Life: Issues in Integrated Climate Studies*, Rio de Janeiro: MAST. pp. 209–18.
Lunt, D.J. ['Radagast the Brown'] (2013) 'The climate of Middle Earth', http://www.bristol.ac.uk/university/media/press/10013-english.pdf (accessed 16 May 2016).
Lynas, Mark (2007) 'Global warming: The final warning', *The Independent*, 3 February, http://terranature.org/IPCCwarning2007.htm (accessed 20 May 2016).
Mahony, M. (2016) 'For an empire of "all types of climate": Meteorology as an imperial science', *Journal of Historical Geography* 51: 29–39.
Mahony, M. and Hulme, M. (2016) Modelling and the nation: Institutionalizing climate prediction in the UK, 1988–92, *Minerva* online at doi: 10.1007/s11024-016-9302-0.

Marris, E. (2011) *Rumbunctious Garden: Saving Nature in a Post-Wild World*. London: Bloomsbury.
Martin, C. (2006) 'Experience of the New World and Aristotelian revisions of the Earth's climates during the Renaissance', *History of Meteorology* 3: 1–16.
Mathur, N. (2015) '"It's a conspiracy theory and climate change". Of beastly encounters and cervine disappearances in Himalayan India', *HAU: Journal of Ethnographic Theory* 5 (1): 87–111.
McCusker, K.E., Battisti, D.S. and Bitz, C.M. (2012) 'The climate response to stratospheric sulfate injections and implications for addressing climate emergencies', *Journal of Climate* 25: 3096–3116.
McIntosh, R.J. (2015) 'Climate shock and awe: Can there be an "ethno-science" of deep-time Mande paleoclimate memory?' in J. Barnes and M.R. Dove (eds), *Climate Cultures: Anthropological Perspectives on Climate Change*. New Haven, CT: Yale University Press. pp. 273–88.
Meyer, W.B. (2000) *Americans and Their Weather*. Oxford: Oxford University Press.
Meyer, W.B. (2002) 'The perfectionists and the weather: The Oneida Community's quest for meteorological utopia 1848–1879', *Environmental History* 7 (4): 589–610.
Meze-Hausken, E. (2007) 'Seasons in the sun – weather and climate front-page news stories in Europe's rainiest city, Bergen, Norway', *International Journal of Biometeorology* 52 (1): 17–31.
Miles, M. (2010) 'Representing nature: Art and climate change', *Cultural Geographies* 17 (1): 19–35.
Milkoreit, M. (2016) 'The promise of climate fiction: imagination, storytelling and the politics of the future', in P. Wapner and E. Hilal (eds), *Reimagining Climate Change*. Abingdon: Routledge. pp. 171–91.
Miller, P. and Rose, N. (1990) 'Governing economic life', *Economy and Society* 19 (1): 1–31.
Moore, P. (2015) *The Weather Experiment: The Pioneers Who Sought to See the Future*. London: Chatto & Windus.
More, M. (2013) 'Letter to Mother Nature', in M. More and N. Vita-More (eds), *The Transhumanist Reader: Classical and Contemporary Essays on the Science, Technology, and Philosophy of the Human Future*. Oxford: Wiley Blackwell. pp. 449–450.
NDU (1978) *Climate Change to the Year 2000: A Survey of Expert Opinion*. Fort Lesley J McNair. Washington, DC: National Defense University. Available from http://eric.ed.gov/?id=ED160394 (accessed 16 May 2016).
Nerlich, B. and Jaspal. R. (2012) 'Metaphors we die by? Geoengineering, metaphors and the argument from catastrophe', *Metaphor and Symbol* 27 (2): 131–47.
Neuberger. H. (1970) 'Climate in art', *Weather* 25: 46–56.
Neumann, J. von (1955) 'Can we survive technology?', *Fortune* 91 (6): 32–47.
Northcott, M.S. (2007) *Moral Climate: The Ethics of Global Warming*. London: Dartman, Longman and Todd Ltd/Orbis.

O'Brien, K. (2013) 'Global environmental change III: Closing the gap between knowledge and action', *Progress in Human Geography* 37 (4): 587–96.

O'Reilly, J. (2015) 'Glacial dramas: Typos, projections and peer review in the Fourth Assessment of the Intergovernmental Panel on Climate Change', in J. Barnes and M. Dove (eds), *Climate Cultures: Anthropological Perspectives on Climate Change*. New Haven, CT: Yale University Press. pp. 107–26.

Oreskes, N. and Conway, E.M. (2014) *The Collapse of Western Civilisation: A View from the Future*. New York: Columbia University Press.

Oreskes, N., Shrader-Frechette, K. and Belitz, K. (1994) 'Verification, validation and confirmation of numerical models in the earth sciences', *Science* 263: 641–6.

Orlove, B., Roncoli, C., Kabugo, M. and Majigu, A. (2010) 'Indigenous climate knowledge in southern Uganda: The multiple components of a dynamic regional system', *Climatic Change* 100 (2): 243–65.

Paerregaard, K. (2013) 'Bare rocks and fallen angels: Environmental change, climate perceptions and ritual practice in the Peruvian Andes', *Religions* 4 (2): 290–305.

Pal, J.S. and Eltahir, E.A.B. (2016) 'Future temperature in southwest Asia projected to exceed a threshold for human adaptability', *Nature Climate Change* 6 (2): 197–200.

Paola, M. di (2015) 'Virtues for the Anthropocene', *Environmental Values* 24: 183–207.

Parker, G. (2013) *Global Crisis: War, Climate Change and Catastrophe in the Seventeenth Century*. New Haven, CT: Yale University Press.

Perier, J.-N. (1845) 'De l'acclimatement en Algérie', *Annales d'Hygiène Publique et de Médecine Légale* 33: 40–41.

Pleij, H. (2001) *Dreaming of Cockaigne: Medieval Fantasies of the Perfect Life,* trans. D. Webb. New York: Columbia University Press.

Plumwood, V. (1993) *Feminism and the Mastery of Nature*. Abingdon: Routledge.

Porter, P.W. and Lukermann, F.E. (1976) 'The geography of utopia', in D. Lowenthal and M.J. Bowden (eds), *Geographies of the Mind: Essays in Historical Geosophy in Honour of John Kirtland Wright*. New York: Oxford University Press. pp. 197–204.

Powell, R.C. (2015) 'History and philosophy of geography II: The future history of the geographical propaedeutic?', *Progress in Human Geography* 39 (4): 486–96.

Randall, R. (2009) 'Loss and climate change: The cost of parallel narratives', *Ecopsychology* 1 (3): 118–29.

Rayner, S. (2003) 'Domesticating nature: Commentary on the anthropological study of weather and climate discourse', in S. Strauss and B. Orlove (eds), *Weather, Climate, Culture*. Oxford: Berg. pp. 277–90.

Rice, J.L., Burke, B.J. and Heynen, N. (2015) 'Knowing climate change, embodying climate praxis: Experiential knowledge in Southern Appalachia', *Annals of the Association of American Geographers* 105 (2): 253–62.

Rockoff, M. and Meisch, S. (2015) 'Climate change in early modern literature: Which place for humanities in the sustainability sciences?' in S. Meisch,

J. Lundershausen, L. Bosser and M. Rockoff (eds), *Ethics of Science in the Research for Sustainable Development*. Baden-Baden: Nomos. pp. 269–98.
Romm, J. (2015) 'Meet the world's expert on climate change and "Game Of Thrones"'. http://thinkprogress.org/climate/2015/04/10/3645070/climate-change-game-thrones/ (accessed 2 May 2016).
Roncoli, C., Ingram, K., Jost, C. and Kirshen, P. (2003) 'Meteorological meanings: Farmers' interpretations of seasonal rainfall forecasts in Burkina Faso', in S. Strauss and B. Orlove (eds), *Weather, Climate, Culture*. Oxford: Berg. pp. 181–202.
Rosteck, T. and Frentz, T.S. (2009) 'Myth and multiple readings in environmental rhetoric: The case of *An Inconvenient Truth*', *Quarterly Journal of Speech* 95 (1): 1–19.
Roudaire, F.E. (1874) 'Une Mer intérieure en Algérie', *Revue des Deux Mondes* 3: 323–50.
Rubin, J.H. (1996) 'Realism', in J. Turner (ed.), *The Dictionary of Art* (vol. 26), London: Grove Publishers. pp. 52–7.
Rudiak-Gould, P. (2012) 'Promiscuous corroboration and climate change translation: A case study from the Marshall Islands', *Global Environmental Change* 22 (1): 46–54.
Rudiak-Gould, P. (2013) '"We have seen it with our own eyes": Why we disagree about climate change visibility', *Weather, Climate and Society* 5 (2): 120–132.
Sachs, J.D., Mellinger, A.D. and Gallup, J.L. (2001) 'The geography of poverty and wealth', *Scientific American* (3): 71–4.
Salvador, M. and Norton, T. (2011) 'The flood myth in the age of global climate change', *Environmental Communication* 5 (1): 45–61.
Sanders, T. (2014) 'Comment on "Climate change and accusation: Global warming and local blame in a small island state" by Peter Rudiak-Gould', *Current Anthropology* 55 (4): 381–382.
Schneider, B. (2012) 'Climate model simulation visualisation from a visual studies perspective', *WIREs Climate Change* 3 (2): 185–93.
Scott, J.C. (1998) *Seeing Like a State: How Certain Schemes to Improve the Human Condition Have Failed*. New Haven, CT: Yale University Press.
Sen, A. (1981) *Poverty And Famines: An Essay on Entitlement and Deprivation*. Oxford: Oxford University Press.
Shapiro, J. (2009) *1599: A Year in the Life of William Shakespeare*. London: Faber & Faber.
Shove, E. (2003) 'Converging conventions of comfort, cleanliness and convenience', *Journal of Consumer Policy* 26: 395–418.
Sillmann, J., Lenton, T., Levermann, A., Ott, K., Hulme, M., Benduhn, F. and Horton, J.B. (2015) 'Climate emergency – no argument for climate engineering', *Nature Climate Change* 5 (4): 290–2.
Simpson, D. (1982) *Fetishism and Imagination: Dickens, Melville, Conrad*. Baltimore, MD: Johns Hopkins University Press.
Skrimshire, S. (2014) 'Climate change and apocalyptic faith', *WIREs Climate Change* 5 (2): 233–46.

Smith, P. and Howe, N. (2015) *Climate Change as Social Drama: Global Warming in the Public Sphere*. New York: Cambridge University Press.

Solli, J. and Ryghaug, M. (2014) 'Assembling climate knowledge: The role of local expertise', *Nordic Journal of Science and Technology Studies* 2 (2): 18–28.

Sontag, S. (1977) *On Photography*. New York: Farrar, Straus & Giroux.

Sörlin, S. (2011) 'The anxieties of a science diplomat: Field coproduction of climate knowledge and the rise and fall of Hans Ahlman's "Polar Warming"', *Osiris* 26 (1): 66–88.

Stehr, N. (1997) 'Trust and climate', *Climate Research* 8 (3): 163–9.

Stevens, W.K. (1998) 'If climate changes it may change quickly', *New York Times*, 27 January. http://www.nytimes.com/1998/01/27/science/if-climate-changes-it-may-change-quickly.html?pagewanted=all (accessed 11 May 2016).

Storch, H. von and Stehr, N. (2006) 'Anthropogenic climate change: A reason for concern since the 18th century and earlier', *Geografiska Annaler* 88A (2): 107–13.

Strauss, S. and Orlove, B. (eds) (2003) *Weather, Climate, Culture*. Oxford/New York: Berg.

Strengers, Y. and Maller, C. (2013) Getting comfortable: the materiality of weather in household heating and cooling practices Unpublished conference presentation at 'Reflections, intersections and aspirations: 50 years of Australian sociology' The Australian Sociological Association Conference, Monash University, 25–28 November.

Svoboda, M. (2016) 'Cli-fi on the screen(s): Patterns in the representations of climate change in fictional films', *WIREs Climate Change* 7 (1): 43–64.

Szerszynski, B. (2010) 'Reading and writing the weather: Climate technics and the moment of responsibility', *Theory, Culture & Society* 27 (2/3): 9–30.

Tambe, A. (2011) 'Climate, race science and the age of consent in the League of Nations', *Theory, Culture & Society* 28 (2): 109–30.

Thornes, J.E. and McGregor, G.R. (2003) 'Cultural climatology', in S. Trudgill and A. Roy (eds), *Contemporary Meanings in Physical Geography: From What to Why*. London: Routledge. pp. 173–97.

Thornes, J.E. and Metherill, G. (2003) 'Monet's London series and the cultural climate of London at the turn of the twentieth century', in S. Strauss and B. Orlove (eds), *Weather, Climate, Culture*. Oxford: Berg. pp. 141–60.

Trewartha, G.T. (1961) *The Earth's Problem Climates*. Madison, WI: University of Wisconsin Press.

Trexler, A. and Johns-Putra, A. (2011) 'Climate change in literature and literary criticism', *WIREs Climate Change* 2 (2): 185–200.

Tyszczuk, R. (2014) 'Cautionary tales: The sky is falling! The world is ending!' in J. Smith, R. Tyszczuk and R. Butler, *Culture and Climate Change: Narratives*. Cambridge: Shed Publishing. pp. 45–57.

Vallisneri, A. (1721) *Dei corpi marini che sui monti si trovano [Of Marine Bodies Found in the Mountains]. Venice*. Available from https://archive.org/details/bub_gb_V73O4lmASCkC (accessed 9 May 2016).

Vannini, P., Waskul, D., Gottschalk, S. and Ellis-Newstead, T. (2012) 'Making sense of the weather: Dwelling and weathering on Canada's rain coast', *Space and Culture*, 15 (4): 361–380.
Vet, E. de (2013) 'Exploring weather-related experiences and practices: examining methodological approaches', *Area* 45 (2): 198–206.
Vet, E. de (2014) 'Weather-ways: Experiencing and responding to everyday weather', PhD thesis, Department of Geography and Sustainable Communities, University of Wollongong, Australia. http://ro.uow.edu.au/theses/4244 (accessed 2 May 2016).
Walsh, L. (2013) *Scientists as Prophets: A Rhetorical Genealogy.* New York: Oxford University Press.
Walsh, L. (2015) 'The visual rhetoric of climate change', *WIREs Climate Change* 6 (4): 361–8.
Watsuji, T. (1988[1935]) *Climate and Culture: A Philosophical Study* (trans. G. Bownas). New York: Greenwood Press.
Watt, N. (2006) 'Blair warns of climate change "tipping points"', *The Guardian.* http://www.theguardian.com/world/2006/oct/20/greenpolitics.politics (accessed 11 May 2016).
Welzer, H., Soeffner, H.-G. and Giesecke, D. (eds) (2010) *KlimaKulturen: Soziale Wirklichkeiten im Klimawandel.* Frankfurt: Campus Verlag.
Wilson, A. (1992) *The Culture of Nature: North American Landscape from Disney to the Exxon Valdez.* Oxford: Blackwell.
Wilson, E.K. (2012) *After Secularism: Rethinking Religion in Global Politics.* Basingstoke: Palgrave.
World Meteorological Organisation (WMO) (n.d.) 'Frequently Asked Questions (FAQs)'. http://www.wmo.int/pages/prog/wcp/ccl/faqs.php (accessed 2 May 2016).

气候变化研究的“文化转向”（译者跋记）

我们正生活在对未来气候的恐惧之中。围绕全球变暖的公共话语通常使用包括“灾难”“恐怖”“危险”“灭绝”和“崩溃”在内的一系列词汇。为了帮助理解这一现象，迫切需要讲述有关不同时代和不同地方气候与文化之间复杂关系的故事。如果能从过去了解我们的气候观念与其物质和文化背景的复杂交织的关联，我们也许可以更好地为这种关系在未来的不同配置做好准备。[①]

2004 年的气候灾难片《后天》曾引发无数观众的追问：温室效应真的能把地球再次打入冰河期吗？如此剧烈的气候突变发生的概率到底有多大？

---

① Mike Hulme, “The conquering of climate: discourses of fear and their dissolution.” *The Geographical Journal*, Vol. 174, No. 1, 2008.

其实，科学家们从未停止过对此类问题的探究，只不过科学所能够给出的答案不见得能给人以安慰，至多只是在已知的灾难场景之外增加更多的“可能”。自 1975 年“气候变化的先知”华莱士・布勒克尔将“全球变暖”引入科学视野以来[①]，最让人迷惑的也许不是“可能”与“不可能”的对峙，而是各种“可能性”的迅速繁衍。

20 世纪 80 年代中期，布勒克尔曾绘制出一幅影响世界气候的海洋环流图，他称之为“大洋输送带”（Ocean Conveyor Belt）或“温盐环流”（Thermohaline circulation）。[②] 这是一条由温度和盐分差异驱动的环流，它从南太平洋流入印度洋，绕过非洲，然后向北穿过大西洋温而浅的环流。当温水向北流动遇到来自北极的冷水时，它会冷却并蒸发，这增加了盐的含量。低温和高含盐量使水变得更稠密，这种稠密的水深深地沉入格陵兰西侧的拉布拉多海以及位于格陵兰东侧的北欧海域，在地表以下几千米处慢慢向南扩散，最终，又被拉回地表，在一个叫作“上升流”的过程中变暖，并再次开始循环。这个巨大的洋流系统将大西洋低纬度的高温、高浓度盐水向北输送至高纬度寒冷地区，确保了世界海洋的不断混合，调节着全球的热量分配，并形成了我们今天所体验的气候。随后，布勒克尔又指出，这条大洋传送带是“气候系统的阿喀琉斯之踵”[③]，有突然开、阖的可能，一旦出现这种情况必将导致剧烈的气

---

① Wallace S. Broecker, “Climatic Change: Are We on the Brink of a Pronounced Global Warming?” *Science* Vol. 189, Issue 4201, 1975.

② Wallace S. Broecker, “The Great Ocean Conveyor.” *Oceanography*, Vol. 4, No. 2, 1991.

③ Wallace S. Broecker, “Thermohaline Circulation, the Achilles Heel of Our Climate System: Will Man-Made CO_2 Upset the Current Balance?” *Science* Vol. 278, Issue 1582, 1997.

候变化。

《后天》的灾难叙事显然受到了布勒克尔的启发，它沿着气候突变论的科学假设，展开了这样的想象：如果温室效应造成的气候变暖导致大西洋经向翻转环流（AMOC）突然崩溃，世界将会怎样？影片极尽艺术夸张，调动了龙卷风、海啸、地震等各种灾难元素，制造了一幅《启示录》式的灾难画卷。事实上，与近十数年来排山倒海的气候灾难推论相比，除了强烈的视觉刺激之外，这部影片并无多少惊人之处。对于"气候变化"这个早已涂满末日论釉彩的话题而言，艺术想象力已经不再具有僭越和冒犯的可能。可以说，《后天》的叙事逻辑与修辞想象全部来源于当代的文化和意识形态情境，它所能提供的也不过是既定语言曲目的视觉效果而已。在围绕"气候变化"而拉开的一个张力场中，晃动着无数奔竞的身影，种种灾难的预告早已不计其数。不过，归根结底，在气候灾变真正来临之前，除了先知和骗子，无人知其究竟。

然而，生于当今世界，我们终究无法回避气候变化。它几乎无处不在，构成了我们的生活环境和观念氛围，甚至可以说，它在很大程度上塑造了当代生活。发达的大众传媒强有力地影响了公众日益丰富的关于气候科学以及气候变化的政治、经济和社会含义的理解。[①] 在某种意义上说，气候变化如今"作为一种鼓动性观念比作为一种自然现象显示了更强大的威力"[②]，它已经成为吸引大

① Dimitrinka Atanasova and Nelya Koteyko, "Metaphors in Online Editorials and Op-Eds about Climate Change, 2006 - 2013." in Kjersti Fløttum (ed.), *The role of language in the climate change debate*, p.71, Routledge, 2017.

② Mike Hulme, *Why we disagree about climate change*, p.328, Cambridge University Press, 2009.

量媒体报道的最具政治化色彩的科学问题之一。[①] 有关气候变化的论争，早已不再是科学之争，而是演化成了价值观、文化和意识形态之争[②]，美国学者尼斯贝特曾说，据他的观察，现今有“两个按意识形态划分的美国”，一个是共和党的美国（质疑气候科学的有效性并否认问题的紧迫性），另一个是民主党的美国（接受气候科学的主张，并持续关注这个问题）。这种政治上的极化表明，气候变化已经加入了“界定共和党或民主党”的税收和枪支管制等问题的序列。[③] 同样的问题在欧洲背景下几乎形成了自由派和保守派的分界线。[④]

我们对这一问题的公开辩论不多，也远未撕裂到西方世界的那种程度，但我们依旧能够感受到气候变化这个话题的热度，我们也会追随东京（《京都议定书》）、哥本哈根（联合国气候会议）和巴黎（《巴黎协定》）的步伐，一次又一次地翘首以盼，又一再目睹“拯救人类的最后的最佳机会”[⑤]的丧失。在这个过程中，我们关于气候变化的信息累积得越来越多，却很难说向“真相”更靠近了一步。这是多少有些尴尬的境遇。

本书作者麦克·休姆或许可以作为一个向导，引领我们走出气候变化的迷思。

---

① D. Deming, “Global warming, the politicization of science, and Michael Crichton's state of fear.” *Journal of Scientific Exploration* 19 (2), 2005.

② A. J. Hoffman, “Climate science as culture war.” *Stanford Social Innovation Review*, August 17 2012.

③ M. Nisbet, “Communicating climate change: Why frames matter for public engagement.” *Environment*, March-April, 2009.

④ B. Stokes, “The U.S. isn't the only nation with big partisan divides on climate change. Pew Research.” http://www.pewresearch.org/fact-tank/2015/11/06/

⑤ 这是媒体描述哥本哈根和巴黎气候变化大会时常用的措辞。

1. 气候危机中的“文化启蒙”

麦克·休姆是一位杰出的气候科学家，40余年来一直身处气候变化研究的腹地，曾是东英吉利大学气候小组(CRU)的成员，主持创建了全球著名的学术机构廷德尔气候变化研究中心(Tyndall Centre for Climate Change Research)。此外，他还参与撰写过联合国政府间气候变化专门委员会的气候评估报告，对英国及世界各地的气候变化论争和政策有颇为深入的了解。特殊的职业经历使他对当今气候变化观念的混乱有着更多痛切的感受，并促使他走出“气候变化的密室”，面向公众展开他的“文化启蒙”工作。①

麦克·休姆被认为是实现了由科学家向公共知识分子转型的一个罕见的例子。在十余年的时间里，“通过写作和评论影响了一个由学者、思想家、记者和敬业公民组成的全球社群。作为一名作家和多产的散文家，他为气候科学的技术性和抽象性注入了意义，他充当了公共向导和知情批评家的角色。在政策方面，休姆勇敢地质疑我们认为理所当然的假设和方法”。② 在国际媒体和学术界，他业已成为“谈论气候变化最具特色和公认度的声音之一”。

2009年是休姆实现这一转型的关键之年。这年4月，他的《我们为何对气候变化各执己见》一书与享誉世界的社会学家安东尼·吉登斯的《气候变化的政治》同时问世。《我们为何对气候变化各执己见》一书是休姆第一次完整地向公共世界表达他对气候

① Mike Hulme, *Why we disagree about climate change*, preface, pp. xxxii – xxxiii, Cambridge University Press, 2009.

② Matthew C. Nisbet, Foreword, Exploring Climate Change through Science and in Society, p.x, Routledge, 2013.

变化问题的看法。巧合的是,《气候变化的政治》也是吉登斯初次深度介入这个敏感话题的成果,因此,两书所表达的观点之间的交错和潜在的紧张、对峙关系,也在一定程度上印证了休姆之书的观点:对于气候变化问题,人们确实是“各执己见”的。就实质性的差异和分歧而言,吉登斯所秉持的立场基本是当今气候变化问题的主流立场,即认为这是一个需要去着实加以解决(控制)的“问题”,吉登斯贡献的策略主要指向全球性的紧急动员和政治、经济的全面“整合”;而在休姆看来,气候变化不是一个可以毕其功于一役的问题,至少在目前的问题视域之内还无法“解决”这个问题。与此相反,目前最大的困扰在于,“气候变化”的语义不断增生,相互缠结,已经演变成为一种混乱的社会文化现象,所以,《我们为何对气候变化各执己见》更多关注的是相关“话语”的延异、传播及其社会影响。

吉登斯是带着一种紧迫感介入气候变化研究的,作为一位对当今国际政治、经济情势有深入了解的社会学家,他迅速将之纳入自己固有的理论视野,并做出了相应的诊断:

> 我的断言多少有些令人吃惊,即到目前为止,我们尚不具有气候变化的政治学。换言之,我们还没有一种解析详密、能把控制全球变暖的雄心变为现实的政治创新。这是一个不可思议而又无法辩解的缺失,本书的写作意在弥补这一缺失。[①]

《气候变化的政治》一书正是基于这样的判断而设计出来的方案,该书的主要内容集中在工业化国家气候变化政策的讨论上,它

① Anthony Giddens, *The politics of climate change*, p.4, Policy Press ,2015.

试图在现有各种制度的框架内，为政府提供一套应对和处理气候变化新的政治思维或操作程序。吉登斯认为，尽管气候变化的风险早已迫在眉睫，但到目前为止，无论是在社会大众还是在决策层面都缺乏必要的准备，或者如他所说，是陷入了“吉登斯悖论”所描述的状态：“尽管全球变暖带来的危险看起来很可怕，但它们在日复一日的生活中并不是有形的、直接的、可见的，因此，许多人会袖手旁观，不会对之采取任何实际的行动。”因而他警告说，如果“坐等它们变得有形、变得严重，那时再临时抱佛脚，定然是悔之晚矣。”①因此，他的“气候变化的政治学”就是要通过一系列的政治、经济和社会“整合”把问题推入核心议程，他提出了以“国家干预主义”(state interventionism)②的回归为重要前提的十项原则③，也就是说，在工业化国家，要重新为国家和政府赋权，以便有效地整合政治、经济等各方面的资源，统筹不同政治派别、企业以及消费者等各方利益，全力以赴地“解决”气候变化这一顽疾。与此同时，既要在一国之内将气候变化纳入日常生活管理层面，还要将这些原则“延伸至国家边界以外”④，使之在地缘政治格局中也能得到相应的贯彻。吉登斯认为，尽管处境艰难，但“如果处理得当，也能——事实上几乎总是会——产生新的机遇。为了应对气候变化和能源安全，我们可以预见并应该尽力推动技术创新的浪潮。”⑤

---

① Anthony Giddens, *The politics of climate change*, p.2, Policy Press ,2015.

② Anthony Giddens, *The politics of climate change*, p.96, Policy Press ,2015.

③ 这十项原则是：国家担保(state ensuring)、政治整合(political convergence)、经济整合(economic convergence)、前景化(foregrounding)、气候变化积极因素(climate change positives)、政治超越性(political transcendence)、百分比原则(the percentage principle)、以发展为要务(the development imperative)、过度发展(over-development)、主动适应(proactive-adaptation)。见 Anthony Giddens, *The politics of climate change*, pp.69 - 72, Policy Press ,2015.

④ Anthony Giddens, *The politics of climate change*, p.98, Policy Press ,2015.

⑤ Anthony Giddens, *The politics of climate change*, p.11, Policy Press ,2015.

《气候变化的政治》所提供的是从日常生活到地缘政治的“一揽子”政治解决方案，是在面对气候变化这一全球风险的情况下基于“适应的政治学”（politics of adaptation）①原则而确立的理性对策，因为它充分考虑了目前有关气候变化政策所涉及的（国内和国际）各方处境、立场和利益等因素，所以，应该说它是相当完备的。但是，这套方案的有效性取决于它所依赖的对于气候变化性质的判断以及各个国家和地区的现行政策和意愿。

不幸的是，此书出版7个月之后，气候门事件（Climate Gate）爆发，紧接着是举世瞩目的哥本哈根会议在一阵紧张的政治角力之后黯然落幕。前者使“气候变化”的科学断言遭遇了前所未有的危机，后者则让吉登斯所期许的国际合作化为泡影。

就在吉登斯的新书问世不久，休姆曾写过一篇书评，对吉登斯这位“气候变化的新代言人”的严密设计提出了质疑和批评。他语带讥讽地说，“只有新近（带着自信）进入气候变化深水区的人，才有勇气把众所周知的现象重新演绎成‘吉登斯悖论’”。他对吉登斯所提出的其他“新理念”似乎也不以为然，比如，为国家赋权并使之成为“比他20年前宣称的更具侵犯性的角色”等等。虽然休姆也认同吉登斯的某些立场，比如，反对延续《京都议定书》的指导原则，强调单边和双边倡议应该比《京都议定书》的强制性多边主义更受青睐，认为国家政策应该由对近期能有效改善的承诺来推动等等，但总体上，他认为《气候变化的政治》一书“缺乏连贯性和深度”，而且，该书基于其上的某些观点和论断尚未得到充分的讨论：

① 参见 Anthony Giddens，*The politics of climate change*，p. 162 - 165，Policy Press，2015.

虽然我们同意"气候变化应该从左与右的语境中解脱出来，那里没有它的位置"，但需要怀疑任何过早取消政治辩论的可能性。气候变化可能不符合传统的左—右取向，但还有其他世界观和价值观存在争议，需要激烈的公共论争和政治辩论——技术与生活方式的解决方案，对于发展、幸福和福利的不同看法，以及个人的自由与集体的节制等。事实上，我们需要让我们所向往的未来世界和气候变化迫使我们对未来的世界展开更激烈、更诚实的辩论，而不是像英国那样，躲在一个指定的气候变化专家委员会所达成的肤浅共识的后面。与其说这是"第三条道路"，不如说它是新的政治论辩的轴心。①

吉登斯对于气候变化的全球政治的剖析也许是正确的，也就是说，当气候变化与日益严重的能源稀缺问题纠缠在一起时，有可能带来更大的政治风险和安全风险，甚至某些应对气候变化的国际政策都有可能蜕变为国家和地区间相互角力的资源争斗。他提出的"适应的政治学"意在化解这种潜在的争端。但症结在于，他所依赖的某些"共识"以及基于这些"共识"所展开的实践可能把气候变化这个问题简单化了。在休姆看来，"气候变化的复杂性和难以驾驭的程度——用政治学的比喻来说，即它的'抗解性'(wickedness)②——超出了最令人敬畏的智者的理解。"③换句话说，任何试图通过某种"单一的、普遍的政策目标"来解决气候变化问题的努力都终遭失败，这正是休姆《我们为何对气候变化各执己

---

① *International Affairs* 85：5，2009.

② 此处 wickedness 一词在语义上大致近于"棘手""难缠"等，考虑到它衍生自下文的"抗解问题"(wickedproblem)这一术语，故译为"抗解性"。

③ *International Affairs* 85：5，2009.

见》一书的立足点。

与吉登斯急切“救场”的姿态不同，休姆将自己置身于当代气候变化的话语丛林，他从多条线路追踪气候变化的问题谱系，层层剥离充斥于当今舆论氛围的认知屏障，裸露出种种被打造成“真理”形式的“气候变化故事”的破绽。他清醒地意识到，“文化启蒙”的关键就在于拨开笼罩在气候变化观念之上的重重迷雾，进而揭示潜藏于流行话语之下的种种“分歧”。据休姆说，《我们为何对气候变化各执己见》一书正是诞生于他在遭遇这些话语云雾时的“挫败感”。

> 《我们为何对气候变化各执己见》诞生于我的挫败感，即在气候变化问题上有太多不证自明的假设，例如，“科学已经确定”，气候变化是人类面临的最紧迫的问题；气候政策的唯一框架是多边目标和时间表方法。通过更具戏剧性的语言和视觉表现更积极地传播气候科学，将使每个人都确信这三个真理。对这些“真理”的反抗被认为是非理性的，或者是受到黑暗意识形态的驱使。在一个二元世界里，只有一方是正确的。①

作为一个长期从事气候研究的科学家，休姆对气候科学，对他曾为之服务的政府间气候变化专门委员会的工作以及解决这一问题的其他关键政策领域都了如指掌。或者说，他对有关气候变化的那些所谓“真理”的科学基础及其形成过程，对相关政策的科学

---

① Mike Hulme, *Exploring Climate Change through Science and in Society*, p.287, Routledge, 2013.

依据都有着自己的理解和判断。因此，他不但没有试图寻找解决问题的良策，反倒对于媒体把气候变化视为超过其他一切问题的“人类所面临的最大问题”，并把它渲染为迫在眉睫的大灾难而深感不安，他认为，“诸如此类的报道既有损于科学真相的揭示，也忽视了许多其他的思考、感受和认知方式。”[①]由于目睹了有关气候变化的信息从科学推断向决策过程再向大众传媒的多重转换中所造成的混乱，所以，对休姆来说，搞清楚“气候变化”的来龙去脉，充分了解目前针对这一问题所存在的不同意见，比直接提供解决方案更为重要。因此，《我们为何对气候变化各执己见》一书试图“清楚地揭示这些信念的缘起，更坦诚地为气候变化观念重新定位，使之成为一个更具创造性和更少贬义的话题”[②]。

休姆从“气候史的文化阅读”入手，对气候的“社会意义”做出了细致的辨析。他指出，气候既有其物理的内涵，也有其文化的内涵，前者的客观性无可否认，但人类的气候观念总是与其社会政治实践密切相连，它更多地携带着用以确保特定的政治或意识形态目的这一附加意义。因此，各种有关气候的观念深深植根于所处的时代和地方，时、地变化，气候观念也会因之而变。气候有时因物理原因而变化，有时也会因意识形态的原因而发生变化[③]，不论是过去还是现在，气候观念都深深卷入了各种意识形态的运作，并充当了它们的传播载体，比如种族主义、征服自然、自

---

① Mike Hulme, *Why we disagree about climate change*, preface, p. xxxiii, Routledge, 2013.

② Mike Hulme, *Why we disagree about climate change*, preface, p. xxxiv, Routledge, 2013.

③ Mike Hulme, *Why we disagree about climate change*, p.4, Routledge, 2013。在该书的另一处休姆还有一个相似的表达：“气候既可能因其物理属性而变化，也可能因其文化象征而变化，或两者兼而有之。”（Ibid，p.33）

然荒野等等。[1] 如同“气候”概念一样,“气候变化”也交织着物理和文化两个方面,而从其社会和文化层面来说,一个有待进一步确定的科学推断有可能变成政治和社会行动的口实。休姆明确指出,当今的气候变化概念是有一定可塑性的,它非常容易被各种意识形态挪用来支持各自的行动规划[2],换句话说,当今世界流行的气候变化叙事其实是“包含了一系列意识形态投射的自然与文化碰撞的故事”[3]。他还进一步列举了当下语境中“气候变化”的四种具有代表性的意义生产方式:

> 1. 把气候变化作为哲学与科学实践之间、不同认知方式之间的战场。在这里,作为“科学争议”的气候变化对乐于被吸引的媒体和其他社会行动者来说,已经成为一种无法拒绝的话语。尽管事关科学,但对气候变化的争辩却常常成为相互对立的未来观和社会权威竞争的深层冲突的代用品。
>
> 2. 把气候变化作为大气商品化,尤其是天然气、二氧化碳商品化的正当理由。
>
> 3. 把气候变化作为新的全球网络或重获活力的社会运动的灵感源泉。
>
> 4. 把气候变化作为对伦理、国家和全球安全的威胁。[4]

---

① Mike Hulme, *Why we disagree about climate change*, pp. 18 - 32, Routledge, 2013.

② Mike Hulme, *Why we disagree about climate change*, p. xxviii, Cambridge University Press, 2009.

③ Mike Hulme, *Why we disagree about climate change*, pp. 27 - 28, Cambridge University Press, 2009.

④ Mike Hulme, *Why we disagree about climate change*, p. xxvii, Cambridge University Press, 2009.

这四种相互竞争的气候变化话语在一定程度上显示了当代社会复杂的意识形态情境。不管作为物理事实的气候变化是否存在，或是在何种意义上存在，它都已经成为一种塑造当代社会和文化的重要力量。当然，休姆承认，目前对于来自大气中温室气体浓度或地表温度的趋势判断并无太大分歧。尽管如此，气候变化仍对我们有关科学性质的观念和知识生产的模式构成了极大的挑战，因为这是一个极为复杂的现象，还存在太多不确定的、有争议的甚至是未知的领域。对它的判定涉及一个有强烈价值争议的领域，这个领域所需的知识将为紧急决策提供支持，这无疑带有很高的风险。休姆的看法是，尽管熟知内情的科学家（也许还有政策制定者）会同意人类原因造成了全球气候变化这样一个事实，但这里的"气候变化"概念必须被理解为我们头脑中的一个概念，一部分是真实的，一部分是想象的。他因此将"气候变化"分为两个层面，一个指向物理的层面，他称之为"小写的气候变化"，另一个指向社会文化层面的"大写的气候变化"。起码就目前而言，前者是一个在很大程度上不可能形成明确结论的科学问题，而后者则涉及一个极为广阔而又复杂的社会文化幅面，因此，针对气候变化，不可能形成"一致赞成的观点"。

休姆接下来通过科学、经济、宗教、心理、媒体、发展和治理这七个"透镜"显示了人们对气候变化意见分歧的原因：

1. 因为科学没有完成我们预期或希望它做的工作。[①]
2. 因为我们的价值观不同。[②]

---

① Mike Hulme, *Why we disagree about climate change*, p.74, Routledge, 2013.
② Mike Hulme, *Why we disagree about climate change*, p.112, Routledge, 2013.

3. 因为在对他人、对自然和对神灵的责任方面我们的信仰不同。[①]

4. 因为我们对风险的评估不同。[②]

5. 因为我们收到了关于气候变化的信息是相互冲突的，我们对它们的解释也不同。[③]

6. 因为我们对发展的理解不同。[④]

7. 因为我们寻求的治理方式不同。[⑤]

基于以上分析，休姆的基本判断是，气候变化是一个“抗解问题”(wicked problem)。“抗解问题”本是政策学者 H.W.瑞特和 M.M.韦伯在 20 世纪 70 年代创造的一个术语[⑥]，指的是在性质上独一无二并且没有确定解决方案的问题，它也可以被看作是其他问题的症候。它处在一种被“不确定性、自相矛盾、界定不清的需求偏好和价值，对集体行动的手段、后果或累积影响缺乏清晰的理解，以及多方参与者在解决问题上投入的资源数量差异”等诸多因素所限定的情境。因为系统中具有复杂的相互依存关系，所以，很难确认“抗解问题”可以被解决。更常见的情况是，某一种解决问题的方案，经常暴露或制造了另外一些甚至更复杂的、需要进一步

---

① Mike Hulme, *Why we disagree about climate change*, p.144, Routledge, 2013.

② Mike Hulme, *Why we disagree about climate change*, p.181, Routledge, 2013.

③ Mike Hulme, *Why we disagree about climate change*, p.215, Routledge, 2013.

④ Mike Hulme, *Why we disagree about climate change*, p.251, Routledge, 2013.

⑤ Mike Hulme, *Why we disagree about climate change*, p.288, Routledge, 2013.

⑥ H.W.J. Rittel & M.M. Webber, “Dilemmas in a general theory of planning.” *Policy Sciences* 4(2) 1973.该文将"wicked" problem 与"tame" problem 相对，所以，"wicked"的意思当为“桀骜难驯”，或“难解”，因为它是一个具有特别内涵的理论术语，故以“抗解”译之，以凸显其“陌生性”。

解决的问题。[①] 休姆认为，流行框架中的“气候变化”问题具有一个“抗解问题”的所有特点。[②] 国际社会目前致力于构建的气候变化“全球解决”方案，因为不能将之作为一个“抗解问题”来理解和对待，忽略了其难以化解的特性，因此，这些方案所拥有的要素都既不充分也不恰当。[③]

前任联合国秘书长潘基文在2007年巴厘岛气候变化框架公约缔约方会议开幕式的讲话中曾断言：“科学是明确的；气候变化正在发生，影响是真实的。现在是采取行动的时候了。”休姆评价说，经过国际社会的努力，经过政府间气候变化专门委员会20年的工作，在八国集团和其他国际论坛的会议上，气候变化已成为一个首要的议程，但是，却没有人“获得所寻求的奖品”。[④]

> 也许这种以特殊方式把气候变化（作为一个有待解决、需要一个巨大的解决方案的巨大问题）的框架要求把我们引向了错误的道路。通过将气候变化视为“所有问题的根源”——“人类所面临的（最大的/决定性的/最严重的）长期（问题/挑

---

① Mike Hulme, *Why we disagree about climate change*, pp.334 - 335, Cambridge University Press, 2009.

② 值得一提的是，2015年，剑桥大学出版社出版了圣母大学机械工程学教授弗兰克·因克罗佩拉的《气候变化：一个抗解问题——科学、经济、政治和人类行为交叉点的复杂性和不确定性》一书。该书也明确将“气候变化”作为一个“抗解问题”，并对之进行了较为全面的批判性评估，内容涉及科学、技术选择、经济后果、文化与行为问题、特殊利益与公共政策的影响、地缘政治与伦理等各个层面。（Frank P. Incropera, *Climate Change: A Wicked Problem: Complexity and Uncertainty at the Intersection of Science, Economics, Politics, and Human Behavior*, Cambridge University Press, 2015.）

③ Mike Hulme, *Why we disagree about climate change*, pp.334 - 335, Cambridge University Press, 2009.

④ Mike Hulme, *Why we disagree about climate change*, p. 332, Cambridge University Press, 2009.

> 战/威胁)”——也许我们让自己失去了控制。我们已经使得气候变化把我们这个世界上越来越多的个别问题累加起来——不可持续的能源、地方性贫困、气候危害、粮食安全、结构调整、过度消费、局部毁林、生物多样性丧失——并利用气候变化的元叙事将它们编织在一起。
>
> 我们制造了一个巨大的政治僵局,这个僵局不仅无法突围,而且可能超出了我们的理解。再加上脆弱和灾难的说辞——“十年来避免灾难性的转折点”——以及后现代的“对元叙事的冷漠”,也许我们真的在劫难逃了。①

休姆的理解是,沿着现有的政策方向推进,即便是能够动员大批技术与政治资源去应对和处理诸如平流层臭氧耗竭之类的具体问题,还是不能从根本上解决气候变化的问题。因此,休姆建议我们不妨把目光从目前的方向上移开,“我们不需要问我们能为气候变化做些什么,而需要问气候变化能为我们做些什么”②。休姆在此前的一篇文章中也曾借前坎特伯雷大主教罗云·威廉斯的话明确表达过自己应对气候变化问题的立场:“与其绝望地寻找一个能拯救我们免于生态灾难的伟大想法,不如接受气候变化的邀请,改变我们个人和社会的目标,使我们更接近多元化世界中相互依存的生活现实——无论我们是否能‘拯救地球’。”③休姆进一步指

---

① Mike Hulme, *Why we disagree about climate change*, p. 333, Cambridge University Press, 2009.

② Mike Hulme, *Why we disagree about climate change*, p. 326, Cambridge University Press, 2009.

③ Mike Hulme, “Four meanings of climate change.” in S. Skrimshire (ed.), *Future Ethics: Climate Change and Apocalyptic Imagination*, pp.37 – 55, Continuum, 2010.

出，“我们可以利用气候变化的概念——气候变化所揭示的生态功能、权力关系、文化论述和物质流动的错综关系——来重新思考我们在未来几十年如何推进我们的政治、社会、经济和个人计划”①。作为一种富有想象力的资源，气候变化既是一面观察当代问题的放大镜，也是我们进行自我反省的一面镜子，可以用它来对我们习以为常的那些当代工程——经济增长、自由贸易、减贫、社区建设、人口管理、社会卫生等——进行更为严格的审查。我们还可以借助这种放大作用，在心理、伦理和精神层面展开更具创造性的工作，“让我们利用气候变化的放大力量——它对短期选择的长期影响的强调、它的全球性影响、它对新权力中心的揭示、它对物质和文化价值的关注——更密切地关注我们真正想要为人类实现的目标：富足、公正，哪怕仅仅是从生存的角度考虑。”②

因为《我们为何对气候变化各执己见》一书基本否定了主流的气候变化观念和政策取向，所以，它出版之后会引起什么样的社会反响大致是可以想见的。在学术期刊尚未发表书评之前，在亚马逊网站上就已经出现了颇为激烈的评论，华盛顿中心区域研究所首席执行官约瑟夫·巴斯特批评说，作者忽略了自己作为著名科学家的首要职责，“当这位科学家通过赞同谎言来推进他的个人政治议程时，尤其令人感到不安”。更多的批评指向了该书在应对气候变化上的“无为”立场，认为它助长了失败主义或“安静主义”的态度。③

---

① Mike Hulme, *Why we disagree about climate change*, p. 362, Cambridge University Press, 2009.

② Mike Hulme, "Climate change: from issue to magnifier", in *Exploring Climate Change through Science and in Society* , p.278, Routledge, 2013.

③ Mike Hulme, "Reactions to Why We Disagree About Climate Change." in *Exploring Climate Change through Science and in Society*, p. 288, Routledge, 2013.

也有观点认为，休姆在评估气候变化的风险时，通过使用一系列具有价值导向的论点和立场，否认气候变化的合法化，这种观点是“灾难性的”。

然而，气候门事件发生后，《我们为何对气候变化各执己见》一书销量激增，书中的观点也受到了更为广泛的重视，尤其是在哥本哈根第十五届缔约方会议失败之后，该书更是在世界范围内引起强烈关注，影响所及包括社会科学、环境科学、地球和行星科学以及艺术和人文学科等众多研究领域。随后，该书被《经济学人》杂志选为2009年四本科技“年度图书”之一，并被授予2010年杰拉尔德·L. 杨人类生态学图书奖。如今，《我们为何对气候变化各执己见》一书已经在高等教育中被许多专业课程作为核心文本采用，涉及的学科和知识背景非常广泛，包括环境人类学、商业研究、文化和政治、发展研究、英语和修辞学、环境工程、环境治理、环境研究、林业和管理、地理、历史、国际关系、可持续发展等等。

从《我们为何对气候变化各执己见》一书引发的反响以及相关的评论可以发现，它基于对过去30年来不断变化的气候变化研究格局的深刻解读，准确地揭示了这个研究传统的症结，也为气候变化的讨论和思考带来了新的空间和新的可能性。就此而言，休姆的“文化启蒙”业已初见成效。

2. 诊断（作为话语或叙事的）“气候变化”

> 虽然科学作为一种社会事业可望通过反复的调查、实验和验证来调和相互矛盾的事实，但有关气候变化的相互矛盾的故事却未必容易调和。不同的叙事通过植根于特定的信仰、价值观、道德承诺、神话和想象而获得其效力，这些信仰、价值观、道德承诺、神话和想象本身来自不同的社会、文化和

政治运动，来自不同的看待世界和参与世界的方式。这些故事需要利用不同社会形态中所存在的各种形式的民主和社会互动来倾听、讯问、审思和辩论。这些故事所借鉴的价值观应该是明确的，而不是隐藏在科学事实背后。我们应该提防那些要求服从并试图通过诸如宣布“紧急情况”或声称“科学要求”等借口绕过民主审查的总体性叙述。[①]

休姆之所以要进行“文化启蒙”，是因为“气候变化”话语具有巨大的裹挟力量，它很容易让人们在面对滔天的舆论传播时丧失基本的判断能力。所以，休姆坚持不懈地展开了“去蔽”“解魅”的工作，他先后从不同角度对当代流行的种种气候变化叙事（话语）进行了深入的解析和辩驳。在发表于2011年的《把未来还原为气候：气候决定论和还原论的故事》[②]一文中，他详细地分析了当代气候变化话语的演化过程和机制，并且从气候决定论向气候还原论的历史转换中捕捉到了当代气候变化话语的知识支持和思想根基。休姆分析说，在观察气候与人类社会生活的关系时，人们经常采取两种直觉的立场。一方面，气候影响并塑造了人类的心理、生理和文化属性；另一方面，人类在与气候的长期接触中，既试图驯服这些气候影响和限制，又试图超越它们。因此，在试图理解两者之间的关系并将其理论化时，很容易受到两种截然不同的谬见的影响。第一种是“气候决定论”（climate determinism），即把气候提升为影响个人生理和心理以及集体性社会组织行为的万能要素和终

---

① Mike Hulme, “Climate change narratives: beyond the facts of science.” https://mikehulme.org/climate-change-narratives-beyond-the-facts-of-science/

② Mike Hulme, “Reducing the Future to Climate: A Story of Climate Determinism and Reductionism.” *Osiris*, Vol. 26, No. 1, 2011.

极原因。第二个谬见是“气候非决定论”(climate indeterminism),它仅仅把气候视为人类事务的注脚,并完全剥夺了其社会解释效力。[①]

休姆追溯了近百年来“气候”在有关环境、社会和未来的论述中的角色转化过程。他指出,气候决定论在20世纪初的欧洲,尤其是英国的思想界曾风行一时,它为帝国社会、文化和种族的优越性提供了解释,并且得到当时著名的地理学家弗里德里希·拉采尔、艾伦·森普尔和埃尔斯沃斯·亨廷顿等人的支持。气候被视为种族特征、思想活力、道德美德和文明等级的主要决定因素,这类思想早先也曾对希腊哲学家和欧洲的理性主义者产生过吸引力。不过,因为20世纪中期的意识形态战争重塑了滋养这种思想的政治和道德世界,气候决定论在主流的地理学学术中渐趋衰退和边缘化。休姆认为,一百年后的今天,在新世纪的气候变化危机中,气候决定论正在以某种新的形式卷土重来,而且有愈演愈烈之势。休姆将这种新的决定论称为“气候还原论”(climate reductionism),它与当今世界的气候焦虑互为因果,致使气候变化长驱直入地侵入当代公共舆论和政治话语。

与传统的气候决定论不同,气候还原论并非基于直觉的观察,它是一种分析和预测的形式,在这种分析和预测中,气候首先从塑造了人类生活的相互依存的交错关系的物理世界中被提取出来,如此一来,气候预测就变成了影响未来人类生活的主导性变量,并得以向所有领域推展。在预测人为原因所造成的气候变化的未来影响时,这种思考和分析方式导致了某些科学家、分析家和评论家

---

① Mike Hulme, “Reducing the Future to Climate: A Story of Climate Determinism and Reductionism.” *Osiris*, Vol. 26, No. 1, 2011. 以下有关气候还原论的分析均出自该文,不再一一注出。

近乎失控的极为大胆的主张，比如：

> 每年，气候变化导致30多万人死亡。
>
> 根据2050年中期气候变暖的假设，我们预测15%—37%的物种……将会“走向灭绝”。
>
> 到本世纪末，仅撒哈拉以南的非洲地区就有1.85亿人可能死于可直接归因于气候变化的疾病。
>
> 我认为无论我们做什么，（气候）都将发生巨大变化。如果我们在接下来的20年里无所作为，那将是灾难性的。如果我们在接下来的50到100年里什么都不做，世界甚至可能会终结。①

休姆认为，这类耸人听闻的未来预测风靡世界的根本原因在于预测性自然科学在人类理解未来时的霸权地位，这种霸权体现于气候（以及相关）模型在塑造气候变化话语时的关键作用。由于这种模拟活动隐含或明确地宣称了对未来的认识论权威，气候成为不可知未来的一个“已知”变量，未来的开放性、偶然性和多种可能性因此而被关闭。因为这些被预测出来的虚拟气候断言，它们的影响将遍及一切事物，从未来生态、经济活动、社会流动性到人类行为、文化进化和地理安全等等。

根据休姆的回顾性分析，预测性自然科学在有关未来的认识中获得霸权地位只是20世纪最后几十年间的事。最早涉足气候变化与人类社会关系的研究领域的是一些历史学家和大气科学

---

① Mike Hulme, “Reducing the Future to Climate: A Story of Climate Determinism and Reductionism.” *Osiris*, Vol. 26, No. 1, 2011.

家，20 世纪 70 年代，伊曼纽尔·勒·罗伊·拉杜里等历史学家、里德·布莱森等大气科学家以及休伯特·兰姆等历史气候学家在这一时段都曾对历史上气候变化与社会组织之间的相互作用问题做出了卓有影响的探究，但对这种相互作用的理论框架，他们没有能够形成具有连贯性的解释，也没有任何预测的基础。

从知识发展的角度看，至少在此时期，环境与社会关系的研究还是一个没有学术根据地的知识领域，尽管随着环境运动的崛起，"气候变化与人类事务"开始以新的方式纠缠在一起，但因相关的学科知识贫弱，并未形成持续推进的研究方向。进入 20 世纪 80 年代之后，全球气候变化与人类活动间的关系越来越明显，一些研究人员、环境学家和政策制定者相继聚焦于未来的气候变化可能对社会造成影响的问题上。尽管如此，从 20 世纪 60 年代到 20 世纪 80 年代，因缺乏一致的或可以接受的理论和工具，只留下了众多对环境—社会相互作用的彼此竞争而又矛盾的理论描述。

正是在关于社会与气候相互关系的理论和方法不确定的背景下，一个由气候建模者和全球气候变化科学家组成的新的知识社群出现了。20 世纪 60 年代和 20 世纪 70 年代见证了第一批基于计算机的通用全球气候系统模拟模型的发展。这些面向气候的新的模型最初是数值天气预测模型的扩展，它使得在物理世界中根本不可能实现的全球气候实验可以在虚拟现实中进行。这些模型最初是由美国、英国和德国研究中心的气象学家和大气科学家构建的，后来海洋学家、大气化学家和生物学家也加入了他们的行列。因为模型已从简单的气候系统(最初是大气)发展到地球系统的深层耦合组件，通过使用"地球系统的定量模型来识别和模拟全球趋势"，新的科学使命愈趋明确，目标被确定为"在全球范围内获得对整个地球系统的科学认识。"

在仅仅 20 余年的时间里，对气候的成因和性质的科学描述变得越来越复杂。相关的知识社群认为，气候是一个相互关联的生物地球物理全球系统(biogeophysical global system)运行的结果，它在过去、现在和未来的表现可以用数学方程和先进的计算技术来建模并进行"预测"。这标志着一个新的认知系统的确立，也是与 20 世纪早期地理学家、气候学家和大气学家所使用的更具多样性的气候概念的明显决裂。作为地球系统科学中更具系统性的气候概念以及这一概念在模拟模型中的表现，形成了新的全球气候建模者知识社群的双重基础。这个专家社群对特定现象的事实和因果理解有共同的信念，这些共同的信念和价值观又指导着社群从其认知中得出政策结论。

截至 20 世纪 90 年代，"计算机建模已经成为全球气候变化科学家群体评估气候预测真实性的核心实践"。然而，正如克拉克·A. 米勒所说，新的认知群体及其新知识的形成是与更广泛的社会、制度和政治环境分不开的。以 1972 年 6 月诞生于斯德哥尔摩的《人类环境宣言》为起点，预测性气候知识的科学地位主要是在后斯德哥尔摩时代新的环境地缘政治背景之下得以逐步确立的，在这一时期，对人类引起的气候变化和环境政治全球化的日益增长的政治兴趣推动了这一新的知识计划。其中，1979 年举行的世界气象组织第一次世界气候大会和 1983 年美国国家科学院二氧化碳评估委员会的报告，起到了比较关键的作用。克拉克·A. 米勒将这一过程描述为"气候科学与全球政治秩序"合作的知识生产(coproduction of knowledge)①，其后果是，在基于模型的未来气候

① Clark A. Miller, "Climate Science and the Making of a Global Political Order." in *States of Knowledge: The Co-production of Science and the Social Order*, pp. 46 - 66, Routledge, 2004.

变化预测在学术与政策论述中被前景化了。模型被视为“辨别气候变化政策选择效果的唯一有效方法”，所有关于气候变化的重要知识和政策选择似乎都是从这种模型中产生的。因此，在 20 世纪 90 年代，关于人为原因造成气候变化的早期论争主要是围绕这些模型的可信度展开的，因为争论双方都认识到他们关于未来的知识主张的政治意义。

很显然，要回答人类活动引起的气候变化对于人类社会的重要性这一棘手问题，需要的不仅仅是对未来气候的了解，它还要求将未来的气候变化转换成为对未来社会影响的描述。例如，1990 年 IPCC 的第一份评估报告就分为三卷：一卷涉及气候科学，一卷涉及气候影响，一卷涉及气候政策选择。如果气候建模者能够对未来的气候变化做出可信的预测，那么在制定和评估政策之前，需要就这些变化对人类社会的影响做出同样可信的解释。正是在这个问题上，预测性自然科学家的知识主张与地理学家和其他环境社会科学家的知识主张之间的不对称最为尖锐地凸显出来。由于社会科学中对气候—社会关系理解方面的贫乏和理论上的不完善，气候变化与社会变化的不对称组合也便被挪移到对于未来的想象。具体地说，就是在对未来的认知中，预测性自然科学及其对未来气候变化的预测获得了霸权地位，而对于未来社会变化的想象则完全依附于自然科学预测的结论，这一结果使某种形式的气候还原论得以发展成为当代社会分析和对未来思考起主导性的思维路径。尽管许多社会科学家清楚地意识到，“任何气候事件的影响都取决于当地的生态环境和当地人口的组织结构、规模、意识形态、技术和社会价值观”，但这一领域当前的思想不适当地把气候视为人类生存的主要决定因素，未来社会的一切均由这个决定性的变量推演开来。

作为一种理解复杂实体或复杂关系性质的方法，还原论的演绎路径就是将这些复杂对象还原为各部分的相互作用，或者还原为更简单或更基本的实体或关系。就气候变化研究而言，这意味着将气候从相互影响的诸多因素中分离出来，作为过去、现在和未来的系统行为和反应的主要决定因素。比如，如果作物产量、经济表现或暴力冲突可能与气候变量的某些组合有关，那么了解这些变量的未来表现将提供一种了解未来作物产量、经济表现或暴力冲突如何展开的方法。气候还原论所提供的这种方法论为有关气候、社会和未来之间关系的复杂问题提供了简单的答案。它以最粗糙的形式声称，如果社会变化是不可预测的，气候变化是可预测的，那么未来可以通过提高气候作为变化的主要驱动力而为人所知。然而，某些可能比气候更重要或者不太能预测的影响在这一分析中却有可能被忽略或被边缘化，休姆称之为“片面”(one-eyed)的未来观，他还通过气候还原论在经济增长预测和地缘政治分析等领域中的具体案例说明了这一思维方式的症结所在：它不仅降低了人的能动性，也限制了人的想象力。

然而，气候还原论对未来的描述却很容易进入公众的认知和讨论，因为它适用于想象未来的许多不同方面，如健康、粮食生产、生物多样性、旅游和娱乐、人类移徙、暴力冲突等等。在休姆看来，在社会科学或人文学科没有出现类似的认识论范围的情况下，预测性自然科学和生物科学在人类对未来的认知中仍将处于霸权地位。在气候变化研究中，这种认识论霸权植根于气候或地球系统模型的知识主张。这些主张为基于模型假定来描述未来气候提供了足够强的推论能力。因此，在研究未来社会的可能性时，采用还原的方法变得很有吸引力，气候还原论本质上说就是将气候建模者的知识主张转换为社会、经济和政治分析师的假定知识主张。

因此，未来被还原为气候。气候还原论几乎完全剥夺了未来的社会、文化或政治活力，它使未来不再有愿景、意识形态和价值观。因此，未来变得过于确定。然而，未来当然远不是一个没有意识形态的区域，它恰恰是信仰、意识形态和社会价值观必须争夺的最重要的领域。正是这些对未来的想象和争夺——以多种不确定的形式——既决定着人为原因造成的气候变化的影响，也决定着自然气候单方面变化的影响。[①]

休姆分析说，决定论思维的吸引力在于，它为文化或经济统治提供了一种“自然论”的解释——甚至是辩护，或者说，它为未来提供了一种脱离了人类作用的“自然论”的解释。早期的气候决定论盛行于古典希腊、帝国主义欧洲和年轻的美国等处于优势地位并且乐观的帝国文化中，与之形成鲜明对比的是，当今的气候还原论滋生于西方文化中的悲观主义情绪，这种悲观主义剥夺了信仰、愿景和承诺的未来。这种当代文化情绪为特定形式的环境决定论——气候还原论——的重新出现提供了环境，它把未来交给了不可阻挡的非人类力量，为西方对未来信心的丧失提供了一种合理化的解释。因此，智力专家——气候建模者——的知识主张便被邀请来填补人类未来想象中的空白。在休姆看来，人类是有创造力、想象力和独创性的，未来的社会、文化和政治世界可能与今天大不相同，那么，在任何关于未来气候变化的意义的分析中，都应该更大程度地体现这些可能性。未来可能会更好，也有可能不那么令人满意。但它们不会被气候所决定，也理所当然地不能仅

① Mike Hulme, “Reducing the Future to Climate: A Story of Climate Determinism and Reductionism.” Osiris, Vol. 26, No. 1, 2011.

仅由气候来决定,对未来世界的想象可能会以令人意想不到的方式影响气候变化的结果。

根据休姆的分析,气候还原论的运行机制是"认识论滑动"(epistemological slippage),即在没有适当的理论或分析证明的情况下,预测权威从一个知识领域转移到了另一个领域。气候模型对未来气候的模拟在这里被不适当地提升为对未来社会表现和人类命运的普遍预测。休姆认为,即便还原论在对过去的解释中可以权当一种有限的推理形式,但它在讲述未来时将不可避免地暴露出更大的缺陷。气候模型及其衍生分析提供的认识论路径至多不过是判断未来可能性的一种方式,它们具有有效性,也有关联性。为了弥补这种认识论上的失误和不足,有必要平衡在未来认知方面的多种观点和认识论途径。

休姆反复强调,气候变化既是一个物理问题,也是一个社会问题,两者相互依傍,相互嵌入。研究者必须首先研究它们相互影响的方式和路径,但到目前为止对于两者的关联性研究并不深入,当今气候变化研究的视域几乎完全囿于自然科学和经济学。休姆注意到,瑞典学者在一项研究中对 IPCC 第三次评估报告中三个工作组的学科来源文献进行了分析,其研究结果显示,被引述文献的主要来源是自然科学,以地球科学为主,来自社会科学的内容以经济学为主,人文学科的文献几乎不存在。虽然在第四次评估报告和即将公布的第五次评估报告中,学科视野可能有一定程度的扩展,但对于人为原因造成的气候变化分析仍以实证学科为主,解释性人文学科尚无位置。休姆因此认为,IPCC 由此构建出来的气候变化观点——以及因此而在社会上流传并影响了政策制定的观点——很大程度上是片面的。这种片面性将会产生极为重大的影响,因为在过去 23 年的历史中,政府间气候变化专门委员会一直是气候科学和全球知识界的权威代言人，它如何界定气候变化的概念，对于随后的政策和公共辩论的方向、基调和结果具有重大意义。也就是说，IPCC 的评估报告在很大程度上决定了气候变化这一“问题”的性质以及相应的“解决”框架。所以，由于政府间气候变化专门委员会对自然科学和经济的高度依赖，气候政策讨论中的主要论调也就变成了“改进气候预测”和“创造新的经济政策工具”，而不是“学习本土文化的神话”或“重新思考消费的价值”等。①

2008 年，英国前政府首席科学顾问大卫·金爵士曾指责人文学科的学者“逃避应对气候变化的斗争”，并批评艺术、人文和社会科学领域的学术研究停留在学科的“舒适区”，没有与科学家就气候变化问题进行接触。但休姆认为，不应该将这种现状仅仅归咎于人文和社会科学，未来气候和未来社会研究的不对称只是过去 25 年来气候影响评估领域更广泛实践的一个表征。在 IPCC 进程的前 12 年(1988—2000 年)优先考虑的是对未来气候的预测，大量的努力均被用于推进和分发未来气候的衍生模型，却从来没有系统地尝试开发研究未来社会、文化或政治变化的方法。这种情况直至 2000 年《联合国政府间气候变化专门委员会排放情景特别报告》(IPCC Special Report on Emissions Scenarios)的发布，情况才有所改观。但是，著名地理学家罗伯特·凯茨在 20 世纪 70 年代末所指出的方法论挑战迄今并未得到克服，即在“软”“硬”科学之间，在不同的理论、方法之间，都存在着需要弭平的鸿沟，而在气候影响评估的“关联研究”方面，情况更是如此。这不仅是因为学

① Mike Hulme, “Meet the humanities”, in *Exploring Climate Change through Science and in Society*, p.106, Routledge, 2013.

科间的知识壁垒，更是因为人们把主要的关注停留在气候本身的动态研究上，而对气候与社会的相互作用少有深入探究。

因此，在休姆看来，要应对气候与社会的相互渗透给相关研究所带来的挑战，预测性自然科学与解释性人文科学的接触必须相向而行。首先需要确认的是，艺术和人文学科的作用不仅仅是将科学知识转化为公共意义，人文学科不能直接“解决”气候变化问题，但它可以“加深并扩展对相关问题的理解”。与自然科学的探究取向不同，人文学科提供的是基于特定文化和社会背景的人们看待和应对风险的知识，它可以揭示媒体有关气候科学表述的含义，可以让人们领会许多非科学的对于天气的认知和解释路径……即便这一切不能准确地反映现实，但也会影响我们对气候变化的科学解释的反应。总之，为了揭示气候变化在不同人类文化中的多重含义，并为政策创新创造新的切入点，解释性社会科学、艺术和人文学科需要在新的空间与实证科学平等地相遇，气候变化影响的评估方案也需要重新设计。[①] 具体而言，气象学、海洋学、生态学和经济学等传统学科与社会科学和解释性人文学科之间需要加强互动。后一类学科的观点和贡献在公共宣传和政策辩论中可能比传统科学具有更重要的价值。休姆甚至认为，气候变化不可能完全依赖科学来提供技术性的解决方案，不仅如此，实证主义学科本身并不适合参与和阐明人类对价值、目的和意义的更深层次的探索，至少，气候变化的话题必须接受解释性学科传统的审查，而不应仅仅围绕自然科学的知识主张来展开讨论。[②]

---

① Mike Hulme, "Meet the humanities", in *Exploring Climate Change through Science and in Society*, pp. 106－109, Routledge, 2013.

② Mike Hulme, "Mapping climate change knowledge." in *Exploring Climate Change through Science and in Society*, p.99, Routledge, 2013.

3. 气候变化的文化评估

如何重构关于气候变化的讨论？这是麦克·休姆持续追问和探讨的问题。在对《我们为何对气候变化各执己见》一书的接受过程进行回顾性反思时，休姆就曾自信地确认，该书为气候变化研究的“文化转向”做出了贡献。

> 它认识到气候变化对气候科学提出的挑战，远不止是对未来气候做出可信的预测，以便在某种程度上指导当前的观念和行为。这一思路促使政府间气候变化专门委员会在1988年成立。而事与愿违，当代形态的气候变化观念所做的却是，就政治组织的形式、权威知识的性质以及人类最终目的等提出一些令人不安的问题。归根结底，这些有关人类信仰、社会实践和公共话语的问题，都需要文化的反思和分析来做出回应，它们不是（气候）科学所能回答的问题。我相信《我们为何对气候变化各执己见》一书开辟了许多思考有关人类和集体生活等更深刻问题的路径。[①]

纵观休姆近10余年来的研究进程，“文化转向”确实不失为对其工作方向的一个准确的描述。如今，预测性自然科学的霸权地位以及根植于其知识主张的政策框架，已经为气候变化概念赋予了一种便捷的可塑性，加之缺乏一种有效的文化反省机制，“气候变化”已经成为各路诸侯随意征召的特使，被不加批判地用于支持

---

① Mike Hulme, "Reactions to Why We Disagree About Climate Change." in *Exploring Climate Change through Science and in Society*, p. 298, Routledge, 2013.

范围不断扩大的各种意识形态。[①] 有鉴于此,休姆坚持从文化和历史的视角探讨气候与气候变化的意义,并一再呼吁社会科学和解释性人文学科的介入。他认为,全球气候变化现象需要从文化的角度重新加以审视,气候研究应该有一个不同于 20 世纪末几十年的出发点,这个出发点应该从解释性的人文社会科学的贡献开始,结合对自然科学的批判性解读,并辅之以基于空间和历史事实的知识观。与此同时,休姆还密切关注流行于当下的各种气候变化叙事,致力于对其语言与修辞的文化意义的分析。在他看来,预测性自然科学所揭示的"气候变化"(即"小写的气候变化"),只有借助文化叙事("大写的气候变化")才能发挥其影响效力。

> 在社会和政治世界中,叙述比事实更有力……它更具吸引力和说服力,并且提供了更强烈的使命感和更大的人类能动性,因此,它有强大的影响力……每一个气候变化故事都承认气候科学,并以某种特定的方式借用科学事实。然而,只有那些具有影响力并且能够引起共鸣的文化神话的动员作用,才能更好地解释这些叙事的力量和影响。[②]

因此,休姆筛选出当今流行的四种主导性气候变化叙事(四个"神话"),并对其文化内涵进行了深入的分析。[③] 他的目的在于,

---

① Mike Hulme, "Four meanings of climate change." in S. Skrimshire (ed.), Future Ethics: Climate Change and Apocalyptic Imagination, p.39, Continuum, 2010.

② Mike Hulme, "Climate change narratives: beyond the facts of science". https://mikehulme.org/climate-change-narratives-beyond-the-facts-of-science/

③ Mike Hulme, "Four myths of climate change." *Why we disagree about climate change*, pp.340 – 355, Cambridge University Press, 2009. See also Mike Hulme, "Four meanings of climate change." in S. Skrimshire (ed.), *Future Ethics: Climate Change and Apocalyptic Imagination*, pp.40 – 51, Continuum, 2010.

通过对塑造和影响了气候变化观念的潜在神话和文化叙事的揭示，来对其未来影响展开伦理思考。休姆以《圣经》为喻，将这四种叙事分别称为哀叹伊甸园、预言世界末日、建造巴别塔和欢庆禧年。

“哀叹伊甸园神话”把气候看作是纯洁而原始的自然象征。在这个神话般的位置上，气候如同“荒野”景观或动物物种一样，是脆弱的，需要被保护或被“拯救”。“气候变化”意味着最后一块“未被人类触及”的地方失去了原始状态，这不仅使人类自身受到了贬损，而且也有损于超乎人类的神圣性的存在。休姆以美国著名的环境保护主义理论家比尔·麦基本的《自然的终结》一书为例，说明了这一“神话”的精神特征：对失落的哀叹和对恢复的渴望。正如社会学家史蒂夫·耶利所说，我们之所以如此关注人类活动造成的气候变化，是因为气候已经被我们当成了大自然最后一个未被人类污染的堡垒。休姆分析说，把自然作为一个独立范畴只不过是西方启蒙运动的产物，两百多年间，经由浪漫主义、荒野观念和环境运动的持续推动，这一观念逐渐深入西欧和北美现代观念体系。而在传统社会或非西方社会，自然与文化始终被视为相互嵌入的范畴，没有文化的解释，就没有自然。气候变化不过是人类漫长旅程中的又一个中间站，而非一个突然降临的大灾难。如果我们通过这个神话来看待气候变化，我们就必须追问，随着气候的变化，到底是什么在失去？气候与生物多样性有所不同。随着气候的变化，各种各样的天气被重新安排在不同的地方，以不同的顺序出现。我们没有失去云层，没有失去降雨，也没有失去太阳。我们只是改变了气候，而不是耗尽它。没有所谓的“好”气候或“坏”气候，只有“好”或“坏”的方式来想象和适应气候。①

① Mike Hulme, “Four meanings of climate change.” in S. Skrimshire (ed.), *Future Ethics: Climate Change and Apocalyptic Imagination*, pp.40 – 43, Continuum, 2010.

“世界末日神话”也是一个仍然具有强大效力的话语谱系，从1962年雷切尔·卡森的开创性著作《寂静的春天》开始，到1968年保罗·埃尔利希的《人口爆炸》和1972年罗马俱乐部的《增长的极限》，特别是最近几年在西欧和北美，关于气候变化的灾难预示已经变得越来越具有主导地位。这一世界末日神话的语言剧目包括“不可逆转的临界点”“数十亿人面临毁灭的风险”“气候灭绝”等等。大卫·金爵士曾断言，“我相信气候变化比全球恐怖主义威胁更大”；科学家吉姆·洛夫洛克等人也发出警告：“我们现在如此虐待地球，地球的气温可能会上升，并回到5 500万年前的炎热状态，如果这样，我们大多数人和我们的后代都将死去。”这一神话的盛行在一定程度上是对国际谈判的挫败感的回应，这些谈判显然未能建立有效减缓全球碳排放增长的协议和政策。休姆认为，环境修辞的主要目的一直是改变未来，而不仅仅是预测未来。例如，保罗·埃利希现在声称，他在20世纪60年代末描绘了一个由于人口增长不受限制而出现的功能失调和马尔萨斯式的世界情景，事实上，他促成了人口增长的放缓，从而避免了他所预见的那种情况。一个类似的规范性目标现在可能被描绘成气候启示录。①

“建造巴别塔神话”基本上是用现代主义的观点看待气候变化的挑战，它假定自信而独立的人类可以在“大洪水”的创伤之后重新栖居于大地，并为自己建起一座安全的城市，一座直达天堂的塔，人类会因此而一战成名。社会学家约翰·列捕捉到了这种心态：“即使上帝般的控制不可实现——征服自然的想法也是不可能实现的——科学心态中仍有一种极度乐观的观点认为，自然会越

① Mike Hulme, “Four meanings of climate change.” in S. Skrimshire (ed.), *Future Ethics: Climate Change and Apocalyptic Imagination*, pp.43 - 46, Continuum, 2010.

来越被人类的概念发明和技术干预所驯化和控制。”当气候变化的时候，可以动员一国或多国的机构共同行动，并把气候变化管理作为人类治理、控制和管辖的最新项目。在休姆看来，这种对上帝般的地位、称誉与荣耀的渴望体现了人类傲慢的态度。①

第四个神话立场，“欢庆禧年”，与我们用道德和伦理的语言思考和谈论气候变化的方式有关。气候变化作为社会正义的神话地位具有天然的动员力量，或者说，气候变化为在世界上实现公正和平等提供了最大的机会，它很容易与其他长期存在的全球正义问题联系在一起，不管全球变暖的科学判断是否坚实可靠。人类追求正义的本能催生了关于气候变化的第四个强有力的神话。这种追求正义的本能，以及对气候变化需要与这种本能结合的认识，不仅仅存在于激进的社会运动之中，正义和公平的思想也一直贯穿于有关气候变化政策的政治辩论和国际谈判之中。气候正义似乎有很多可取之处，但它本身却是一个充满歧义的概念，围绕着这个概念达成一致的行动方案则更值得怀疑。尽管如此，通过将气候变化喻为“欢庆禧年”——至少作为一个在社会和环境正义运动背后创造新潜力的机会——这个神话为消除末日恐惧提供了希望。②

以上四种潜在的意识形态或神话在很大程度上塑造和改变了当代关于气候变化的叙述。应该意识到的是，它们谈论的不是小写的气候变化，而是作为哀叹、恐惧、傲慢和正义的大写的气候变化，这是一种被科学净化并被剥夺了文化色调和意义的气候变化。

---

① Mike Hulme, “Four meanings of climate change.” in S. Skrimshire (ed.), *Future Ethics: Climate Change and Apocalyptic Imagination*, pp.46 – 49, Continuum, 2010.

② Mike Hulme, “Four meanings of climate change.” in S. Skrimshire (ed.), *Future Ethics: Climate Change and Apocalyptic Imagination*, pp.49 – 51, Continuum, 2010.

这四个神话并不具有排他性，事实上，人们很可能会发现四个神话线索的相互纠缠，它们盘结在我们许多人对于气候变化的信念之中，并影响着我们对决策和行动的判断。休姆认为，更为重要的是，我们需要在更深的层面上，即在科学和文化相互作用的层面上来分析气候变化现象。科学虽然可以告诉我们关于气候变化的信息——无论是联合国政府间气候变化专门委员会的报告、国家科学基金会的评论，还是发表在《自然》或《科学》杂志上的学术论文——但它们都不可能给我们提供一个可以解读"气候变化"四个神话的脚本。

休姆接着追问，我们关注气候变化的真正焦点果真在于人类所发明的"自然"范畴的缩小吗？人类原因造成的气候变化真的已经给人类的再生能力和资源消耗带来了一个新的、没有回旋余地的绝对的地球极限了吗？气候变化要求扩大和加强全球治理，或者说是地球系统治理，它真的为新千年提供新机制了吗？它为新社会、新经济和环境控制带来新方法了吗？抑或是，气候变化的影响是否更在于它要求我们关注世界上长期存在的不公正和不平等问题？如果我们相信伊甸园神话的话，气候变化实际上只是象征性的损失，是我们想象力的丧失，而不是物质性和实质性的损失。倘若如此，这肯定有助于解释为什么世界各地对气候变化的反应如此不同和有争议，气候富有想象力的象征意义在不同的文化和传统中有着广泛的含义和解释；如果我们相信末日神话，格陵兰冰盖的融化真的可能标志着我们所知文明的终结。如此一来，科学通过"末日"年表的出示，已经取代了宗教和占星术的先知能力；如果我们相信巴别塔神话，气候变化将让我们创制新的全球治理机构、在全球范围内把世界气候重新稳定在某个新的安全水平之上，这是一个近乎狂妄的目标；如果我们相信禧年神话，那么气候变化将不会通过放弃现代化来“解决”，也不会通过推广清洁绿色技术或利用热反射镜来拓展空间等手段去加以“解决”。相反，气候变化是我们必须将全球财富的再分配和修复生态空间的不平等占用所造成的环境与社会损害放在首要位置的最直接原因。①

在休姆看来，我们事实上正在利用气候变化来转移我们的注意力，当今世界上存在着很多令人不安的反常现象，其中有许多是我们以牺牲人类健康和社会正义为代价的消费驱动的经济增长模式的结果。我们已经被未来气候功能失调的前景所蒙蔽，而忽视了我们当前面临的真正危机。因此，可以说气候变化并不是一个“难以忽视的真相”，而是一个非常“适时的真相”，因为它为我们提供了一个心理焦点，让我们了解过去的失误，了解我们对未来的恐惧、对控制与征服的渴望，以及我们对正义的本能需求。我们正在利用气候变化来满足我们更深层次的心理需求。气候变化并不需要我们就某种“失常”的物理现象提供一个简陋的“解决”方案。相反，我们需要审视我们对气候变化概念的利用，借助气候变化所揭示的权力关系、社会话语与象征意义的不对称矩阵，来重新思考我们如何在未来几十年里推进我们的各种政治、社会和经济项目。我们应该把气候变化的概念作为放大镜，对每一个项目进行比我们以往更严格、更切实的审查，无论这些项目是人类发展项目、自由贸易项目、减贫项目、社区建设项目、人口管理项目，还是社会健康项目。② 更为重要的是，我们需要在更深的层面上，即在科学和

---

① Mike Hulme, “Four meanings of climate change.” in S. Skrimshire (ed.), *Future Ethics: Climate Change and Apocalyptic Imagination*, pp.52－53, Continuum, 2010.

② Mike Hulme, “Four meanings of climate change.” in S. Skrimshire (ed.), *Future Ethics: Climate Change and Apocalyptic Imagination*, pp.53－55, Continuum, 2010.

文化相互作用的层面上来分析气候变化现象。科学虽然可以告诉我们关于气候变化的信息，但它们都不可能给我们提供一个可以解读“气候变化”四个神话的脚本。“只有通过这种更深层次的分析——揭示出驱使我们面对气候变化的各种神话信仰、价值观和伦理承诺——我们才能开始理解气候变化政治的真正的利害关系。”①

从历史的角度看，气候与社会的关系一直是动态的。自然气候在人类的生物和社会进化中起着重要作用，形成了生物地球物理系统，为人类的经济和文化生活提供了商品和服务。同样地，人类也把自己强加于气候之上，这既体现在对气候的想象、研究以及在思维和语言中对气候的表达方式上，也显现在人类行为对于气候的物理运作所产生的越来越大的影响中。在史前史和整个历史过程中，气候与社会之间的关系通过创造力和恐惧得到了典型的体现。气候为社会提供了生产资源，刺激了新技术的发展，它还塑造了个人和集体的身份，激发了艺术家和说书人的灵感。但是，气候也给社会带来了风险和危机。它们引发了对生存的恐惧和对未来的预兆性焦虑。气候与社会的这种深度关联如今变得更加紧密，因为一个新兴的在全球范围内展开的人类行动，正在以前所未有的方式改变着全球范围内气候系统的物理特性。未来的天气不会像过去的天气，未来的气候也不会像过去的气候。人类社会长期以来一直担心这种可能性，而当今气候科学的知识主张给了我们关注未来的新理由和表达这种担忧的新语言。在气候的物理过程发生改变的同时，气候变化这个概念已经成为当今文化生活的

① Mike Hulme, “Four meanings of climate change.” in S. Skrimshire (ed.), *Future Ethics: Climate Change and Apocalyptic Imagination*, p.52, Continuum, 2010.

一部分，它本身也正在以新的方式改变着社会。

休姆指出，人类生存始终植根于气候系统的运作之中，然而，我们对自己在全球气候变化背景下这一新角色的含义只有初步的理解，而且只有有限的手段可以用来行使有目的的代理权。气候变化的物理表现与文化表现正在以一种前所未有的方式相互作用，我们无法从历史类比中获得更多的信息。通过历史性的温室效应，过去正在以一种新的方式制约着未来；而在另一方面，通过科学预测以及对未来气候的艺术性描绘，未来正在对现在进行新的入侵。气候变化概念是过去、现在与未来相互渗透的结果，是文化变革的一个强大而新颖的动力。气候变化所带来的新的物质文化表现形式对人类社会以及身处其中的个人与机构提出了非同寻常的挑战。20 世纪中叶，对自然科学家来说，气候变化还是一个相当深奥的研究问题，但现在却吸引了各种不同类型和不同个性的研究人员，他们的研究如今已越来越多地展示于公共世界，并与政治家、企业家、名人、活动家、工程师、牧师和公民产生极为广泛的互动。在这一语境下，气候变化似乎被理所当然地理解为一种物理性的变化，要么被追踪到形成了天气的行星系统，要么被归因于世界范围的生物地球物理环境，科学话语因而成为一种主导性力量，深刻地影响并改变着社会和人们对未来的看法。

然而，正如约翰·斯特曼所指出的那样："气候变化没有单纯的技术解决方案……要让公共政策建立在来之不易的气候科学成果的基础上，我们现在必须将注意力转向动态的社会与政治变化方面。"[①]从客观方面来看，"科学"本身在气候变化问题上并没有

---

① Mike Hulme, "Mapping climate change knowledge." in *Exploring Climate Change through Science and in Society*, pp.98 - 100, Routledge, 2013.

统一的声音，在有关气候变化最新评估中所建立的经济假设的有效性、气候建模不同表征和传达方式的不确定性，以及各种形式的地球工程的必要性和有效性等方面，目前都存在着不一致的立场和不同程度的争论，这些争论凸显了传统的气象学、海洋学、生态学和经济学等学科与社会科学和解释性人文学科之间加强互动的必要性。休姆认为，尽管气候与社会的相互渗透毫无疑问会给参与研究的这些学科带来挑战，但对于正在进行的公众和政策辩论来说，这种许可互动，尤其是社会科学和解释性人文学科的参与将具有重大意义。他希望现在能够借助这种互动来实现气候认知上的转折，进而能把对气候变化的探究指向自然与文化的深层纠葛。

2015 年，休姆编纂了一套六卷本、近两千面的大型资料汇编《气候与文化》[①]，分别以“气候与文化理论”（第一卷）、“气候的成因”（第二卷）、“阅读过去的气候与文化”（第三卷）、“阅读未来的气候与文化”（第四卷）、“地方气候文化”（第五卷）、“气候的文化再现”（第六卷）为主题，辑集了自 20 世纪 80 年代以来的 90 篇已刊发的人文地理学、人类学、社会学和宗教研究中的重要论文。在为该资料集撰写的长篇导言中，休姆对近几十年来文化面向的气候变化研究进行了分析和检讨，之后，又在这一基础上撰写了题为《气候及其变化的文化评估》的长篇论文，对自然科学框架在气候变化研究中的霸权地位发起了全面的挑战。该文明确提出了两个核心论点：其一，需要从文化上进一步加深对气候的理解。气候是人类用来稳定天气与不同人类群体的模式化生活之间关系的一种观念。在世界各地的各种表现形式中，气候观念使人类能够通过不断扩大和变化的文化资源、习俗、人工制品和仪式来适应天气。

---

① Mike Hulme, *Climates and Cultures*, SAGE Publications Ltd, 2015.

其二，气候变化主要不是一个必须阻止的物理过程，而是气候观念文化演变的最新阶段，对气候的这种文化理解将改变当代气候变化观念的构思方式。[①]

气候概念有物质和文化两方面的基础，它不能从两者相互交织的关系中剥离出来单独加以理解。然而，目前在气候变化研究中的两个科学定义却都是以特定方式把气候的物理特性从复杂的相互关系中分离出来的：

> 世界气象组织的官方措辞是这样开始的：气候是“……对数月到数千年或数百万年的时间段内的相关气象数据的平均值和可变性的统计学描述”（通常依靠的是 30 年的天气数据）。

> IPCC 则提供了另一个更具科学指导意义的气候定义，它把气候理解为对物理行星系统的状态和动力学的描述，该系统包括“…五个主要组成部分：大气圈、水圈、冰圈、岩石圈和生物圈，以及它们之间的相互作用。气候系统随时间而演化，或因其自身内部动力的影响，或因火山爆发、太阳运动和人为因素等外部强力所致”。

休姆指出，由于 IPCC 的气候评估报告在科学、学术、政治和公共辩论中处于主导地位，它太容易推动这样一种观点，即气候应被理解为一个物理上相互联系的过程的行星系统，可以在数学模

① Mike Hulme, “Climate and its changes: a cultural appraisal.” *Geo: Geography and Environment*, No. 2, 2015.

型中忠实地表示出来。在这个科学框架中，气候及其人类和非人类驱动因素的变化将通过科学的理论和方法进行研究、解释和预测。因此，使用晦涩难懂的统计数据和复杂的气候模型集合来解释取证检测和归因研究，似乎已经成为气候变化的科学和公共地位的核心。“这样的定义并不能公正地解释天气和地方文化之间发生的深层物质和象征性的相互作用……这种相互作用是气候概念的核心。上述定义太容易在物理世界（通过科学探究来理解）和想象世界（通过有意义的叙述或实践来理解）之间保持错误的分离。”①

> 但是关于气候变化还有另外一个故事要讲，这个故事是从气候概念的历史和文化层面开始的。气候不是一个相互关联的全球物理系统，也不是一个气象测量的统计制品，而是一个在文化中形成的概念，因此可以被文化所改变。气候有其与物理历史相交织的文化历史。这部历史构成了关于气候变化的当代信仰、主张和争议的基础。它将气候变化的当代现象和话语置于丰富的文化理解与意义矩阵之中。②

“气候出之于想象并被付之于行动，它必须首先从文化的角度来理解。”③气候与文化的关联在日常生活中随处可见，例如，在着装规范、预测模式、对过去极端气候的社会记忆、情绪态度、适应性技术、想象性虚构等方面，无不反映出两者交互作用的痕迹。因此，与自然科学的分离主义取径相反，休姆推荐的是一条现象学的

---

①②③ Mike Hulme, “Climate and its changes: a cultural appraisal.” *Geo: Geography and Environment*, No. 2, 2015.

路线，把气候"还原"为人类与瞬息万变的大气环境的相遇、相处，"还原"为人在文化的意义上与天气现象的互动。从这个角度看，正是对天气的感官体验决定了人类对所居住的大气环境的文化反应，包括庆祝仪式、物质技术、集体记忆、社会实践，还是其他种种反应。我们设计衣服以抵御寒冷，建造房屋以抵御风雨，我们庆祝樱花的开放和季风的到来，我们指定天气预言家来预测天气。这些文化制品、情感模式和实践形态，都受到了不同的天气经验——无害的或可怖的——的启发，它们赋予人类生活以形式和意义，这也就是伊莱扎·德·维特所说的"天气之道"：在人类从文化上适应天气的重复性实践中所产生的生活多样性。

从观念史的角度来看，气候是一个古老而又富于变化的概念，据现有线索可以确认，希腊人最早使用 *klima* 一词来描述这种关系，尽管他们未必就是最早试图理解大气现象的人。气候观念在驱动人类文化创造和组织社会生活方面始终具有巨大的威力和效应。事实上，它在当今的气候变化话语中也仍然在获得新的权力。尽管我们可以想象，在人类出现之前地球上就已经存在不间断的天气过程，但"气候"这一概念却只能是人类心智的产物。或者借用现象学家朱利安·克内布希的话来说，"气候是人类与天气之间逐步建立起来的文化关系"①。也就是说，气候概念介于人类对短暂天气的体验和这种体验所激发的文化生活方式之间，它将一种稳定或正常的感觉引入天气经验，没有它的存在，不可控制、不可预知的天气将会令人不得安宁。

诚然，人类群体所遭遇的天气常常并不符合他们的预期，但这

① Julien Knebusch, "Art and climate (change) perception: outline of a phenomenology of climate change." in *Sustainability: a new frontier for the arts and cultures*, pp.242 - 62, Verlag für Akademische Schriften, 2008.

种预期的存在却是人类正常化生活的基础，它给人类带来了某种安全感。很明显的是，在人类的社会生活中，气候观念具有非常重要的心理和文化功能。它使人类得以“把天气放到适当的位置”，并在人类对不断变化的大气的体验和随之而来的不安全感与对稳定而有规律的生活需求之间建立了一种“信任”关系，它驯服并解释了天气现象令人不安的任意性，为人类生活创造了“必要的秩序”①。

然而，无论是大气状况还是人类文化都不是一成不变的。就大气现象而言，各地方的天气始终处于不断变化的过程之中，我们可以称之为天气的“主要可变性”(primary changeability)。除此之外，还有系统性的多尺度物理扰动也会改变极度活跃的气象动态（其中有一些来自人类的文化活动，但并非全部）。这些对气候系统扰动的后果传统上被描述为气候的变化(climatic change)，不妨称之为天气的“次生可变性”(secondary changeability)。与此同时，由于新的物理事件、新兴技术、原创性思想和新的人类处境的出现总会激起新的反应，人类文化因此也处于不断变化的状态。所以，即便是天气在“次生可变性”方面达到相对稳定的状态（这是永远不可能的），气候仍然会因文化的变化而变化；或者，即便文化是静态的（这是永远不可能的），气候也仍然会因物理条件的变化而变化。“变化”是气候的常态。如果说气候观念确实能给人类生活带来秩序，那也只是因为它能够不断地适应气候与文化构成要素的变化。相比较而言，意识形态、技术和文化运动之间的结盟会比自然气候的变化更快，新的思想、意识形态一旦出现，就会形成

---

① Mike Hulme, “Climate and its changes: a cultural appraisal.” *Geo*: *Geography and Environment*, No. 2, 2015.

新的气候话语，这决定了气候天然地具有文化可塑性。由于现实中天气和文化都在变化，而且这些变化发生在不同的时间和空间尺度上，“气候变化”不可避免地呈现出复杂的历史和地理结构。“气候从一开始就是历史性的气候。”[①]历史上从来就不存在真正稳定的气候状况，更不用说稳定的全球性气候，至少从这个意义上说，“全球气候”发生单一性变化的观念必须受到质疑。

这种对变化的理解暗示了一个悖论：尽管气候是一种寻求稳定人类和天气之间文化关系并为其带来秩序的观念，但这种稳定最终只是一种幻想。无论从物理角度（天气现象的衍化）还是从想象角度（文化的构建）来观察，气候永远不会稳定。或者换一种说法，气候观念给人类生活带来的稳定充其量是一种渴望中的稳定，气候只是一个在两个不断变化着的实存状态的持续协商中趋向有序的概念。“从科学的角度来看，气候可能是一个‘神话’，因为……不存在气候稳定性这种东西”[②]。从文化角度来说也是如此。随着人类文化和文明进程的改变，天气现象可能发生次生性变化，对气候的看法也会发生改变。因此休姆指出，尽管气候观念以稳定性为其主要特征，但气候-文化二元体却处于不断调整的状态中。气候与文化是一个不可分离的二元体，两者之间的双向交流是理解气候或文化概念的必要组成部分。如果不从两个范畴的密切关联中去理解，就无法把握两者的一些重要内核。在当今“气候变化”的语境下，气候观念将被要求在新的环境下做新的工作，以满足人类对秩序、安全和意义的持久需求。这是人类所面临的

---

① Mike Hulme, “Climate and its changes: a cultural appraisal.” *Geo*: *Geography and Environment*, No. 2, 2015.

② Julien Knebusch, “Art and climate (change) perception: outline of a phenomenology of climate change.” in *Sustainability*: *a new frontier for the arts and cultures*, p.244, Verlag für Akademische Schriften, 2008.

新的重大挑战，没有对观念和文化的深度调整和改变，任何“对气候所采取的行动”都不可能奏效。①

气候长期以来具有双重含义：作为一个地方天气长期状况的描述性指标（如“该地区的气候炎热潮湿”），但同时也作为一种强有力的因素，给世界带来了物质成果（如“热带气候抑制了创新和经济活力”）。在后一种意义上，气候被赋予了塑造政治和社会世界，以及物理和生态世界的力量。如果我们把气候理解为一种介于天气和文化之间的观念，就可以认识到其间更为复杂的作用模式。天气现象确实对人类及其社会实践有物质性的影响，这一影响不容低估。然而，人类也通过对天气的文化反应来调节和改善这些影响。从历史的角度来看，尽管人类别无选择，只能适应气候，就像他们只能适应文化一样。甚至从某种意义上说，气候与文化都可以被视为命运，但人类也有可能创新决定性地改变他们的气候和文化环境。因此，气候与文化之间不存在简单的映射关系，气候不可能单方面地决定任何特定的人类结果。

在气候与文化的二元关系中，“对称”至关重要。这种对称性是人类秩序赖以存在的基础，它既体现了人类从文化上理解和把握自己所遭遇的复杂气象环境的能力，也标志着在变化的环境中气候观念结构性调整的有效性。气候或气候变化的“影响”是偶然的、紧急的，因此也总是政治性的。气候观念的演化历史表明，当大气现象出现巨大波动时，人类只有在文化上有效地理解并涵化其所面对的环境变化，才能够重获秩序。在这一过程中，新的气候观念只能有待于形成，而不能有赖于预测。通过结构性的调节或

---

① Mike Hulme, “Climate and its changes: a cultural appraisal.” *Geo: Geography and Environment*, No. 2, 2015.

新的观念因素的“培养”，新的气候观念，或者说新的二元关系使因果变化得以从天气流向文化，又从文化流向天气；经由文化滋养的气候语言使我们得以顺畅表达这种双向作用。

根据休姆的考察，西方气候观念的演化大致呈现为三个阶段，它们处于人类历史和社会发展的不同时期。每一阶段的气候-文化二元关系均表现出与其时代的气象和文化环境相对应的特征。

第一个阶段是以古希腊为代表的气候观念。在这一观念中，气候-文化二元关系以稳定和静态的形式存在。它把大气气象与人类生活的文化条件之间的关系想象为一种趋于固定的关系，只有微小的天气变化是可能的，如通过排干沼泽或清理森林等。这一时期对气候的解释主要考虑的是它们是否适应于不同形式的人类生活，例如，对于亚里士多德来说，炎热和寒冷的地区一定是不适合居住的，因为他明白极端的高温和寒冷阻止了生物和文化生活的繁荣。亚里士多德的五个气候带以及此后在公元前 1 世纪波西多纽斯的七个气候带概念，也均与不同纬度地区，这与太阳辐射强度不同而温度有明显的差异有关。从中世纪延续到现代世界的早期，这种静态的气候概念一直存在于西方思想中。

大约在 18 世纪末和 19 世纪初，西方进入了气候认知的第二个阶段。气候观念的这一变化发生在今天的科学家认为人类工业活动的规模最先开始在物理大气过程中留下印记的时刻，尽管当时仍是“不可见”的。其间，两个自然地理事件对气候观念的变化起到了助推作用：1783 年冰岛的拉基火山爆发和 1816 年的坦博拉火山爆发，都干扰了欧洲气候的稳定性，后者的影响尤为严重，火山爆发形成的颗粒物云团弥漫全球，它所产生的天气“次生性变化”，在欧洲引发了新的文化想象。与此同时，地质学中“深层时间”的发现以及对过去大冰河期的认识，使现代西方人意识到，他们需要对从希腊人那里继承来的气候观念进行重新思考。在气候与文化变化的双重影响下，气候在这一时期成为一个更具活力的概念。可以说，在整个现代时期，气候与文化的二元关系一直处在变化与调整之中。“在从18世纪中叶到19世纪最后30年这一个多世纪的时间里，西方社会考虑的是它们与环境的关系，以及在气候方面它们对自然和自己的生活方式的改变所应负的责任。”[①]

20世纪末，气候观念进入了第三个阶段，其特点是人类的能动性以一种额外的、新奇的方式进入了二元关系。气候变化不再仅仅是通过文化想象与自然因素的相互作用而引起的天气变化（“次生可变性”），它如今还会因人类的生活方式——以及其物质产品和发散物——与自然过程相互作用而变化，它们进一步干扰了大气的工作（可称之为“放大的次生可变性”）。也就是说，这在传统意义上的气候-文化二元关系中增加了新的维度，人类正在以新的不确定和不可预测的方式同时参与对气候想象层面与物理层面的重塑。在这一背景下，试图利用科学的还原论工具，将人为气候变化作为一种明显的物理现象而加以孤立，无疑将暴露出多重问题。

休姆认为，识别西方在这三个历史阶段对气候的认知，有助于我们对当代气候变化及其引发的观念变化的某些新特征的理解。在20世纪60年代和70年代大部分时间里，天气的“次生可变性”曾被称为“气候的变化”(climatic change)，它偏重的是变化的指数化描述，到了20世纪80年代和90年代，“气候变化”(climate change)逐渐替代了前者，成为一种更流行的表述，这意味着变化

① Fabien Locher and Jean-Baptiste Fressoz, “Modernity's Frail Climate: A Climate History of Environmental Reflexivity”, *Critical Inquiry*, Vol.38, No.3, 2012.

的动因成了新的聚焦点，毫无疑问，这一变化是由近数十年来的科学成就带来的，从某种意义上说，这与早期通过人类想象力实现的气候观念的变化一样，也是一种文化成就。但是，由于科学实践发生在“一个特定的文化环境中，有自己的一套价值观、假设和权力动态”，因此，它也在很大程度上改变了气候的文化想象的运行路线。

毋容置疑的是，第二个阶段和第三个阶段之间的连续性是对正在进行的文化工作的认可，随着文化的改变，新的气候观念也终将形成。然而，在对气候的“第三阶段”的理解中，随着天气现象“放大的次生可变性”逐渐在科学话语中被指认和放大，气候-文化二元关系的调整进入了一种更为复杂和混乱的状态，人类的文化想象在“科学”的裹胁之下似乎丧失了它对未来的筹划能力。正如人类学家彼得·鲁迪亚克·古尔德所说，“全球气候变化”是“不可见”的，而唯一声称能让这种“不可见”现象变得“可见”的文化实践就是科学，这就赋予了这种文化知识太多的权威。①

在“第三阶段”的理解中，气候变化概念已经替代传统的气候观念行使其在气候-文化二元关系中的职能，这表明对变化动因的科学探察在其中扮演了更为重要的角色。然而，不容忽略的是，文化对于理解气候变化的原因和意义、对于人类对气候变化的反应，仍然是至关重要的——风险的识别、应对的决策乃至实施的手段都是由文化来调节的。人们仍旧会通过文化的透镜来看待气候变化（“感知”）、根据自己的心理模式和社会位置来理解自己所看到的东西（“知识”）、根据共同的意义为自己所知的东西赋予价值

---

① Peter Rudiak-Gould, “‘We Have Seen It with Our Own Eyes’: Why We Disagree about Climate Change Visibility.” *Weather, Climate, and Society*, Vol. 5, April, 2013.

(“评估”),并且基于这些意义和价值单独和集体地做出反应(“回应”)。所以,研究气候变化仍然需要以文化理解为基础,从已知的过去,经由已被改变了的现在,才能转向不确定的未来。①

休姆指出,人类既生活在气候中,也生活在文化中。我们不应该认为物理气候的变化可以通过人类的努力和创造性来阻止,我们应该把气候变化视为历史上气候概念的最新框架。人类将在这个新框架之下就不断变化的天气与文化之间的关系重新谈判。然而,谈判的目的不在于产生一个稳定的物理气候,而是要重理气候-文化二元关系,使之适应变化了的自然环境和社会文化状况。

事实上,作为“气候变化”的新气候观念也正是通过文化和天气的交织而得以维持的。随着越来越多的社会行动者将人类活动引起气候变化的科学论述用于他们自己的目的,有关气候变化的文化意义与表达方式也随之激增。与30年前相比,西方文化中的气候(也即现今的气候变化)观念激发了更广泛的情感、审美和精神表达。人类生活的各个方面如今都与气候变化发生了关联:性别、暴力、文学、安全、建筑、想象、足球、旅游、精神、伦理等等。与此同时,摄影、卡通、诗歌、音乐、文学、戏剧、舞蹈、宗教实践、教育课程等也以自己的方式折射出气候变化的光影。毫无疑问,气候变化已成为一个被广泛接受的“文化事实”。情况还远不止于此,气候变化如今更成了人类生活的一种新媒介,所有人类的行为和争端似乎都可以,甚至都必须通过气候变化的语言来表达。气候变化几乎影响了包括政治和文化在内的人类生活的所有领域。从

① Carla Roncoli, et al. “Fielding Climate Change in Cultural Anthropology.” In Anthropology and Climate Change, pp.87 - 105, Routledge, 2009.

这个意义上说，气候变化已经成为当代思想表达的一条主线，气候概念物质的、心理的和文化的作用借助于它在当今的世界得以体现。

然而，基于对当下科学霸权与文化燥热的洞察，休姆坚持认为，对于气候及其变化概念的文化和历史理解仍需持续深化，这是我们理解当今气候变化意义的基石。因此，来自人类学、地理学、历史学、心理学、社会学、神学、生态批评和哲学等领域的见解，对于如何使气候-文化二元体进一步适应天气和文化的变化，并从文化的层面上来理解和表现气候变化仍然至关重要。气候变化不应被理解为与过去的决定性决裂，也不应被理解为现代性的独特后果，而应被视为气候概念文化演变的最新阶段，这一概念使人类能够通过不断扩大和变化的文化资源、习俗、人工制品和仪式来适应天气。

《风侵雨蚀：气候的文化意蕴》一书可以被视为休姆对文化取向的气候变化研究的一次系统性小结，它通过对气候或与气候相关的十二个面向的展示，构建了从社会或文化角度观照气候或气候变化的一个多维模型。虽然他所展开的每一个话题都没有得到深度的处理，但提示了一种结构性的关联，因此，也不妨把它当作有关气候或气候变化的社会文化研究的一个简明手册。

本书的构思颇为巧妙，它以“weathered”作为核心喻象，并围绕这个喻象搭建了一个含义丰富的知识与想象的空间。“weathered”一词可以呼唤出众多的人类与气候互动的场景，当然，这些场景很难在汉语中直接译出。它可以描述自然对人类的馈赠，如风薰雨润、风播雨莳……也可以呈现气象环境对人类的考验，如风吹日炙、风刀雪剑……它可以指向过程，如栉风沐雨、餐风饮露……也可以指